Un Maestro un discepolo
pelare una cipolla

Jyoti Subramanian

GURU-SHISHYA PARAMPARA

Quando lo studente è pronto appare l'insegnante
Quando lo studente è davvero pronto l'insegnante scompare
- Siddha Boganathar *aka* BoYang *aka* Lao-tse

Un Maestro, un discepolo
Jyoti Subramanian

© Jyoti Subramanian
Prima edizione, 2007
Seconda edizione, 2019

Tutti i diritti sono riservati. Questo libro non può essere riprodotto in tutto o in parte, o trasmesso in qualsiasi forma, senza il permesso scritto dell'autore, se non da un recensore che può citare brevi passaggi in una recensione; nessuna parte di questo libro può essere riprodotta, archiviata in un sistema di recupero o trasmessa in qualsiasi forma o con alcun mezzo elettronico, meccanico, fotocopie, registrazioni o altro, senza il permesso scritto dell'autore.

Le richieste di autorizzazione devono essere indirizzate a jyotihamsa@gmail.com

ISBN 978-1-7334970-3-9

ADESH

Non lasciar passare momenti preziosi
Cerca ora la Verità ultima
Jeevhamsa spiega le tue ali per volare
verso Immortali regni che sfidano la morte.
 - Yogiraj Siddhanath

INDICE DEI CONTENUTI

Nota Dell'autrice 2019..i..
Ringraziamenti...iv
Prefazione 2004...vi

1. L'apertura Della Porta...1..
2. Figlia Moglie Madre Ricercatrice............................15
3. In Cammino Per Diventare Insegnante Di Yoga...........64
4. Espansione Di Sensibilità Ed Esperienze Di Kundalini...107
5. Il Pellegrinaggio Del Discepolo..............................149
6. Il Fiume Scorrevole Della Vita...............................171
7. La Casa Degli Hamsas..191
8. Intorno Al Falò..223
9. Sadhana Personale E Trasformazione Interiore..............254
10. Kriya Yoga L'antidoto..278

   9 Antiche Tecniche Yogiche....................................285
   Le Ali Per La Libertá *Illustrazione*..........................289
   Glossario..291

Questo libro è un'autobiografia unica di una rara discepola e insegnante senior di Kriya Yoga.

Jyoti, una bambina amata e spensierata, è cresciuta immersa nelle discussioni sulla Bhagavad Gita, recitando perfettamente i mantra sanscriti, eseguendo con naturalezza asana yoga e puja tradizionali, guidata amorevolmente dai suoi genitori verso uno stile di vita sattvico. Diventata una giovane donna irrequieta, alla ricerca di nulla eppure desiderosa di sperimentare tutto, la sua curiosità per la scoperta di sé l'ha portata in un viaggio avventuroso tra la Cristalloterapia, il Reiki, il Magnified Healing e la partecipazione a cerimonie nella capanna sudatoria e ai rituali sciamanici attorno al fuoco. Non sapeva che, durante una meditazione guidata registrata in un seminario, avrebbe avuto la visione del satguru e maestro Yogiraj Siddhanath, che l'avrebbe spinta sul sentiero evolutivo accelerato del Kriya Yoga di Mahavatar Babaji e dell'Hamsa Yoga dei maestri himalayani.

Nel libro, Jyoti ti accompagna con leggerezza e umorismo in questo viaggio personale, senza timore e con un'onestà spesso brutale, offrendoti scorci di vite passate in diverse civiltà, esperienze paranormali nel presente e molteplici livelli di esistenza. Un filo conduttore rimane sempre intatto e saldo: il legame che unisce il vero discepolo al suo vero guru.

Oggi, come discepola senior di Yogiraj Siddhanath, viaggia in India e nel mondo per condividere il suo apprendimento con gli altri, vivendo con esempio e aiutando gli altri a vivere con gioia e grazia, affrontando ogni avversità con equanimità. Questo libro è un omaggio alla tradizione guru-shishya e un promemoria dell'integrità che ogni discepolo deve avere verso il proprio maestro e di come questo favorisca il risveglio interiore.

Include 9 antiche tecniche yogiche di facile applicazione di Gurunath.

NOTA DELL'AUTRICE 2019

Scrivere un libro è stato come dare alla luce un bambino, c'è stato un concepimento, un inizio, un periodo di gestazione ed infine il momento della nascita. Ci sono stati momenti di euforia e disperazione, dolore e piacere. Come un bambino un libro arriva con il suo Karma, il potere di perseverare e risorgere. La prima bozza di questo libro è stata scritta nel 2004 ed è stato pubblicato nel 2007 avendo attraversato tutte le diverse fasi di piacere e dolore, critiche e consensi fin quasi alla morte. Recentemente l'editore mi ha restituito il libro in quanto impresa non redditizia. Avendo saputo tuttavia che ha aiutato molti ricercatori, ho deciso di pubblicarlo di nuovo mantenendo intatto gran parte del manoscritto originale ma con una nuova prospettiva, sostenuta da altri quindici anni di Sadhana e realizzazioni.

Eraclito dice che non è possibile entrare nello stesso fiume due volte, perché non sarà lo stesso fiume e tu la stessa persona. Mi sono resa conto di quanto fosse profonda questa semplice affermazione nel momento della pubblicazione di questa edizione rivista. Lungo il percorso spirituale si assiste ad una trasformazione continua nel praticante, l'evoluzione di un sadhak sincero non è statica bensì fluida, la pratica e il praticante si influenzano l'un l'altro in modo dinamico. Aggiungete a ciò che la presenza di un maestro vivente aiuta l'alchimia e velocizza il processo, moltiplicando le benedizioni per il sadhak, come è accaduto a me con la presenza di Gurunath.

A proposito del titolo, voglio chiarire che uso la parola Maestro per mancanza di una parola Italiana per il sanscrito Satguru. Come molte altre parole nella terminologia yogica anche questa parola non ha un equivalente nella lingua Italiana.

Un vero guru è più di una guida, di un mentore o di un maestro della materia che insegna. I veri guru mettono in luce la saggezza interiore già presente nel discepolo spesso semplicemente con la loro mera presenza; la pratica prescritta è impartita unicamente per indurre disciplina. Nessuna definizione spiega in modo adeguato il contributo di un vero maestro per il cammino del discepolo.

Sono stata ispirata ma non mi sono fatta incantare dai molti avvenimenti mistici che si sono verificati regolarmente lungo il mio viaggio e questo mi ha aiutato a mantenere l'equilibrio sul percorso. È nella natura umana sentirsi superiori per le nostre esperienze ed intimiditi da quelle degli altri. La storia è testimone di individui posti su piedistalli di adorazione attorno alle cui verità sono stati costituiti ordini religiosi. Sebbene sia grandioso essere ispirati, mi sono costantemente sforzata di costruire la mia visione sulla base delle mie realizzazioni personali. Ogni episodio va esaminato per capire se sia basato sulla realtà, ovvero si tratti di un'allucinazione, una illusione, un frutto della fantasia o un semplice capriccio; solo colui che ne fa esperienza, in questo caso io, può interpretarne la validità ed il messaggio.

Ho inglobato tutte queste esperienze personali nella mia crescita spirituale per vivere la vita con gioia, senza cercare conferme esterne.

Nonostante questi episodi meravigliosi, comprendo e ripeto che tutte le esperienze sono vissute attraverso la lente della mente, per quanto purificata possa essere; dissolvere la mente per fondersi nello spirito è lo scopo della yog sadhana. In questa vita sono stata iniziata da Gurunath nel 1998, ma sento una connessione risalente a molte vite precedenti sia con la pratica che con il mio maestro.

LIMITAZIONE DI RESPONSABILITIA

Questo libro è la mia interpretazione di eventi spirituali, paranormali e personali accaduti nel corso della mia vita e le lezioni apprese sono soggettive. Le condivido senza pregiudizio con tutti coloro che possono esserne ispirati, coloro che potrebbero non essere d'accordo e coloro che potrebbero dubitare e non credere. Il libro non è un tentativo di convertire, costringere o indurre le persone ad un particolare stile di vita o modo di essere.

RINGRAZIAMENTI

Offro il primo loto al mio Satguru Yogiraj Siddhanath, chiamato con affetto dai discepoli Gurunath o semplicemente Nath. Senza la sua "sveglia" potrei ancora essere in un sonno profondo, impantanata nei tramagli della vita quotidiana.

Lui è la spina dorsale di questo libro, il filo cui sono legate le parole e le esperienze.

Quando guardo indietro, mi sembra che sin dalla nascita mi abbiano preparato a ciò che sto diventando ora. Sono grata ai miei genitori, alle mie due nonne forti, ai miei zii devoti di entrambe le parti ed agli altri amici di famiglia per aver avuto cura e amato incondizionatamente una bambina molto indisciplinata e per avermi insegnato uno stile di vita che resiste ancora alla prova del tempo.

Alle mie due figlie, un ringraziamento speciale per avermi fatto capire di poter fare qualsiasi cosa. Per quei momenti di chiarezza, quando mi avete detto singolarmente o insieme, "Mamma, smettila!"

A tutti i miei studenti una calorosa benedizione per il loro supporto, aiuto, e per i loro input, suggerimenti e critiche. Imparo tanto ogni momento in cui insegno. Spesso sento che dovrei pagarli io per aver frequentato la mia lezione. È un viaggio d'amore con loro al mio fianco. Ho usato il loro vero nome per raccontare un'esperienza o episodi ad essi correlati e li ringrazio per avermi permesso di farlo.

Un caloroso saluto a tutti coloro che hanno visto la mia vita scorrere e hanno insistito sulla realizzazione di questa versione

rivista come fonte d'ispirazione per altri.
   Sono amici intimi con accesso incondizionato alla mia casa e al mio cuore.

PREFAZIONE 2004

Ho scritto questo libro in modo spontaneo, come spinta da una forza interiore; seduta di fronte al PC, con il lieve blip dello schermo, ho iniziato a scrivere. È stato un compito eccitante mettere per iscritto esperienze apparentemente bizzarre che non potevano essere spiegate. Vite intere di dibattiti intellettuali e discorsi non potrebbero essere paragonate o competere con un millisecondo di queste esperienze. La differenza tra conoscere e comprendere... beh, doveva essere compresa. La fede è divenuta la somma totale di tutte le mie varie esperienze, di questa vita e di molte vite passate. Come in qualsiasi altro campo di ricerca, anche questo percorso richiede dedizione e impegno mentre il maestro fornisce la scintilla per il "salto induttivo".

Ora mi rendo conto che nel corso di tutta la mia vita, i momenti di ricerca di felicità momentanea sono stati in realtà la ricerca di questa gioia eterna ed ogni avventura l'eccitazione di questa ricerca la cui sorgente è sempre stata presente in me, il Maestro, la scintilla che accende la lampada. Hamsa Dvij, nato due volte, Sagura l'Iniziato, Khalsa il Puro: tutti questi erano solo termini senza significato per me. Solo gradualmente la potenza e la magnanimità dell'iniziazione si sono integrate in me. Tutta l'umanità ha la capacità di abbandonare il proprio corpo di carne per emergere in un corpo di luce.

Nel mio caso, è il maestro himalayano, Yogiraj Gurunath Siddhanath, che ha fatto nascere questa vita, questa luce.

Lui è la madre e il padre che mi ha dato nuova vita. Vedo il cordone ombelicale divino che mi collega a lui e sento l'energia nutriente e vitale che scorre attraverso me. Questo libro è offerto a lui che mi ha mostrato il percorso senza chiedere nulla in cambio, salvo fermezza nella pratica.

CAPITOLO 1

L'APERTURA DELLA PORTA

Stendendomi a letto la sera prima del mio viaggio a Nuova Delhi per incontrare questo yogi, sentii un anelito segreto. Non mi ero mai sentita così prima, era come se qualcosa nel mio corpo si stesse allungando e stesse spingendo verso l'esterno. Il modo più semplice per tradurre in parole questo anelito è quello provato dall'amante che aspetta impazientemente di incontrare l'amato. La purezza di questo sentimento è difficile da spiegare.

Il motivo per il quale avevo deciso di intraprendere questo viaggio era l'aver avuto una visione di Yogiraj Gurunath Siddhanath, come si chiamava questo maestro Himalayano.

Questa visione era avvenuta durante un seminario a Chandigarh, nell'India del Nord, dove venticinque di noi si trovavano seduti spalla a spalla in una stanza soffocante.

Nella nostra veste di ricercatori spirituali della new-age, sorridevamo sopportando caldo e claustrofobia. Ricordo di aver desiderato che il calvario finisse e di aver pensato tra me e me: "Dio, ho imparato abbastanza per una vita intera". Poi ci fu chiesto di prepararci per una meditazione guidata. Il nostro insegnante di Reiki aveva portato una cassetta da Delhi, chiedendoci di seguire la tecnica mentre avviava la riproduzione. Cercai di rilassarmi ma alla fine feci esattamente il contrario. Da qualche parte della stanza il registratore si avviò. La qualità del nastro era scarsa, si trascinava e le indicazioni per la meditazione sembravano essere in hindi.

Mentre cercavo di concentrarmi sulle istruzioni, tutto quello che riuscivo a sentire era un suono sibilante e il riferimento a un qualche loto. Al cenno di avvio i fiori di loto nei chakra del mio corpo cominciarono a danzare, uscendo fuori dal corpo e volando dappertutto.

Il loto del mio ombelico schizzò fuori come accadde a quello di Vishnu agitandosi davanti al mio viso mentre cercavo di rimetterlo dentro. Poi, all'improvviso, il mio corpo si sentì leggero e senza peso. Le persone accanto a me sembravano allontanarsi e l'immenso spazio intorno a me si riempiva di luce. Mi vidi camminare su un sentiero verso una figura seminuda, in piedi a poca distanza da me. Aveva una barba bianca ed i capelli argentati incorniciavano il suo viso come la criniera di un leone; stava guardando indietro come se mi stesse invitando a seguirlo. In seguito, avrei scoperto che questo sentiero e questo posto si trovano nell'ashram della foresta di Pune, nel Maharashtra, e la persona il maestro himalayano Yogiraj Gurunath Siddhanath, la cui tecnica di meditazione guidata era quella che stavamo praticando in quel momento.

L'immagine è svanita fin troppo presto, lasciandomi intontita e disorientata. Ero molto eccitata da questa visione e non vedevo l'ora di condividerla con gli altri. I novizi hanno l'abitudine di collezionare visioni, esperienze, miracoli e guarigioni, reali o immaginati, accompagnati da un sentimento di superiorità per averne fatto esperienza. Essendo io una novizia della filosofia new-age non ero diversa.

Mentre descrivevo l'esperienza e la persona che avevo "visto", il mio insegnante di Reiki e il suo assistente, che avevano incontrato questo yogi e registrato la tecnica che avevamo appena praticato, sottolinearono la somiglianza tra l'uomo della visione e lo yogi. L'opinione generale era che dovevo incontrare quel maestro che mi aveva così decisamente chiamata.

La sensazione di assenza di gravità rimase per un paio di giorni. 'Fluttuavo' letteralmente per casa nello sbrigare le faccende quotidiane. Questo era davvero sorprendente, anche le esperienze più intense avute durante la pratica delle varie tecniche new-age del mio recente passato non erano nulla rispetto ai postumi di questa visione di qualche secondo.

Tuttavia dovetti aspettare alcuni mesi prima che potesse avvenire l'incontro desiderato con questo maestro. Finalmente ricevetti una chiamata da Delhi che mi informava della visita di Yogiraj Gurunath Siddhanath al centro di meditazione e dell'iniziazione ad una pratica chiamata Kriya Yoga. Yogiraj era un discepolo di Mahavatar Babaji, che si dice essere un immortale vivente da sempre ed ancora presente nelle catene dell'Himalaya. Quanto al

Kriya Yoga, non avevo alcuna idea di cosa fosse.

Sebbene avessi letto il libro Autobiografia di uno Yogi qualche anno prima, mi ero completamente dimenticata del Kriya Yoga o del Babaji menzionato in esso. Devo essere uno dei rari studenti che non hanno cercato il Kriya Yoga dopo aver letto questo libro di Yogananada!

Quando ricevetti il messaggio dal centro di Delhi, l'esperienza della visione che avevo avuto era un po' scemata e, con essa, la mia eccitazione iniziale. Pertanto ero incerta se intraprendere quel viaggio fino a Delhi, una città a duecentocinquanta chilometri da dove vivevo. Il fatto era che avevo imparato così tante tecniche negli ultimi mesi che non vedevo come potessi trovare tempo da dedicare ad una nuova pratica. Avevo preso tre livelli di Reiki e speravo di diventare presto una Sensei, ero un'insegnante certificata del "Magnified Healing di Kwan – Yin", avevo preso parte a riti sciamanici dei nativi americani quali la capanna del sudore e la realizzazione dei mala di preghiera, digiunando e danzando attorno al fuoco sacro, mi dilettavo nella guarigione con i cristalli, ed infine seguivo un corso di riflessologia australiano. Essendo una studentessa coscienziosa, praticavo diligentemente tutte queste tecniche e sentivo di avere poco tempo per un altro impegno.

Pertanto, decisi di lasciar perdere e di attenermi a ciò che avevo imparato senza aggiungere altro al mio già troppo ricco repertorio di pratiche. Tuttavia, man mano che il giorno della visita si avvicinava, iniziai a sentirmi irrequieta, irritabile e distratta. Spinta da un bisogno interiore, chiamai il centro e mi iscrissi al corso, senza immaginare quanto profondamente sarei cambiata.

Il primo incontro

Arrivai a Delhi e raggiunsi il centro in serata, piena di eccitazione e aspettative. Mentre leggevo il foglietto informativo, lessi che Gurunath aveva ricevuto la sua educazione allo Sherwood College di Nainital, Uttarakhand. Poiché mio marito proveniva dalla stessa scuola, il primo pensiero che mi venne in mente fu: "Oh no, non ho bisogno di un guru di Sherwood, ho abbastanza a che fare con un marito e tutti i suoi amici di lì." Ma, nonostante me ne stessi seduta in silenzio a riflettere su questi pensieri in attesa di un guru già in ritardo di un'ora per il seminario, non potevo fare a meno di sentire un caldo bagliore di felicità. Quando entrò, sembrava così ordinario vestito semplicemente con un kurta pigiama bianco e dei kolhapuri chappals. Camminava più veloce delle persone che lo accompagnavano che, anche se più giovani, avevano difficoltà a tenere il suo passo. Uno sguardo verso di lui e riconobbi il volto della mia visione, le stesse movenze e gli stessi capelli fluenti. Prima di iniziare il programma, si mescolò al pubblico, fermandosi e scambiando qualche parola con ognuno.

Ricordo in particolare che si fermò davanti a un uomo anziano e gli chiese se di recente si fosse sottoposto ad un intervento al cuore. Quando questa persona assentì con sorpresa, Gurunath gli disse che l'operazione non era stata eseguita correttamente e che sembravano esserci delle complicazioni. Sebbene i suoi modi fossero gentili, ero scioccata perché ritenevo il suo comportamento insensibile e indecoroso per un maestro "realizzato". Essendo immersa in tecniche apprese di recente che costantemente incitavano all'"amore" e alla "compassione", mi sentivo mortificata nel vedere un maestro comportarsi in questo modo, apparentemente senza empatia. L'anziano partecipò al resto del seminario sdraiato sulla schiena, come se non fosse in grado di affrontare quella rivelazione allarmante. Dato che eravamo tutti seduti a terra, come è consuetudine durante i seminari di yoga in India, la sua figura prostrata passò inosservata. Tuttavia, anche se irritata da tale condotta, nel profondo di me mi chiesi se fosse così che ci si sentiva ad essere esposti al fuoco proverbiale che brucia l'ignoranza.

Questo episodio continuava a tornarmi in mente e così, in una visita successiva al centro, colsi l'occasione per controllare come stesse questa persona con cui, a mio avviso, il maestro himalayano era stato indebitamente schietto. Lui mi sorprese, confessandomi che a causa del tempestivo avvertimento di Gurunath la mattina successiva si era consultato con un altro specialista e con un piccolo intervento una tragedia era stata evitata. Con la mia percezione limitata durante il seminario credevo che l'anziano fosse rimasto sdraiato e sfiduciato, mentre invece stava ricevendo le trasmissioni Shaktipat di Gurunath.

Il mio atteggiamento di indignazione nei confronti del comportamento di Gurunath era stato dettato da un preconcetto di come avrebbero dovuto comportarsi i maestri.

Tuttavia, quel giorno, mi sentivo insicura e nervosa mentre questo maestro himalayano camminava verso di me, chiedendomi quale sordido segreto del mio passato sarebbe stato reso pubblico.

Si fermò davanti a me e disse: "Sei collegata allo Sherwood College, vero?"

La mia bocca si spalancò per lo stupore, perché non avevo condiviso queste informazioni con nessuno
durante la lettura delle informazioni.

"Sì, mio marito ha studiato lì" risposi.

"Come si chiama?" continuò a chiedere

"Jujhar", dissi, preoccupata per la svolta che stava prendendo questa conversazione

Sentivo che non avremmo dovuto perdere tempo parlando di mio marito, ora ex, in quanto non interessato assolutamente alla spiritualità.

"Sai cosa significa?" chiese e, senza aspettare che io rispondessi, continuò, "Significa, Jhunjhar, guerriero. Digli che la guerra da combattere è dentro e non fuori." La precisione del messaggio mi stupì, perché mio marito si è sempre impegnato in battaglie contro l'ingiustizia, nella famiglia e nella società. Un visionario, spesso contrastato dalle persone miopi. Tuttavia ero un po' disturbata dal fatto che l'argomento della conversazione non fossero le mie ambizioni spirituali.

È così che incontrai per la prima volta Gurunath, come viene chiamato affettuosamente Yogiraj Siddhanath.

Esperienza di Shaktipat, Pranpat e Shivapat

Come da programma, Gurunath proseguì con le sue trasmissioni di Shaktipat, Pranpat e Shivapat. I suoi satsang sono più esperienze che discorsi, come capii in seguito. Non comprendendo intellettualmente queste parole, non conoscendone la terminologia me ne stavo lì, seduta, in attesa e senza sapere cosa stesse per accadere.

Durante Shaktipat, spiegò Gurunath, un satguru è in grado di trasmettere l'energia evolutiva della Kundalini nei chakra dei discepoli, condividendo con loro l'energia accumulata attraverso la sua pratica personale. Il maestro, nella misura in cui il discepolo è pronto a lasciarsi andare, estrae delicatamente dallo stesso qualità debilitanti come la gelosia, la lussuria, la paura, i dubbi o il dolore, in modo che possa fiorire spiritualmente e come individuo. Il vero guru fa questo per amore e compassione verso i discepoli, senza alcun ulteriore motivo. Nel corso dei miei anni con Gurunath mi sono anche resa conto che ognuno riceve ciò di cui ha bisogno, la guarigione o una spinta evolutiva, in base alla propria situazione.

La mia esperienza durante questa trasmissione fu come se fossi stata liberata del corpo, spiccando il volo. Un minuto prima ero seduta tra il pubblico fissando Gurunath e quello successivo mi sentivo espandere fuori dal corpo fisico, fluendo attraverso la cima della testa. Questa esperienza non è solo mia. In seguito sono venuta a sapere che migliaia di discepoli di Gurunath e molti che partecipano per la prima volta ad un suo satsang sperimentano varianti di questa sensazione liberatrice e di fusione, torsione e allungamento fuori dal corpo.

Durante la seconda trasmissione chiamata Pranpat, ovvero il respiro che purifica il karma come viene chiamato, Gurunath ci chiese di stare seduti e rilassati, senza resistenze: stava per respirare attraverso il respiro di ciascuno di noi, lungo la nostra spina dorsale.

Questo, ci disse, in una certa misura alleggerisce il carico karmico di colui che riceve la trasmissione, carico di questa e delle vite precedenti.

Ancora una volta mi sedetti e cercai di prestare attenzione al mio respiro. Inizialmente fu difficile percepire una sensazione nella spina dorsale ma, gradualmente, mi resi conto di una sensazione come di una leggera brezza che soffiava su e giù per le vertebre.

Poi, a un segno di Gurunath, sentii un senso di sollevamento come una raffica improvvisa e il mio respiro continuò ad allungarsi. La parte più sorprendente di questa trasmissione fu però quando Gurunath ci chiese di arrestare il respiro. Trattenni il respiro stringendo anche gli occhi per un miglior controllo ma, con mia grande sorpresa mi accorsi che, anche se il mio respiro attraverso le narici era cessato, il movimento lungo la colonna vertebrale continuava, impedendomi di soffocare!

Si dice che ognuno trovi il proprio Guru. La qualità di Gurunath che mi affascinò maggiormente quel giorno fu la sua schiettezza. "Non seguite ciecamente nessun guru. Fate domande e metteteli alla prova" disse, avvertendo i creduloni. Un guru non può sedere solennemente in uno stato di samadhi, sorridendo dolcemente, senza dare ai discepoli un'esperienza di questo suo stato", continuò con un sorriso imitando la rappresentazione popolare del guru sereno nella posizione yoga del loto. Con uno scintillio negli occhi e proseguendo con veemenza aggiunse: "dovete insistere e chiedergli ...Ehi guru, cos'è questo stato di non-mente o unmani avastha che dici di avere? Fammelo provare. E se lui è un satguru, un vero Guru, potrà e dovrà farlo provare a tutti i suoi discepoli sinceri".

Durante l'ultima trasmissione, la Shivapat, Gurunath condivise il suo stato di consapevolezza priva di pensieri con quelli presenti nel pubblico. In quella prima occasione, fu molto difficile per me focalizzarmi su Gurunath, continuavano a lacrimarmi gli occhi e sbattevo continuamente le palpebre durante la trasmissione. Ho capito dopo che si trattava di un bruciore psichico dovuto al velo dell'ignoranza.

Mi ci sono voluti molti successivi incontri e satsang per vedere e sentire più chiaramente le trasmissioni di energia durante lo Shivapat. Per il rallentamento e l'interruzione delle onde del pensiero, come descritto da Gurunath, mi ci volle ancor più tempo! In questa fase successiva ebbi visioni di santi e saggi dei tempi antichi. Ebbi, in particolare, la visione di due persone che si ripresentavano ogni volta e fu solo in seguito che capii che erano entrambe legate alla mia connessione con Gurunath nelle vite passate, una durante il 30 a.C. e la seconda come devota sufi. La trasmissione suscitò esperienze diverse nel pubblico: alcuni videro un buco nero nel punto in cui era seduto Gurunath, una dozzina o più percepirono un'aura dorata espansa, mentre altri ancora lo videro trasformarsi in luce e disperdersi. La visione di volti in rapida evoluzione, riflessa sul volto di Gurunath, fu vissuta da pochissimi. Io però fui troppo impegnata a strofinarmi continuamente gli occhi per impedirgli di lacrimare quel giorno, per vedere qualcosa di chiaro.

Ogni trasmissione avveniva in maniera così casuale che il mio cervello - a quel tempo - non sembrava avere la capacità di comprenderne il significato o di capire a appieno le esperienze. Fu solo dopo aver assistito a molte di queste trasmissioni che iniziai a rendermi conto di ciò che stava accadendo: lui stava donando la propria energia vitale ai presenti, la maggioranza dei quali era "nuova" e solo pochi di loro, tra cui me, compresero appieno la magnitudine dell'evento. Infatti tutti continuarono a chiedergli di ripetere la trasmissione non rendendosi conto che ad ogni trasmissione di energia ci infondeva la sua forza vitale e che dunque, in un certo senso, moriva per noi. Tuttavia, ci accontentava ogni volta, assicurandosi che tutti avessero ricevuto la trasmissione. Naturalmente ora so che lui è una fonte illimitata di questa energia e che per lui questo è un semplice gioco da ragazzi.

Tutti i presenti erano guaritori e professionisti di varie tecniche new-age, ma ora capisco che eravamo tutti come bambini che giocavano con le conchiglie sulla riva del misticismo, senza alcuna comprensione dell'oceano che ci veniva rivelato. La generosità di questa persona, nel condividere l'energia spirituale accumulata in anni di meditazione era al di là della mia comprensione in quel momento. Nel mio viaggio fino ad allora, avevo sentito parlare di molti insegnanti spirituali e maestri autodidatti che avevano fatto molto rumore per il poco che davano ai loro discepoli. Eppure eccomi qui, alla presenza di uno yogi padre di famiglia, che molto semplicemente aveva portato le trasmissioni mistiche dei maestri himalayani in una fattoria a Delhi condividendole felicemente con il pubblico, per lo più ignorante. Col maturare della mia pratica nel corso degli ultimi ventidue anni di partecipazione ad innumerevoli incontri del genere e di vicinanza a Gurunath, ho compreso che Gurunath trasmette questa energia costantemente. Sono i discepoli che la assorbono secondo le loro capacità. Gurunath trasmette continuamente, irradiando ventiquattro ore al giorno, tutti i giorni dell'anno, come il sole e senza alcun pregiudizio o condizione, sono i discepoli che bloccano o assorbono in base alla chiarezza che hanno sviluppato.

In effetti, anche senza la sua presenza fisica i discepoli possono connettersi con lui e ricevere tutte e tre le trasmissioni ed è quello che ho notato in tutte le mie lezioni durante le quali, disponendo un asan - una seduta - per lui, la sua presenza è palpabile e sentita da tutti.

La mia comprensione dello Shivapat è divenuta più chiara con il tempo e l'esperienza. Osservare le molte facce di maestri del passato sul volto di Gurunath, alcune conosciute altre no ed ascoltare le stesse esperienze fatte dagli altri, mi ha dato un punto di vista su questo fenomeno unico. Quando Gurunath incrementa la consapevolezza dei discepoli condividendo il suo stato di samadhi, il velo che copre il passato, il presente e il futuro si solleva ed il maestro eleva il discepolo al suo livello di rivelazione. Le persone che brevemente si rivelano sul volto di Gurunath possono essere entità di vite passate del maestro e/o connessioni del discepolo con quelle persone in passato. In quel momento non c'è barriera tra maestro e discepolo e le loro vite passate e future, c'è solo Verità, un momento di chiarezza.

Ali per la libertà

"Spesso i veri maestri contribuiscono al tesoro yogico della conoscenza aggiungendo alla conoscenza già esistente qualche frammento di informazione o tecnica, unica ed efficace", spiegò Gurunath. "Babaji Shiv Gorakshanath, il creatore di tutte le tecniche yoga, nel suo trattato sull'Hatha Yoga, ha rivelato la connessione della mente al respiro donando la scienza precisa, razionale e dettagliata del pranayam. Ha codificato l'esatta misurazione e gli schemi del respiro per controllare i vari stati d'animo e le fluttuazioni mentali."

"Con l'autorità di Babaji, Sri Yukteshwar Giri poteva dare l'esperienza della completa realizzazione di Dio con un semplice tocco. Molti maestri stanno lavorando per Babaji nella sfera esterna e interna della coscienza per velocizzare l'evoluzione della razza umana", continuò Gurunath.

Analogamente, come ordinatogli direttamente da Babaji, Gurunath ci rivelò di aver contribuito a questo yog paddhati, o tesoro dello yoga, donandoci lo Shivapat, un campo unificato di coscienza che è lo stato yogico di mente ferma della consapevolezza dell'anima, che tutti avevamo sperimentato in precedenza. In termini più semplici, in quanto maestro, egli comunica alle persone la coscienza dell'illuminazione naturale, senza parole, trasformando le increspature del pensiero della loro mente in consapevolezza priva di pensiero. Il secondo contributo di Gurunath al tesoro yogico, è l'eredità del jivhamsa - il cigno dell'anima, la traccia originaria del jivatma nel corpo. Gli yogi indiani si riferiscono spesso all'Hamsa nella poesia e nella prosa; ma Gurunath ha mostrato la posizione esatta di questa immagine simile a un cigno nel corpo fisico. La formazione è chiaramente visibile in una sezione biologica del cervello (vedere l'illustrazione a pagina 300).

Iniziazione al Kriya Yoga.

Dopo il satsang aperto a tutti, fu chiesto di andarsene a coloro che non erano interessati all'iniziazione al Kriya Yoga, poiché il processo di iniziazione è sacro e segreto. Solo quelli già iniziati o quelli in cerca dell'iniziazione potevano partecipare. Mi sorpresi nel vedere molte persone alzarsi e andarsene, anche dopo aver confessato di aver vissuto esperienze potenti durante le trasmissioni.

Ad alcuni di noi fu quindi data l'iniziazione alla pratica del Kriya Yoga. Gurunath ci facilitò l'introduzione alla pratica della tecnica, al contempo liberando i nostri canali spinali con il suo respiro e dicendoci che questo ci avrebbe aiutati a superare le numerose difficoltà nel corso della nostra pratica spirituale. Diversi studenti in seguito riferirono come, durante la pratica, i limiti di tempo e spazio fossero spariti e di come successivamente nuove strade sul lavoro e negli affari si fossero aperte per loro, rimuovendo preoccupazioni finanziarie o legate al lavoro e dando loro ampio tempo per la pratica.

Per me, nei giorni seguenti, ciò si tradusse in un senso di freschezza e ringiovanimento come l'esperienza dell'alba di un nuovo giorno. Tutti i sensi di colpa per i peccati commessi, i piaceri rubati e le malefatte subite scomparvero gradualmente nel corso delle successive settimane.

Questo è un processo continuo; nel corso degli anni, con l'aumentare e il rafforzare la pratica, vi è stato un costante rilascio dei residui negativi accumulati nel corpo fisico, emotivo e mentale, migliorando costantemente la chiarezza delle mie azioni.

Gurunath spiegò con un esempio pratico i rapidi risultati della pratica del Kriya Yoga rispetto ad altre pratiche: "Puoi prendere un mala e continuare a recitare curry al formaggio, curry al formaggio, curry al formaggio, quando hai fame" disse. "Il sistema cerebrale umano ha la capacità di cristallizzare questo piatto dopo molte vite di canti costanti con devozione completa e concentrazione focalizzata. La pratica del Kriya Yoga, d'altro canto, consente al praticante di preparare il campo, piantare il seme e raccogliere il raccolto. Quindi, accendendo il fuoco, il praticante può cucinare il pasto e soddisfare la sua fame. Sedersi e guardare il menu non riempirà mica lo stomaco" chiarì ulteriormente, sottolineando l'importanza della partecipazione attiva rispetto alla speculazione intellettuale. Capii che Gurunath non intendeva deridere le altre pratiche ma di suggerire al ricercatore di scegliere il percorso più adatto al proprio temperamento. E questo percorso si adattava perfettamente a me, persona d'azione, non facendo parte della mia natura sedermi e aspettare che qualcosa accada.

Scoprii che gli iniziati dovevano portare un'offerta per lui, cinque frutti, a simboleggiare l'offerta dei cinque sensi che devono essere sublimati e introiettati dal maestro. Non essendo stata informata non ero stata in grado di adempiere a questo obbligo e mi sentii un peso addosso. Il giorno dopo ero di nuovo a Chandigarh, lasciata a badare a me stessa. Non c'era nessun insegnante locale che mi potesse guidasse nel Kriya Yoga e nessuna letteratura scritta, quindi me la cavavo come meglio potevo. Il pensiero dei cinque frutti continuava a tormentarmi fino a quando, un giorno, non spedii cinque diversi frutti secchi a Gurunath che si trovava a Pune: una mandorla, un'uvetta, una noce, un'albicocca e un anacardo, tutti nel loro guscio.

Nei mesi seguenti, rimasi sorpresa dalla semplicità della pratica. La tecnica stessa era talmente facile da praticare che sembrava troppo aspettarsi miracoli nel seguirla. Personalmente, pensavo che fosse necessario un esercizio molto più complesso e un duro lavoro per qualsiasi tipo di avanzamento spirituale sostanziale, ma proseguivo imperterrita con la pratica.

Come per mostrarmi l'errore del mio ragionamento, nei giorni successivi ebbi le seguenti esperienze. La sensazione di una mano posta sulla mia testa, non solo una sensazione mentale o psicologica e nemmeno simbolica, bensì una forte sensazione fisica, come se qualcuno avesse appoggiato tutto il palmo e le cinque dita sulla mia testa. Poi, a volte, vedendo chiaramente attraverso l'occhio della mia mente, le dita e la mano si trasformavano in un copricapo a forma di serpente a cinque teste.

L'esperienza fu seguita da una visione dei pianeti del nostro sistema solare allineati lungo la mia spina dorsale. Entrambe queste esperienze, sebbene misteriose, sono state esaltanti. Ora so di essere stata una praticante di Kriya Yoga in passato, iniziata da Gurunath in molte altre vite; riprendevo la mia pratica da dove l'avevo lasciata in una vita precedente. Credo che i meriti spirituali conseguiti nel passato siano l'unica "merce" che un'anima può portarsi dalle vite precedenti a quelle successive.

CAPITOLO 2

FIGLIA MOGLIE MADRE RICERCATRICE

C'è stato un tempo in cui non avrei mai pensato di poter far parte di un gruppo che "seguiva" un guru. Nella mia visione i guru moralizzavano e pontificavano, interferendo nella vita personale dei loro seguaci e cercando di legarli alle tradizioni. Fu solo dopo essere stata con Gurunath, Nath Yogi e maestro Himalayano, che ho capito che i guru non vogliono seguaci bensì discepoli, risoluti ed attenti alla pratica loro impartita. Ho avuto la libertà di praticare, sperimentare ed apprendere le mie lezioni personali entro i limiti della disciplina stabilita. Un vero guru libera il discepolo. Liberando il sadhak, passo dopo passo, dalla schiavitù delle stringenti costrizioni il maestro illumina l'allievo serio per andare oltre il ciclo limitante di nascita e morte, fino all'illuminazione.

Ripensando alla mia vita di oggi, mi chiedo se gli anni prima di incontrare Gurunath siano stati semplicemente una preparazione al suo incontro. I trentasei anni trascorsi oggi sembrano essere stati un sogno. Qualunque sia la profondità dell'oscurità dentro la quale immaginavo di essere affondata, alla fine sono emersa dal pantano per spostarmi verso la luce. Nell'istante in cui ho fatto lo sforzo, i percorsi si sono aperti e mi hanno portato all'incontro con il maestro.

I giorni dell'innocenza

Mi hanno raccontato che una volta uscita dal grembo di mia madre coi i piedi in avanti, una grande Shanja puja fu celebrata nella casa di mia nonna a Mumbai, una volta chiamata Bombay. Non appena mia madre e io tornammo dalla casa di cura dove ero nata, i pandit Bramini furono appositamente convocati per placare gli dei ed evitare gli ostacoli futuri che bambina e madre avrebbero potuto sperimentare a causa della nascita podalica. Crescendo, nel corso degli anni, le colpe di tutte le mie marachelle sono sempre state attribuite da Bombay Ma a questo avvenimento. Chiamavo amorevolmente Bombay Ma mia nonna materna. L'osservazione spesso ripetuta era: "Come può fare qualcosa di giusto – è nata sottosopra!!!" diceva esasperata dai miei scherzi.

La nostra era una piccola famiglia Palakkad del Kerala che viveva a Calcutta, ora ribattezzata Kolkata. Comprendeva: Chitthi, mia nonna paterna, Amma, mia madre, Appa, mio padre e Chittappa, il fratello di mio padre. Rimasi figlia unica per molto tempo, mio fratello nacque quando avevo già tredici anni. I miei genitori, sebbene amorevoli e pieni di apprensione per la loro cara bambina, non dimostravano fisicamente il loro amore. Non ho quasi alcun ricordo di essere stata abbracciata o coccolata da loro – il che provocò un rancore durato molti anni, fino a quando, ormai io quarantenne, fecero finalmente entrambi ammenda abbracciandomi!

Ero tuttavia circondata da altri adulti che mi hanno abbracciato in abbondanza. La maggior parte degli amici di mio padre erano scapoli o sposati da poco senza figli, e passavano molto tempo a giocare con me, soddisfacendo tutte le mie esigenze infantili. Inoltre, la nostra famiglia viveva in una porzione di un enorme palazzo abitata da una famiglia bengalese di quattro fratelli e le loro mogli, che avevano affittato una parte della loro casa. I loro figli erano cresciuti o andati via di casa e io ero il loro cucciolo. Gli uomini mi portavano al parco per un giro in bicicletta o al negozio all'angolo per una delizia. Le loro mogli mi viziavano con tutti i tipi di prelibatezze, lì comandavo io. Nel mio modo infantile, detti a ciascuno di loro nomi in bengalese: cycle mama, upor mami, kakima, borodada, bubudada. Mia madre non ha avuto alcuna possibilità di disciplinarmi, anche se ha provato tanto.

Gran parte del mio nutrimento emotivo iniziale venne dal mio Chittappa, che dopo la mia nascita trasferì il suo lavoro e venne a vivere con noi. Ricordo che mi dava da mangiare e mi faceva addormentare, cantando e dandomi colpetti sulla schiena mentre mi cullava tra le sue braccia. Niente era troppo bello per la sua amata nipote e man mano che crescevo, lo sentivo discutere con tutti i componenti della famiglia, che fosse per permettermi di stare sveglia fino a tardi, rinunciare alla cena o giocare ancora un po'! Chittappa è stata più una madre per me che uno zio. Mi sono sempre sentita al sicuro in sua presenza, come se nulla mi potesse succedere. Il suo amore era come un caldo abbraccio protettivo. Quando è morto, nel 2017, mi contattò miracolosamente, ricevetti il messaggio della sua morte attraverso lo schermo scheggiato del telefono. Fu come se mi avesse convocato da un'altra dimensione, e potei assistere di persona alla cremazione ed alla successiva immersione delle sue ceneri. Fu per me il completamento di un cerchio d'amore.

    Chitthi era senza alcun dubbio il capo di questa famiglia. Ogni mattina tostava e macinava caffè fresco da filtrare. Ricordo che ogni giorno mi svegliavo con questo odore inebriante e i suoni familiari di Radio All India. Mia nonna che proveniva da una famiglia distinta di proprietari terrieri. Mio nonno il cui atto di sfida giovanile era stato fuggire a Singapore. In comune la ribellione, una caratteristica di famiglia che credevo di aver preso da loro e passato alle mie figlie e lo stesso DNA del viaggiatore...

    Mio nonno era poi tornato per sposarsi e per gestire la proprietà di famiglia in quanto unico figlio. È morto in giovane età e mia nonna, vedova e con la pesante responsabilità di allevare cinque figli, perse tutte le sue proprietà a causa dei parenti avidi. Per poter pagare le tasse scolastiche dei suoi figli e l'alloggio a casa di suo fratello dovette vendere tutti i suoi beni. Tuttavia, non ha mai perso la sua gentilezza. Gli ospiti erano sempre invitati a rimanere per i pasti; nessun avanzo fu mai servito, e c'era sempre qualcosa dato in beneficenza. Tutte le feste abituali venivano celebrate con la dovuta pompa, continuando la tradizionale preparazione della lunga lista di dolci e salati fatti in casa.

Amma è nata in una famiglia che si era stabilita a Rangoon in Myanmar - precedentemente chiamato Burma - da diverse generazioni. La sua famiglia, tuttavia, durante la seconda guerra mondiale tornò nel villaggio originario in Kerala, nell'India meridionale, lasciandosi alle spalle tutte le proprietà e beni. Successivamente la famiglia si trasferì a Mumbai; mia madre era un'imprenditrice e una donna molto attenta alla moda per quei tempi. Prima di sposare mio padre era solita creare abiti per alcuni negozi eleganti. Quando le giunse la proposta di mio padre, rifiutò di sposarsi sostenendo che aveva bisogno di sostenere la sua famiglia in quel momento. L'astrologo aveva predetto ai miei genitori che se si fossero sposati, sarebbe stato l'uno con l'altro, altrimenti sarebbero rimasti single. Quindi dopo due anni di ricerca di una sposa, mio padre tornò da mia madre che, a quel punto, era pronta per il matrimonio in quanto suo fratello aveva ormai trovato un lavoro.

Faceva i suoi esperimenti di stile sartoriale su di me che da bambina indossavo sempre abiti diversi da quelli di tutti gli altri. Come testimoniano le mie fotografie di infanzia, ero la bambina con salopette patchwork, pantaloncini o gonne particolari, ma sempre dall'aspetto molto elegante. L'ho sentita ricordare con nostalgia che se fosse nata più tardi sarebbe stata una stilista di grande successo, cosa su cui non ho alcun dubbio. Molto più tardi, ai tempi della televisione via cavo, adorava guardare Fashion TV con le mie figlie. Riderebbe felicemente per alcune delle dichiarazioni di moda fatte dai designer moderni!

L'altra passione di Amma era la musica classica Carnatica. Era stata educata a tale musica fin da piccola. Adorava cantare e non esitava un'istante quando le veniva chiesto di esibirsi in raduni pubblici o nelle case di amici e parenti, come si usa nelle famiglie dell'India meridionale. "Non puoi almeno aspettare che ti chiedano il bis?" le dicevo, esasperata dalla sua apparente mancanza di timidezza. La sua preferita, e anche la mia, era una canzone devozionale tamil che implorava il Signore Krishna di apparire davanti al cantante, implorandolo allo stesso tempo di non muoversi, poiché muovendosi avrebbe fatto tremare e rotolare l'intera galassia.

Ogni volta che cantava questa canzone, potevo vedere davanti ai miei occhi il bambino Krishna, adorabilmente chiamato "Kanna" nel brano, ballare con abbandono facendo spostare e scivolare l'universo.

Appa ha sempre avuto un debole per i dolci e i salati, e tornava sempre a casa dall'ufficio portando chicche come cioccolatini, wafer e torte. A ottantasei anni fa ancora così, e ha viziato le mie figlie durante l'infanzia, proprio come aveva viziato me a quell'età. Nella biblioteca del British Council a Kolkata, ove l'accompagnavo a prendere in prestito dei volumi, mi ha fatto conoscere il mondo dei libri. Passavo ore a sfogliare la sezione dei libri per bambini, che a quel tempo mi sembrava una galleria infinita di scaffali pieni di fughe segrete. Uno dei più grandi piaceri della mia vita era quando mi portava in una libreria poco prima delle lunghe vacanze estive e mi comprava fino a sette o otto libri da leggere contemporaneamente. Da allora nessun altro possesso materiale è stato mai così impagabile.

Appa era anche un appassionato di film e un fan della vecchia icona di Bollywood Dev Anand. Quando era più giovane, copiava l'inimitabile acconciatura del suo attore preferito. Ricordo che nei giorni festivi si alzava presto, si lavava e tagliava le verdure, aiutando mia madre in cucina. Il suo taglio era matematicamente preciso, proprio come doveva essere la sua contabilità in ufficio, ogni pezzo di fagiolo, carota o zucca aveva la stessa lunghezza, larghezza e spessore una volta completato il lavoro!

Mi ha anche introdotto alla pratica delle asana; ricordo di essere andata con lui in una yogashala, dove un insegnante molto gentile invitava il gruppo di studenti a praticare posture yoga su delle stuoie di rattan disposte sul pavimento di fango. Appa continua ancora oggi a praticare il suo yoga ogni mattina in un modo disciplinato e molto preciso. L'hatha yoga che insegno oggi, le sue fondamenta, sono state gettate su quel pavimento di fango; più che la pratica sono l'essenza dello yoga, la semplicità e la gioiosa austerità di quell'età che porto oggi nelle mie classi.

Durante la mia infanzia, ogni volta che inciampavo, cadevo

e mi facevo male, mio padre reagiva sgridandomi. Questo mi confondeva molto, sentivo un grande senso di ingiustizia per il fatto che stavo ricevendo un rimprovero da Appa senza alcuna colpa. Molto più tardi, quando anche mio fratello subì questo comportamento, lo affrontai. Appa ci disse che aveva letto in un libro di psicologia che per spostare l'attenzione del bambino dal dolore e dal trauma del farsi male il genitore doveva immediatamente castigarlo. Non potevamo credere che gran parte della nostra agonia infantile fosse stata basata su una teoria psicologica sbagliata che nostro padre aveva adottato in buona fede. Che risata ci facemmo io e mio fratello quando ci rendemmo conto di ciò. In quel momento capii come spesso portiamo rancore per azioni dei nostri genitori poste in essere probabilmente come un atto di amore verso di noi.

La domenica mattina, immancabilmente, iniziava con una marcia verso le classi al Bal Vihar, una scuola domenicale per bambini organizzata dalla Missione Chinmaya. Il fondatore di questa Missione, Swami Chinmayananda, era un grande predicatore del Sanatana Dharma. C'era un formato prestabilito per cantare mantra che tutti noi ricordavamo "a memoria". Dato che avevo una voce forte e chiara e una buona padronanza della pronuncia sanscrita, alla quale mi allenavo a casa, mi mettevo in mostra recitando prima del resto della classe o cantando ad alta voce in una intonazione diversa. L'insegnante che dirigeva la recitazione mi rimproverava prontamente, facendomi stare fuori per il resto della classe. Dovevo essere proprio fastidiosa. Un giorno la sorella maggiore di un'amica di questa classe ci disse con aria cospiratrice che se avessimo sfregato con un panno il punto tra le sopracciglia lo Shiv-Netra, il terzo occhio si sarebbe aperto! La mia conoscenza di questo punto proveniva solo dalle rappresentazioni del signore Shiva e dalle storie che avevo sentito da mia nonna sul fantastico effetto incendiario dell'apertura del terzo occhio di Shiva. Quindi iniziai sul serio a strofinarmi la fronte di nascosto con un angolo del mio vestito ogni volta che ero sola fino a quando, infiammata e dolorante, mi procurai una lieve infezione con febbre che pose fine al pio impegno.

Mia madre era molto possessiva nei miei primi anni di vita e non mi perdeva mai di vista. Ricordo in particolare un episodio: avevo vinto un premio recitando le Bhagavad Gita nella classe Bal Vihar, sì, nonostante fossi stata bandita dalla classe e, nello stesso periodo, ero la prima della classe a scuola. Avrei ricevuto il premio da Swami Chinmayananda in persona. La premiazione avrebbe avuto luogo in una sala rumorosa alla presenza di una ampia platea composta dai bambini di tutte le classi di Bal Vihar, i loro genitori e gli insegnanti. Continuavo a sentire il mio nome che veniva chiamato al microfono e cercavo di liberare il braccio, ma mia madre non mi lasciò andare, e quindi persi l'occasione di ricevere il premio da Chinmayaji. È incredibile come ho continuato a sentire a lungo quella presa sul braccio, riuscendo invece a lasciar andare quella sensazione pochi anni dopo aver iniziato a praticare il Kriya. Non le ho mai chiesto perché mi avesse tenuta così, ma suppongo che nella massa rumorosa di persone non fosse riuscita a sentire l'annuncio, preoccupata come era di perdermi in mezzo alla folla.

Ho trascorso la mia infanzia a casa tra discussioni e deliberazioni degli anziani sul significato delle Bhagavad Gita e delle Upanishad, intervallate dal canto brahminico di inni e mantra vedici, con particolare enfasi sulle corrette pronunce in Sanscrito. Durante la mia adolescenza, ascoltavo mio padre e il suo gruppo di studio scegliere versi di testi antichi ed esaminarne il significato in dettaglio, in tutte le sfumature percepite. L'intero esercizio cominciò a sembrarmi molto inutile, dibattiti incessanti e tomi di deliberazioni, solo per dimostrare la propria superiorità intellettuale. Quindi un giorno, mi rifiutai semplicemente di partecipare oltre a queste discussioni.

Ancora oggi, ho una salutare avversione alle lunghe discussioni sui trattati dei maestri del passato. Pertanto, trovai infinitamente rinfrescante l'affermazione che fece Gurunath durante il primo seminario a cui partecipai, quando disse enfaticamente guardando dritto verso di me: "Scrivi la tua Gita, la spiritualità è uno sforzo individuale da parte dell'anima alla ricerca della libertà. Ogni persona ha la capacità di creare una Gita o una Bibbia, di cristallizzare il Krishna dentro sé". Avevo finalmente trovato un percorso che coinvolgeva il personale sforzo creativo, rispetto alle aride discussioni intellettuali a cui assistevo in casa durante i miei anni di crescita. Anche se ovviamente ora capisco che quei primi anni sono stati una preparazione per la mia successiva istruzione con Gurunath.

Ho una profonda nostalgia di quegli anni a Kolkata, ricordando i pomeriggi pigri trascorsi assorti nelle storie su Chaitanya Mahaprabhu, un santo vaishnav bengalese, e Vivekananda, un ateo che, con un tocco del suo Guru Ramakrishna Paramahamsa, fece l'esperienza della realizzazione di Dio. La narrazione non era completa senza macabri racconti di fantasmi e magia nera, abbondanti nel Bengala Occidentale, di sacrifici umani e vittoria del bene sul male. Ricordo che pettinavo ed intrecciavo i lunghi capelli di mia madre mangiando un particolare ma delizioso mix di mango, banane, cagliata, riso sbattuto e riso soffiato, generosamente cosparso di jaggery fatto di datteri di palma. Mi sentii importante quando mi si permise di tenere le corde dell'aquilone dei ragazzi più grandi del parah, impegnati in combattimenti con gli aquiloni. Questa esperienza con l'aquilone e le sue stringhe mi ha fornito un'analogia che uso spesso per aiutare i miei studenti a capire come allenare la mente. C'erano i picnic al Victoria Memorial e nei giardini botanici e ricordo la mia espressione di terrore nel guardare le capre che venivano condotte per il sacrificio nel tempio di Kali. Erano giorni fatti di momenti emozionanti, quando ci inzuppavamo nel tentativo di catturare i pesci che nuotavano nella vasca da bagno del nostro padrone di casa, dove venivano tenuti vivi e freschi fino a quando non giungeva il momento di cucinarli. La cosa che ricordo di più delle persone di Kolkata è la loro generosità e capacità di condividere e accogliere tutti. In determinati giorni del mese, aspettavamo pazientemente l'arrivo di lunghe file di rifugiati dal Bangladesh, che ricevevano da tutti nel vicolo elemosine di riso, zucchero, sari o dhotis. Nei giorni di Puja per Durga e Kali, mi sentivo come se il mio cuore battesse più forte dei tamburi o dei fuochi d'artificio, nascondendomi dietro le persone e sussultando ogni volta che venivano lanciati i petardi rumorosi.

Dolori della crescita

Importanti cambiamenti nel mio modo di vivere si verificarono a circa undici anni, quando mio padre ebbe un trasferimento a Patna, in Bihar, con connessi promozione e vantaggi. Improvvisamente sradicata da una grande famiglia allargata, mi trovai praticamente sola. Patna era una città più piccola di frutteti di mango e alberi di Amaltas carichi di fiori. Andando verso la scuola, ricordo che spezzavo il tamarindo fresco dagli alberi e succhiavo la polpa agrodolce fino a quando i miei denti divenivano aguzzi. In estate, svestita, mi sedevo e mangiavo i manghi che erano immersi in un secchio d'acqua per rimanere freschi, i frigoriferi non erano infatti un normale oggetto domestico a quel tempo. Il loro sapore era paradisiaco e non c'era limite al numero che potevo consumarne. Le domeniche passavano a sguazzare nel fiume Ganga, mentre i pomeriggi dovevano essere trascorsi chiusi e al sicuro all'interno della casa, ascoltando il looh - il vento estivo estremamente caldo e secco che soffiava implacabilmente fuori.

Qui feci la mia prima formale esperienza di yoga, presso la filiale di Patna della scuola di Yoga Bihar, da cui gli insegnanti erano venuti per educarci. Eseguivo la pratica degli asana con molta naturalezza e avevo successo nei saggi di yoga. Il resto del tempo lo trascorrevo da sola, leggendo e sognando ad occhi aperti. Contemporaneamente stavo subendo cambiamenti ormonali che provocavano in me sentimenti confusi e inquietanti, vaghe sensazioni ed un interesse per il corpo fisico che stava maturando provocando una attrazione verso ragazzi e uomini.

Non potevo discutere e condividere tutto questo con nessuno, non avendo fratelli e sorelle né amici stretti per condividere la vita domestica.

Patna era un luogo affascinante a causa del collegamento con l'antica India, Pataliputra, le rovine dell'Università di Nalanda e la Stupa buddista a Rajgir che visitavamo spesso. L'altra attrazione era costituita dalla vicinanza del fiume Ganga, dove Appa portava un gruppo di noi la domenica mattina per fare un tuffo. Essendo un buon nuotatore, lui nuotava a largo mentre io sguazzavo sulla riva, sentendo la sabbia sotto e la corrente del fiume. Non ho mai imparato a nuotare, godevo solo nell'immergermi nel fiume.

Cicli periodici

In questo periodo si è verificato un episodio eccezionale che penso abbia radicalmente influenzato il mio approccio alla vita in generale e al patriarcato in particolare. Nelle famiglie dell'India meridionale è consuetudine che le donne si siedano isolate durante il ciclo mestruale, di solito per tre giorni. In quei giorni non entrano in cucina, non fanno la puja e sono generalmente lasciate da sole. Vedevo mia madre e le altre signore della casa sedersi da una parte e non avevo mai davvero riflettuto su questa usanza, in quanto allora non mi riguardava, ed in più vedevo mia madre rilassarsi – prendendosi una pausa da tutte le faccende domestiche - leggere i suoi libri e, più in generale, riprendere in quei giorni tutti i suoi hobby mentre Appa o Chitthi si occupavano dei lavori domestici. Immagino che questa "tradizione" possa essere nata per dare sollievo alle donne con sindrome premestruale, ma come spesso accade per le tradizioni, ha acquisito successivamente le sembianze di un tabù.

Quando mi arrivò il ciclo, all'età di undici anni, mia nonna improvvisamente decise che era abbastanza e pronunciò il diktat che da quel giorno in poi nessuno sarebbe stato mandato in una zona isolata della casa e che non ci sarebbe stata più alcuna discriminazione nei confronti di qualsiasi donna durante questi giorni a casa nostra. Mi è stato permesso di partecipare a tutte le funzioni religiose in casa, potevo entrare in cucina e in effetti non vi fu alcun cambiamento nella mia vita quotidiana. Al sud l'inizio del ciclo mestruale è grandemente celebrato come l'avvento della fertilità di una ragazza. Mia madre fu abbastanza felice di soddisfare il desiderio di Chitthi e mio padre, indifferente, non batté ciglio. Mi chiedo oggi quale luce di saggezza abbia spinto Chitthi, mia nonna, a prendere quella decisione e quanto sia stata meravigliosa questa liberazione per lei. Quanto a me, durante tutta la mia vita, non mi sono mai sentita diversa in quei giorni ed a scuola, a differenza di molte ragazze traumatizzate da crampi, flusso pesante, ecc., potevo partecipare e gare e allenamenti. Eh sì, durante il ciclo potevo perfino saltare sulla bicicletta e correre via!

Anche più avanti negli anni, non mi ricordo di essermi mai fermata a pensare a questo fenomeno biologico molto naturale. È per me come qualsiasi altra funzione corporea, la respirazione, l'escrezione, l'assimilazione e la digestione; uno sviluppo necessario per la riproduzione, proprio come l'apparizione dello sperma nei ragazzi. Mi sentivo allo stesso modo quanto alla mia pratica spirituale e praticavo la mia sadhana yogica con facilità, così come praticavo lo sport da giovane. La menopausa arrivò allo stesso modo all'età di cinquant'anni, il ciclo cessò senza problemi nello spazio di due anni senza alcun trauma di accompagnamento.

Il mio modo di comportarmi non significa che ridicolizzi le persone che seguono tali costumi o che provi ad influenzarli, un sano confronto su questo argomento è ovviamente stimolante, ma di norma mi allontano da discussioni fanatiche "Nella spiritualità non ci sono fanatici", ho sentito dire a Gurunath.

Questa è la ragione per cui, quando l'episodio di Sabarimala piombò sulla psiche collettiva dei seguaci di Ayyappa, rimasi sconvolta dall'apparente aggressività di alcune donne che pretendevano di entrare con la forza nel tempio durante il ciclo mestruale, in nome della riforma, anche se personalmente non sono d'accordo a tenere fuori dai templi qualcuno qualsiasi sia il motivo e non credo che importi nemmeno agli Dei. Per coloro che non ne sono a conoscenza, Sabarimala è un tempio nel Kerala dedicato a Swami Ayyappa, un essere divino celibe, profondamente venerato dai suoi seguaci. Da sempre alle donne in età mestruale non è stato permesso di entrare nel tempio; entrambi i miei genitori hanno fatto questo pellegrinaggio e uno dei miei zii guida il gruppo da Mumbai ogni anno in pellegrinaggio da cinquant'anni. Ricordo di aver discusso di questa usanza imposta alle donne in alcuni templi, ma non ho mai pensato di insultare costumi consolidati e o prendere d'assalto il bastione della convinzione religiosa. Per alcuni può essere difficile o sgradevole svolgere determinate attività durante il ciclo, per altri potrebbe non avere alcuna importanza, ma secondo me entrambi i gruppi dovrebbero rinunciare ad imporre le proprie opinioni perché è una questione di scelta personale, spesso dettata dal condizionamento sociale.

La mia regola è semplice a questo proposito: non oltrepassare le zone di comfort altrui, rispettare le regole degli altri mentre sono nel loro spazio personale e se il loro sistema di credenze mi disturba a tal punto da divenire inquietante, starne lontano e questo a tutti i livelli: a casa, nei luoghi religiosi, in hotel, nei club, in qualunque luogo. Essere naturale e fare ciò che mi viene naturalmente funziona per me ed in questo modo mantengo la coerenza. Credo davvero che lungo il percorso spirituale ciascuno dovrebbe fare ciò che fa sentire a proprio agio, ed aiuta se si è in sintonia con il proprio corpo e ritmo circadiano. Ciò che funziona per una persona spesso non funziona per un'altra e questo è vero in tutti gli aspetti della propria vita. Quando gli studenti, nel desiderio di acquisire saggezza, chiedono all'insegnante di fare luce su una questione, la mia risposta è sempre: "Dov'è la tua cavolo di torcia?" Lo Swadhyaya o studio personale, essendo uno dei principi del niyama negli otto passi dello yoga che tengo stretto e sottolineo quando insegno, è un'importante lezione appresa da Gurunath.

Adolescenza tumultuosa

Tre anni dopo partimmo verso Bhubaneswar in Orissa, in seguito all'ennesimo trasferimento di lavoro di mio padre. Nuova scuola, nuovi amici e una nuova serie di insegnanti a cui mi sono subito adattata. Le lezioni di doposcuola si tenevano all'ombra di un albero di Banyan o Peepul, nel cortile delle rovine di vecchi templi che circondavano la nostra casa. Fu qui, nei miei due ultimi anni di scuola che improvvisamente un giorno iniziai a scrivere in modo creativo. Fu magico, come se qualche interruttore del mio cervello fosse stato attivato. Ricordo ancora il tema che il nostro insegnante di inglese ci diede come compito a casa, "Una passeggiata al chiaro di luna" fu il tema che innescò in me un flusso creativo che non si è mai più fermato. Continuai a prendere voti alti in tutte le mie composizioni inglesi. La signora Nalini, la mia insegnante di inglese, mi dava voti molto alti ma sempre un voto o mezzo voto in meno del meritato; quando le chiesi il motivo mi disse che dovevo tenere qualcosa per Shakespeare e Thomas Hardy ... molto divertente.

Mio fratello Jagannath, dal nome di un aspetto di Vishnu venerato nel tempio di Puri in Orissa, nacque qui quando avevo tredici anni. Ero piuttosto imbarazzata che i miei genitori avessero avuto un figlio dopo tutti quegli anni e lo tenevo segreto a tutti i miei amici. Avevo un'età dove era inquietante accettare che i genitori fossero troppo indulgenti nell'attività sessuale. Nel privato, a casa, ero segretamente felice di aver avuto un fratello. Dato che era molto più giovane di me, i miei sentimenti verso di lui erano più materni che fraterni, solo molto più tardi sviluppai una relazione più amichevole con lui.

Incredibilmente, mio padre mi fece fare il primo tiro di sigaretta in questo periodo! Non avevo mai visto prima Appa fumare, né avevo immaginato che gli piacesse, ma un giorno lo vidi in piedi con alcuni amici che sbuffava su una sigaretta. Lo sguardo di pura incredulità sul mio viso doveva essere stata una provocazione sufficiente ad indurlo ad offrirmi un tiro, apparentemente per scherzo. Poi fu la volta di mia madre di essere sciocckata apparendo all'improvviso dall'interno della casa e facendo dileguare gli amici di Appa. Non riusciva a credere che un padre onorevole potesse fare una cosa del genere a sua figlia. Non ho mai più visto fumare mio padre e quanto a me non ho mai pensato di fumare né sono rimasta succube del suo fascino, anche se molti dei miei amici fumavano sia a scuola che al college.

A scuola, in compagnia dei miei ricchi compagni di classe, ero sempre a corto di soldi, quindi una volta che raccolsi soldi per una festa scolastica, li spesi per film e nella mensa della scuola! La colpa di questa appropriazione indebita è rimasta sulla mia coscienza per molto tempo. Inoltre, è stato a Bhubaneshwar che ho avuto il mio primo incontro romantico, durante il mio ultimo anno a scuola, a quattordici anni. Sebbene non ci siamo mai incontrati di persona ma solo scambiati sguardi colpevoli in giro per la città, abbiamo trascorso infinite ore al telefono a parlare di Dio solo sà cosa. L'eccitazione di fare qualcosa di proibito fu squisita. Oggi, ai tempi dei social media, sono di nuovo in contatto con gli amici di questo periodo, dopo oltre quarant'anni. Penso che a quel tempo Appa scoprì la mia storia romantica ascoltando inavvertitamente dall'altro apparecchio telefonico e che la interruppe sul nascere chiedendo un altro trasferimento a Chandigarh, nel nord dell'India.

Alcuni ricordi sono indelebili e ricordo le nostre frequenti visite ai templi Lingaraj e Puri Jagannath e al Tempio del Sole a Konarak. Di recente ho visitato di nuovo Bhubaneshwar e, a Puri, sono andata a visitare il karar Ashram di Sri Yukteswar Giri: camminando assorta sono riaffiorati i ricordi di quando visitai questo luogo la prima volta con il gruppo di Kolkata. Malinconicamente mi sono chiesta se le mie visite a questo ashram nei primi anni '70 fossero mai coincise con quelle di Gurunath in visita al suo guru Hariharananda. Il mio Guru avrà lasciato le sue impronte nella sabbia del tempo perché io le seguissi o mi avrà visto per caso sapendo che sarei stata chiamata più tardi ad unirmi al sentiero del Kriya Yoga nel suo ashram di Pune?

Nel 1973 mi trovavo su un treno per andare al college in un'altra città. Era una città nuova di zecca, in quanto pianificata solo nel 1950. Il college era divertente. Facevo parte di un gruppo di ragazze e partecipavo a tutti gli eventi organizzati - dibattiti, concorsi teatrali, quiz, sfilate di moda ecc. Le restanti ore le trascorrevo in biblioteca, facendo ricerche di filosofia, la mia materia preferita.

Questo è stato un grande periodo di crescita per me, leggevo senza pregiudizi tutto ciò su cui potevo mettere le mani. Non sapevo che tutta questa filosofia sarebbe stata rimossa più tardi, nel corso dello sviluppo spirituale, portando a volte totale confusione.

Al college, essendo abbastanza intellettuale, ero molto orgogliosa del mio lavoro. Analizzando qualsiasi tema da diversi punti di vista, potevo presentare argomenti a favore e contrari su qualsiasi trattato filosofico. Una volta, come progetto speciale, dovevo presentare un articolo su "Cosa è la mente?" e ricordo di aver ricevuto riconoscimenti dal mio insegnante di filosofia per il mio tema. L'articolo era lungo quindici o venti pagine e ricordo di essermi sentita superiore per la mia abilità intellettiva dopo averlo completato. Riportando le teorie sulla mente di Spinoza, Platone e Cartesio, avevo tentato di capire la mente e sentivo di averne acquisito davvero una certa comprensione! Forse per questo, in seguito, ogni volta che seduta in meditazione ho combattuto i miei pensieri mi è tornato alla "mente" questo sforzo, non mancando mai di evocare un sorriso o una risatina in me.

È interessante notare che i pensieri filosofici indiani non facevano parte del curriculum di studi a quel tempo.

I paradossi del percorso spirituale, contrari a tutto quanto ho appreso con lo studio della logica, mi hanno sempre lasciato perplessa ed insieme incantata, ad esempio quello per cui è quando si segue il flusso che la vita è realmente sotto controllo, o che immergendoti profondamente nella pratica spirituale emergi nella luce! Come si possono comprendere le qualità opposte di uno yogi, cioè quelle di un combattente senza paura combinate con una dolce resa!

Questo paradosso è stato espresso magnificamente in una massima Sufi: "Jo ubhra so doob gaya; jo dooba così paar" canta il derviscio, che significa "Chi affiora è annegato e chi annega è passato oltre".

A casa, questo periodo è stato caratterizzato da numerose discussioni; mio padre, per molti versi non convenzionale, era irragionevolmente contro gonne corte, camicie senza maniche, top attillati e feste da ballo. Aveva una figlia, invece, che non vedeva nulla di male in tutto ciò, quindi la vita a casa a volte somigliava a un campo di battaglia. Urla e grida con i genitori divennero frequenti, causando molte porte sbattute e uscite di casa con il broncio.

Per questo sentii di aver vinto una battaglia importante quando ottenni da Appa il permesso di indossare magliette senza maniche, ma le feste da ballo erano tutta un'altra cosa, perché lui aveva questa idea fissa di ragazzi e ragazze che ballavano insieme come se fossero in un'orgia, e nulla di ciò che dicevo poteva fargli cambiare idea, era ostinatamente prevenuto. Questa fu una delle ragioni per cui iniziai ad ascoltare e leggere i libri di Rajneesh, solo per esasperarlo ulteriormente.

Rajneesh, in seguito noto come Osho, divenne famoso in India come il guru del sesso, specialmente tra le persone che non si erano preoccupate di leggerlo o ascoltarlo.

Dato che la maggior parte delle ragazze in quel momento si trovava ad affrontare circostanze simili a casa, risolvemmo il problema organizzando feste da ballo durante il giorno nelle ore del college, tornando dai nostri studi a casa come piccoli angeli. Ballavamo con le tende abbassate, fingendo che fosse notte, con il succo di mela che sostituiva la birra e spesso c'erano solo ragazze a questi eventi. Era tutto molto innocuo - niente droghe, niente alcool e, soprattutto, niente ragazzi.

Questo mi si è rivolto contro in seguito, quando vidi lo scooter rosso di mia figlia maggiore parcheggiato fuori all'unica discoteca della città mentre, formalmente, era andata a lezione; stavano portando avanti la tradizione degli eventi diurni per le ragazze ma ovviamente in quel momento entrai pronta a tirare fuori mia figlia e la sua migliore amica che ballavano innocentemente. Una volta entrata, però, non potei fare a meno di muovermi un po' e di fare qualche mossa di danza, decidendo di occuparmi delle ragazze più tardi. La sua amica me lo ha ricordato di recente al matrimonio di mia figlia, mentre stavamo ballando. La musica e la danza fanno parte della mia formazione yoga e con i miei studenti spesso andiamo a ballare in stile Bollywood in un club locale. Ballando fino all'una del mattino per poi sedere in meditazione e tenere la usuale lezione di yoga normale il mattino successivo, alcuni "shot" del tequila possono anche starci durante la notte.

Da adolescente insistevo per pagare la mia parte negli appuntamenti, ora sospetto mi venisse chiesto di uscire solo quando i ragazzi non avevano soldi per invitare le ragazze più belle. Anche allora, nonostante la mia natura ribelle, mi rendo conto che dovevo essere abbastanza puritana, non essendo interessata a indulgere in intimità fisiche casuali come molti altri facevano, il che, sospetto, era un'altra ragione per l'esaurirsi degli inviti.

La claustrofobia della mia vita adolescenziale, durante la quale mi è stato impedito di svolgere attività perfettamente innocue a causa delle paure dei miei genitori, mi ha portata a sviluppare un atteggiamento più indulgente nei confronti delle mie figlie durante l'adolescenza. Ogni volta che Jujhar, mio marito, metteva in atto la routine del papà severo, che indossassero abiti senza spalline, che andassero al cinema con i ragazzi o che organizzassero feste, le ragazze avevano il mio appoggio. Di solito le incoraggiavo a essere più impavide e libere da sensi di colpa nel loro comportamento, allo stesso tempo facendo da pacificatrice e cercando di convincere

Jujhar a considerare il loro punto di vista. Credetemi, mediare tra due ragazze di forte volontà e ribelli e il loro padre egualmente supponente ed a volte ipocrita non è un compito facile. Naturalmente, ho avuto la mia parte di notti insonni in attesa che una delle mie figlie, Rukmani o Sukhmani, tornasse a casa da una festa, preoccupata per l'ora tarda. Il fatto è che quando si disegnano confini per i propri figli pensando di essere liberali, loro li vogliono più lontani rispetto alla tua linea, vogliono sempre superare quel limite, questa è la natura delle generazioni successive.

Un matrimonio precoce e la vita nella fattoria

Avevo diciotto anni quando incontrai mio marito Jujhar. Lui e i suoi amici stavano giocando a "sette tessere" un gioco indiano chiamato pithoo. Consisteva nel lanciare una palla contro un mucchio di pietre piatte impilate una sopra l'altra e rimetterle insieme senza essere colpiti, a turno, dalla palla. Guardandoli sembrava si stessero divertendo molto quindi, quando mi invitarono a giocare, mi unii a loro felicemente. Immediatamente mi sentii parte del gruppo; i ragazzi provenivano tutti dallo Sherwood College di Nainital, le ragazze appartenevano alla scuola gemella 'All Saints' ed erano tutte amiche da molto tempo. Civettuolo per natura, Jujhar non perse molto tempo prima che iniziasse ad affascinarmi e, non sapendo molto sugli uomini, ne fui subito travolta.

Diventammo amici e nonostante tutto ciò che è accaduto tra di noi in seguito, questo filo conduttore di amicizia è ciò che ci ha aiutato ad attraversare tutti i periodi difficili. Ancora oggi, dopo il divorzio formale nel 2010, viviamo e condividiamo spazio e reddito nella stessa fattoria in cui abbiamo vissuto per trent'anni come coppia sposata.

Nel 1980, essendo una ribelle con una forte indipendenza e nessuna guida in queste questioni, non ebbi scrupoli sul sesso prematrimoniale, pensando di essere profondamente innamorata. Era la prima volta per me e, parlando in modo retrospettivo, eravamo entrambi abbastanza ingenui e inesperti. Lui mi ha insegnato a nuotare e a guidare, abilità che ammiravo sempre negli altri. Erano giorni pieni di sole e divertimento e pensavo che nulla sarebbe cambiato dopo il matrimonio. Il rapido corteggiamento si concluse con un matrimonio sei mesi dopo, una settimana prima che compissi diciannove anni, nel dicembre 1980.

Mio padre aveva molte riserve sul mio matrimonio con un uomo di una comunità diversa, ma era impotente di fronte alla mia determinazione. Jujhar era un Sikh, con un'istruzione da scuola pubblica. Apparteneva a una famiglia di proprietari terrieri con vaste proprietà, profondamente interessato all'agricoltura ed alle attività ad essa connesse. Noi due provenivamo da ambienti diversi come mai due persone avrebbero potuto! Celebrammo il rituale nuziale Sikh alla Gurudwara, non per motivi religiosi ma per comodità, in quanto sembrava la cerimonia più semplice e veloce in quel momento. Partecipò un piccolo gruppo composto dai miei genitori e alcuni dei miei amici del college. I genitori del suo amico accompagnarono Jujhar comportandosi come se fossero familiari, poiché nessuno della sua famiglia partecipò alla cerimonia.

Il fratello più grande non era a favore del matrimonio (anche se non era stato fornito alcun motivo specifico) e non partecipò, la sorella di Jujhar era diventata vedova di recente ed osservava il lutto mentre l'altro fratello maggiore, un capitano dell'esercito indiano, era fuori per una esercitazione militare e ci inviò i suoi migliori auguri.

Entrambi i miei genitori erano solenni e, dopo la cerimonia mio padre che aveva qualcosa da dirmi, chiamandoci entrambi disse: "Jyoti, ti sposi contro i nostri desideri ma voglio che tu sappia che nonostante il nostro dispiacere le nostre porte saranno sempre aperte per te. Non pensare mai che ti abbandoneremmo, in qualsiasi momento della vita."

Anche se a quel tempo rimasi confusa da questa insolita forma di addio, fu molto più tardi che mi resi conto della forza che mi ha dato durante gli eventi successivi della vita, e la saggezza nel comunicarmelo davanti a Jujhar. Ho provato a dare lo stesso tipo di sostegno incondizionato a entrambe le mie figlie, spiegando loro che a prescindere dal corso delle loro vite, la casa dei loro genitori sarebbe rimasta sempre un posto in cui poter tornare. Oggi, Jujhar, lui stesso padre di due figlie spesso commenta: "Sai, penso che sia stato piuttosto coraggioso da parte dei tuoi genitori acconsentire, seppur protestando, a che tu mi sposassi. Non sapevano nulla di me, non avevano incontrato nessuno della mia famiglia e ti stavo portando nella fattoria in una capanna con una stanza priva di ogni comfort.

Abbiamo vissuto in un loft agricolo sopraelevato senza cucina o bagno. Era un piccolo recinto di quattro metri per quattro, con molte finestre tutt'intorno: dava la sensazione di essere fuori tra gli elementi. In effetti, non esisteva la porta della stanza fino alla mattina del giorno del matrimonio, quando Jujhar pagò un falegname per metterla. Mi diverto ancora ricordando come ci siamo seduti umilmente attendendo che il ragazzo, che sembrava non avesse alcuna fretta, finisse il lavoro per poi andarsene a mezzanotte con un sorriso malizioso!

Conduceva alla stanza una scala traballante che doveva essere tirata su di notte per proteggersi dai ladri e malfattori, la doccia era un secchio in un angolo, la cucina una stufa all'altra estremità e il bagno il fiume vicino. Percorrevo dieci chilometri per andare al college ogni giorno, dovendo ancora terminare il corso di laurea. Amavo la vita in fattoria, il senso dello spazio e nel tempo aggiungemmo altro bestiame, mucche, pollame e tre cani. Il ritmo sereno della vita in fattoria era meraviglioso.

Il piccolo cottage che costruimmo dopo il nostro matrimonio impiegò due anni ad essere completato, con il lavoro che si fermava ogni volta che i fondi si esaurivano, il che succedeva spesso. Senza l'aiuto di nessuno riuscivamo a sopravvivere comunque. Nel corso degli anni seguenti, abbiamo gradualmente sviluppato anche l'area circostante la casa. Sebbene la stessa fosse una piccola struttura di 74 metri quadrati composta da una cameretta, uno studio e una cucina, aveva quasi mezzo acro di terreno intorno che poteva essere sviluppato.

I restanti due acri erano dedicati all'allevamento di pollame. Piantare alberi, arbusti, rose, altre piante da fiore e alberi da frutto ha conferito al luogo un carattere irreale. A tempo debito, si è evoluto in una pittoresca cartolina - una scena uscita da un romanzo di campagna. La piccola e caratteristica casetta con il caprifoglio sulla veranda, la siepe verde, l'edera aderente; i cuccioli - ne avevamo tre - inseguendo le loro code sul prato lussureggiante, mi riempivano il cuore di gioia. Il pigolio dei polli e il muggito occasionale delle mucche completavano il contesto pastorale.

Jujhar è sempre stato agricoltore, relegando tutte le comodità della vita moderna ad una priorità secondaria, preferendo dedicarsi alla fattoria. Ricordo che una volta avemmo un acceso dibattito sull'acquisto di un frigorifero o una mucca con i fondi limitati nel nostro salvadanaio. Lui pensava che quest'ultima sarebbe stato un investimento più pratico, dal momento che una mucca avrebbe dato del latte e fatto nascere più vitelli che avrebbero potuto essere venduti a scopo di lucro. Quindi portai il nostro primo vitello a casa stretto al mio petto seduta sullo scooter dietro mio marito. Il frigorifero arrivò un anno dopo. Latte fresco, burro, formaggio, uova: "Wow!" tutti avrebbero esclamato con gioia, e riuscii persino a piantare un orto. Nel corso degli anni, la casa è invecchiata e si è ammorbidita con un bagliore caldo che è divenuto accogliente. Oggi, gli amici restano spesso per un caffè, un pranzo informale o a cena. Gli studenti ovviamente, non vogliono mai andarsene e devono essere spinti fuori. La mia cucina oggi è un luogo di incontro per gli studenti dove sorseggiare caffè e sgranocchiare discussioni spirituali dopo le lezioni.

Anche l'allevamento di pollame crebbe, da poche centinaia di polli all'inizio a migliaia negli anni seguenti. Dimenticando tutte le mie ambizioni, ero totalmente dedita ai lavori agricoli lavorando fianco a fianco e sostenendo Jujhar in tutte le sue imprese. Non che lui avrebbe prestato attenzione al mio dissenso come avrei dolorosamente imparato in seguito.

Entrambe le mie figlie nacquero nei successivi quattro anni: all'età di ventitré anni ero già madre di due figli. In quel momento, ci assumemmo la responsabilità aggiuntiva di prenderci cura della sorella vedova di mio marito e dei suoi due figli piccoli che vennero a vivere con noi. Svolgendo le faccende domestiche quotidiane, prendendomi cura di due bambini piccoli, aiutando Jujhar con la fattoria, i giorni trascorrevano veloci. Mia cognata si trasferì a casa sua dopo due anni, anche se abbiamo continuato a prenderci cura dei loro bisogni. Nonostante fossi così impegnata nel corso della giornata, mi unii ad un corso di giornalismo in una scuola serale, spinta dal desiderio di una vita più significativa. Non mi era mai passato per la testa, in quella fase iniziale, di chiedermi se fossi tagliata per essere la moglie di un contadino.

Alcune brevi pause dal lavoro

Jujhar non amava molto viaggiare e visitare la città, lo considerava un passatempo frivolo. Un'altra ragione per cui non voleva allontanarsi a lungo era la natura del suo lavoro. Il pollame richiedeva un costante monitoraggio per via delle malattie, la supervisione quotidiana della quantità di mangimi, la gestione del lavoro manuale e, soprattutto, per i prezzi fluttuanti delle uova che richiedevano decisioni continue ed immediate sulle vendite. Tuttavia, avendo trascorso la sua infanzia sulle colline di Nainital, presso lo Sherwood College, amava il trekking in montagna. Pertanto i nostri tour avvenivano tra le colline di Nainital, Mussourie, Manali e Dalhousie, nelle basse catene dell'Himalaya, anche se la maggior parte delle nostre fughe consistevano in viaggi nelle vicine colline di Shivalik. Uno dei più memorabili trekking è stato quello che abbiamo fatto subito dopo smesso di allattare Rukmani, il che significava che avrei potuto fare una gita di un giorno lontano da casa.

Ad un compagno di scuola di Jujhar venne l'idea di fare trekking fino alla città collinare di Kasauli, una città arroccata su una montagna visibile da Chandigarh. Nelle notti limpide, le luci delle case in cima alla collina brillavano luminose. Il viaggio sarebbe durato da quattro a cinque ore lungo un sentiero che iniziava alla periferia della città.

Preparai dei panini e, armati di cibi energetici come cioccolatini e frutta secca e bottiglie d'acqua, eravamo pronti per iniziare. Avevo lasciato Rukmani con mia madre per la giornata. Dopo un'ora dall' inizio del trekking, il nostro amico realizzò che avevamo preso la strada sbagliata, il sentiero era diventato sempre più difficile, finché a un certo punto stavamo camminando lungo un fiume asciutto pieno di enormi massi. Cercando di spaventarci, Jujhar iniziò a parlare di inondazioni improvvise e di come le persone erano state spazzate via nelle recenti alluvioni. Trascorse altre due ore di questa estenuante camminata, stanchi e affamati, riuscimmo in qualche modo a uscire dal letto roccioso del fiume e trovammo la strada attraverso un villaggio. Essendo l'inizio dell'inverno, si stava facendo del jaggery fresco dalla canna da zucchero e l'intera area era satura di questa fragranza salutare. Niente era mai stato così buono come il succo di canna da zucchero fresco che i contadini ci offrivano, esortandoci a berne ancora. La generosità di questi poveri contadini mi toccò profondamente, non riuscivo a non confrontarlo con il comportamento degli abitanti delle città che detestano condividere senza qualche secondo fine.

Gli abitanti del villaggio ci chiesero come fossimo giunti in quei luoghi sulle colline e fu molto divertente vedere l'incredulità dipinta sui loro volti quando rispondemmo loro che stavamo camminando da Chandigarh a Kasauli. "Ma", risposero sorpresi "c'è un servizio di autobus dalla città". Con il loro stile di vita duro, costretti a coltivare, cacciare e cercare il foraggio, non potevano immaginare nessuno che percorresse tali distanze volontariamente! Comunque, riuscimmo ad arrivare alla cittadina collinare di sera dopo una passeggiata di circa dieci ore, e quando entrammo nella piazza del mercato principale, l'ultimo autobus stava partendo per Chandigarh, così ci salimmo e tornammo a casa.

Man mano che le bambine crescevano, si univano a noi in queste vacanze. Durante tutte queste camminate, Jujhar era senza dubbio nel suo elemento. La sua vasta conoscenza della flora e della fauna, la sua capacità di osservare i dettagli, di indicare nidi nascosti e trovare tracce di animali selvatici e uccelli guidandoci infallibilmente sui sentieri nella giungla, lo resero leader indiscusso del branco. Sebbene la maggior parte delle nostre vacanze sia stata sulle colline, riuscimmo a fare un viaggio più lungo a sud per dare a Jujhar e le bambine un assaggio della mia parte del paese. Grazie alla buona stagione del pollame, potevamo permetterci di viaggiare in aereo. Fu Jujhar a sottolineare che era la prima volta che tutti noi salivamo su un aereo: Jujhar trent'anni, io venticinque e le ragazze quattro e due anni.

I dieci giorni trascorsi viaggiando in Kerala furono una nuova esperienza per tutti e tre, per me fu come un ritorno a casa nel "paese di Dio". Visitammo le mie Chittappa a Thrissur e andammo nel mio villaggio a Palakkad per incontrare i miei cugini.

L'ultima tappa di questo viaggio fu Kovalam, una località balneare nel Kerala. Era la prima esperienza del mare per tutti loro e Jujhar restò sorpreso come i bambini della vastità dell'oceano. Trascorremmo tutti e cinque i giorni in costume da bagno e pantaloncini. La libertà di vestire come mi piaceva senza che nessuno mi fissasse era un ricordo dimenticato da quando ero andata a vivere a Chandigarh. Jujhar era stupito nel vedere le donne nel villaggio che lavoravano o si rilassavano a casa loro, a petto nudo o coperte da vesti leggere ed ancora di più che gli uomini prestassero scarsa attenzione a loro. Naturalmente questo non costituiva una novità per me, dal momento che tra i miei ricordi d'infanzia c'era l'immagine di mia nonna a seno nudo in estate che si sventolava con l'orlo del sari, senza inibizioni.

Per me oggi quell'immagine è la libertà per antonomasia. Fu solo dopo che ci trasferimmo a Chandigarh, nel nord, che mio padre insistette che lei cominciasse a indossare una camicetta e ricordo quanto fosse mortificata la prima volta e quanto fosse a disagio. Si lamentava di come le cuciture le provocassero eruzioni cutanee e di come non riuscisse a respirare, fino a quando Amma le fece una camicetta ampia che poteva essere allacciata anziché abbottonata.

Esistono molte congetture storiche sulla cosiddetta pratica dell' assenza di tasse per il seno scoperto apparentemente imposta alle donne di bassa casta del Kerala che sarebbero state esentate dal pagare le imposte se avessero tenuto il seno scoperto, non sono sicura chi ne sia l'autore, ma durante la mia infanzia mi sono seduta spesso accanto a mia nonna e molte delle sue amiche nel nostro brahmin agraraham a Palakkad, e non ho mai percepito alcun senso di oppressione in loro. Un codice di abbigliamento considerato un simbolo di oppressione dagli storici è diventato per me un simbolo di liberazione.

Terrore e divisioni religiose nel Punjab

Poco dopo rientrati dalle vacanze scoppiarono i giorni di terrore in Punjab. La verità era inaccessibile e tutto ciò che sentivamo erano storie di scontri e omicidi di massa. Assistemmo a un circolo vizioso di terrore perpetrato sui comuni cittadini sia dalla polizia che dagli insorti.

Fu la gente semplice nei villaggi del Punjab a subire questa violenza, affrontando la brutalità scatenata con il pretesto di controllare la situazione. Molti ragazzi giovani scomparvero senza lasciare traccia, dopo esser stati visti per l'ultima volta nelle stazioni di polizia! Senza poter ricorrere ad alcuna forma di processo giudiziario, le famiglie furono lasciate a soffrire e ad aspettare giovani che non sarebbero mai tornati. Vi furono rapporti sull'estorsione perpetuata a danno degli agricoltori prima dai terroristi e subito dopo dalla polizia che sembravano agire fianco a fianco, condividendo informazioni preziose su quale gruppo avesse pagato quei "soldi sporchi di sangue"! In un certo senso, sento che lo spirito delle persone coraggiose di questa terra è stato spezzato da tutte le atrocità perpetuate su di loro durante quel periodo e sta ancora lottando per riprendersi.

Durante tutto questo, continuammo a vivere nella fattoria mantenendo un profilo basso, non osando attirare l'attenzione su di noi. Sotto il diktat delle forze fondamentaliste, le ragazze, a soli sette e nove anni, dovettero smettere di indossare gonne a scuola ed indossare invece l'abito tradizionale del Punjab – il salwar kameez – gambe completamente coperte e una modesta dupatta a copertura della parte superiore del busto.

Ovunque andassimo la divisione tra Hindu e Sikh, inizialmente appena percettibile diventò più evidente ogni giorno che passava. In questo periodo Jujhar e io fummo invitati a una festa in casa di alcuni miei amici a Jalandhar, dopo un po' ci rendemmo conto che Jujhar era l'unico sikh lì, ma dato che non indossava turbante né aveva barba, non era facilmente riconoscibile come tale.

Alla festa assistemmo ad una valanga di critiche e battute su Sardarji, provenendo la maggior parte delle persone presenti da tradizionali famiglie indù del Punjab. Durante il viaggio di ritorno, visitammo la famiglia dei cugini di Jujhar nella vicina città di Ludhiana, dove assistemmo ad una miriade di battute e denigrazioni degli indù e dei loro costumi, senza alcuna considerazione dei miei sentimenti. Ridemmo a crepapelle per questa follia entrando nella nostra auto ma allo stesso tempo eravamo inorriditi dal comportamento delle persone.

L'operazione Blue Star portò all'estremo questa scissione, dividendo intere comunità precedentemente omogenee tra indù e sikh. Mi sentivo divisa e difendevo a spada tratta ambo i lati, sentendo il dolore di entrambe le comunità e la rabbia per le atrocità dello Stato, che sembravano imperdonabili.

Personalmente, i rituali religiosi non hanno mai avuto alcun ruolo nella nostra vita quotidiana. Non ho dovuto cambiare la mia religione di nascita quando mi sono sposata, ed ho anche scelto di continuare a tenere il mio cognome da nubile. Jujhar non si preoccupava di questi dettagli, non è mai stato un problema. Quando è nata la nostra prima figlia, la chiamammo Rukmani come mia nonna, mentre la seconda figlia Sukhmani, un nome tradizionale sikh.

Una volta un ospite in visita chiese alle ragazze se fossero Tamil o Punjabi e Rukmani, dopo una pausa pensierosa, rispose "I'm English", io sono inglese. Nella sua innocenza pensava che la domanda riguardasse la lingua che parlava e l'inglese era la lingua parlata a casa. Aveva solo tre anni. Le bambine visitavano tutti i luoghi religiosi senza pregiudizi, andando al tempio con mia madre, la loro nonna. A volte la aiutavano a sistemare i fiori e partecipavano alle sue sessioni devozionali a casa. Cercavano di nascondere le risate quando sentivano il canto del Murugan che nella lingua Tamizh suonava "muruga, muruga, muruga, muruga", che in Punjabi significa pollo! In effetti, non abbiamo mai celebrato alcuna funzione religiosa in casa. Non significava deridere o mancare di rispetto alle religioni ma semplicemente non eravamo influenzati da nessuna di esse né ispirati a farne parte.

Oggi posso davvero dire che la nostra famiglia non è mai appartenuta ad alcuna religione organizzata. Entrambe le mie figlie si sono spostate con funzioni non religiose: Sukhmani ha scelto un matrimonio in comune a New York e Rukmani ha fatto celebrare da amici la cerimonia nuziale a Los Angeles. Diwali, Dussehra, Gurpurabs e altri giorni santi vanno e vengono senza battere ciglio nella mia vita, potrei accendere una lampada su Diwali o anche no. La mia connessione con il popolo Sikh ovviamente riguarda una vita passata, discussa più avanti in questo libro, ma non si è tradotta in celebrazioni devote dei riti sikh in questa.

Così oggi, quando gli appassionati di yoga iniziano a seguire le usanze indù, sfuggendo - per propria ammissione - alle restrizioni delle proprie religioni, coprendosi la testa, indossando i bindis, ed acquisendo altre abitudini culturali in sostituzione delle proprie, mi diverto.

Per me partecipare ad un kirtan non è molto diverso da un coro della cappella, è ugualmente piacevole o meno. Negoziare una religione per un'altra non si addice al mio senso di libertà.

Non sono mai stata una grande fan dei codici di abbigliamento e mi dispiace quando mi viene detto cosa indossare; altre cose che mi irritano sono la separazione dei sessi e troppa spettacolarità nelle esternazioni di devozione. Ricordo una volta che una signora chiese a Gurunath se avesse dovuto fare un bagno prima di iniziare il Kriya Yoga e Gurunath le disse scherzosamente che non solo doveva farsi un bagno, ma anche mettersi dei fiori sui capelli, accendere una lampada e un incenso. A quel punto le fece notare però che sarebbe rimasto molto meno tempo per la puja principale, la pratica.

La semplicità del Kriya yoga è molto attraente per me.

Un giorno durante un seminario, Gurunath, che avevo incontrato da poco, recitò una poesia che aveva scritto sulla gioia dei festival nel Dhyan. Spiegò che per uno yogi immerso nella sadhana ogni giorno è un giorno di festa. Nel recitare la poesia Gurunath mi trasportò nella terra di cui stava parlando. Questo è il segno distintivo di un maestro vivente, essere in grado di portare in vita la fragranza di quella terra per i suoi discepoli, dando loro un assaggio di quel luogo soprannaturale. Con una voce piena di nostalgia, cantava in hindi "Hum pardesi ba des bhaye, jahan har din hori hoth, straniero in questa terra, appartengo a un paese in cui si celebra ogni giorno la festa di holi; Lì, spruzzato con i sette colori vengo trasformato, in una spirale di gioia festosa divento incolore, ignaro del mio ego e del mio corpo".

Nella mia mente potei immaginare questa scena piena di colori trasformarsi in una purezza al di là dei colori. Gurunath, con gli occhi annebbiati dalla nostalgia per la sua vera casa continuò "Un estraneo qui, il mio paese è dove c'è un perpetuo splendore irradiante, ruote di sette colori del fuoco mistico turbinano dentro di me e ogni giorno è la festa di Diwali". Sto traducendo qui per il lettore, ma il poema venne cantato in hindi per noi "Dasra naubat naad kare aur raag kare Omkar," Gurunath spiegò che durante il festival di Dussehra il grande tamburo suona il Naada Brahm e che i raaga riverberano l'Omkar. Nel suo stile semplice che penetra nel profondo ci fece comprendere il costante stato di celebrazione interiore che uno yogi vive a dispetto di tutto ciò che avviene all'esterno.

Di recente Gurunath, impartendo le sue benedizioni ai discepoli durante il Gurupurnima - una celebrazione nella quale viene resa reverenza al maestro - in un lampo ha liquidato tutti i rituali dei sacerdoti dicendo: "Oggi è Gurupurnima, giorno in cui il Guru è pronto a offrire il suo cuore per servire l'umanità. Ma lasciate che ve lo dica, ogni volta che un discepolo è in totale unione con il maestro è per lui Gurupurnima."

Le sue parole sono state come pioggia sul il mio cuore arido, più in sintonia con la devozione interna che con lo spettacolo esterno. "Ogni volta che un discepolo si collega con il maestro", continuò, "il maestro porta quell'anima in avastha nirvichar una condizione di trance, libera dai pensieri". Ciò risuonava così profondamente in me, il Satguru aveva espresso in parole e messo in evidenza qualcosa che avevo sempre sentito intensamente.

Il vero maestro libera delicatamente il discepolo dai simboli esterni imposti dalle norme sociali e li trasforma in una devozione più elevata collegandoli direttamente con il guru, senza la necessità di intermediari. È un avvertimento tempestivo di stare alla larga dai simboli della religione organizzata in cui sacerdoti, esperti e guardiani assumono l'autorità in nome della devozione, nominandosi come gli unici portavoce che si inseriscono abilmente tra il divino e il devoto.

L'era oscura

Sebbene compatibili in questioni come credenze religiose, lavoro nella fattoria e idee su come allevare le ragazze, i problemi si erano già affacciati nel nostro matrimonio. La natura molto seduttiva di mio marito che inizialmente mi aveva attratto, cominciava ora ad irritarmi essendo così evidentemente rivolta ad altre donne. Fui sopraffatta dalla gelosia e dall'amarezza, emozioni che erano completamente estranee alla mia stessa natura. Ma in qualche modo, sembrava che non potessi farne a meno ed ogni festa, e molte serate, finivano con i miei rimproveri, a volte accompagnati da frenetiche ed insensate bevute.

La vergogna di me raddoppiava perché le bambine assistevano a queste scene di incontrollati tafferugli. Gioia e dolore si alternarono negli ultimi anni, anche durante le mie gravidanze. Non sapevo nulla della depressione pre o post partum, che doveva anche aver influenzato i miei sbalzi d'umore. Il mio senso di autostima era arrivato ad un minimo storico, con Jujhar che non era mai felice del mio aspetto, del modo in cui mi vestivo o tenevo i capelli o cucinavo.

Durante la mia seconda gravidanza diventai molto irascibile, reagendo con forza contro Jujhar e i sui continui flirt, in particolare quando venne una straniera in visita. In quel momento ebbi persino dubbi sul proseguire la gravidanza. Presi una dose eccessiva di sonniferi mentre ero in preda a una sensazione di pura disperazione. Tutto ciò ha avuto un effetto sulla mia figlia minore perché, da bambina, dormiva per lunghe ore e ha mostrato modelli comportamentali difficili durante l'adolescenza. Quando - in seguito - mi resi conto di come un bambino nel grembo materno sia così profondamente influenzato dallo stato della madre, mi sentii mortificata per aver fatto passare tutto questo alla mia bambina.

Nel periodo successivo alla seconda figlia, sotto la sottile e palese pressione di Jujhar e di alcuni membri della famiglia, mi lasciai convincere che fosse mio dovere di moglie generare un figlio maschio ed erede. Ho subito due aborti dopo la determinazione del sesso durante questa ricerca e, nell'ultima occasione, sono quasi morta dissanguata sul tavolo operatorio. Medici ed infermieri casalinghi si rendevano complici di questi crimini con piacere. Ho tenuto all'oscuro i miei genitori di questi esperimenti in quanto si sarebbero sentiti profondamente feriti, addossandosi la colpa di questa "mancanza di cultura e istruzione" nella loro unica figlia.

Guardando indietro, considero questa la fase più oscura della mia vita. Ero piena di autocommiserazione, avevo perso ogni senso di equilibrio o prospettiva, pronta a incolpare mio marito per tutto ciò che percepivo sbagliato nella mia vita. L'unica redenzione per me era che le ragazze non si fossero mai sentite indesiderate o inadeguate e, per quanto ne so avendone parlato con loro con schiettezza, non sapevano nulla di questi eventi traumatici.

Solo molto più tardi ho discusso di questo argomento con loro, come esempio di cecità morale che può affliggere chiunque.

Questa esperienza mi ha anche fatto capire che se una persona con la mia natura e attitudine indipendente può soccombere alla pressione e attraversare volontariamente una simile esperienza, quanto deve essere più difficile per quelle donne sfortunate provenienti da contesti meno vantaggiosi. Le mie esperienze personali durante questo periodo di agonia e di sconfitta mi hanno aiutato molto ad osservare oggi senza giudizio le persone e il loro comportamento. Trovo facile entrare in empatia e guardare con gentilezza ai peccati umani, sapendo che ognuno ha la capacità di trasformarsi.

Un breve intermezzo

Come accennato in precedenza, al fine di risollevare la mia bassa autostima, mi iscrissi ad una scuola serale di giornalismo. Un paio d'ore lontana da casa, in un ambiente di studio e apprendimento, mi aiutò a stabilizzarmi in modi importanti. Ma non c'era modo di intraprendere un lavoro, tra gli impegni in fattoria e la gestione delle bambine. Ad essere sinceri, non vi era alcuna aperta opposizione da parte di Jujhar, ma la vita mi sembrava già abbastanza scoraggiante senza l'ulteriore complicazione di un lavoro a pieno tempo. Quindi mi consolai affinando le mie capacità di scrittura su una macchina da scrivere che avevo acquistato.

Inviavo brevi articoli poesie e lettere agli editori di giornali inglesi locali, molti dei quali, con mia grande sorpresa, venivano pubblicati.

Avendo un temperamento spensierato e gioioso, mi sentivo come se stessi vivendo una vita completamente contraria alla mia vera natura. Cercavo di compensare, trovando conforto nelle feste con amici che erano a loro volta in cattivi rapporti con i loro sposi. Anche le coppie più anziane intorno a noi avevano interessi personali e non erano dei buoni consiglieri, anzi, creavano ancora più equivoci. Aiutando oggi molti studenti giovani e vecchi, mi sarebbe piaciuto avere me stessa come consigliere da giovane! Ma a quel tempo si trattava di essere circondati da ciechi che conducevano altri ciechi sul ciglio del precipizio. Sebbene volessi con tutto il cuore porre fine al matrimonio, il mio amore per le mie figlie e il loro amore per il padre mi trattennero. Non avevo idea di come la nostra relazione tesa e il costante parlare di separazione influissero comunque sulle bambine. E così continuò il nostro braccio di ferro emotivo. Fu molti anni dopo che, mentre ero seduta al tavolo da pranzo con un amico a discutere il divorzio di qualcuno, Sukhmani, che stava facendo i compiti, disse senza alzare lo sguardo dal suo libro: "Quando i genitori si separano, dovrebbero semplicemente uccidere i loro figli". Il mio cuore quasi si fermò, sperimentando improvvisamente il trauma che i bambini piccoli attraversano quando sono costretti ad assistere a lotte e scegliere tra due persone che amano allo stesso modo, non avendo a quell'età gli strumenti per comprendere le deviazioni umane.

In mezzo a tutto ciò, feci la mia prima vacanza all'estero. Salii a bordo del mio volo per l'Australia nell'estate del 1992, senza poter immaginare che diciannove anni dopo sarei stata mandata da Gurunath a fare da pioniere per il suo lavoro in Australia.

Ero molto eccitata di viaggiare in giro per il mondo, visitare luoghi di cui avevo letto nei libri era sempre stato uno dei miei sogni. Stavo andando a trovare un mio amico a Sydney, con uno stop a Singapore sulla via del ritorno. Scesa all'aeroporto di Sydney, gli occhi spalancati, sono sicura di essere sembrata la vera immagine di un nativo esposto a un mondo in conflitto con il suo. I primi giorni mi arrestavo stupita di fronte alle porte automatizzate che si aprivano magicamente; le scale mobili erano un compito difficile da padroneggiare e le istruzioni sui telefoni pubblici indecifrabili. La varietà di macchine e autostrade mi lasciava perplessa, mi sentivo come una campagnola a piedi libero nelle strade di una città. Fu la mia prima stretta interazione con persone di origine non indiana. Sebbene indipendente di natura, venivo da un paese e una società relativamente conservatori e trovai rigenerante la mentalità della gente occidentale. Soprattutto in quel momento della vita in cui mi sentivo trattenuta e incatenata in un matrimonio non voluto, questa visione pragmatica della vita e dell'indulgenza di sé stessi era molto attraente e mi godetti assolutamente le vacanze imitandoli.

Tre settimane di giorni pieni di divertimento, nuoto, visite turistiche, film e incontri con tante persone interessanti e non complicate. Dimenticai per il momento tutte le mie pene e mi lasciai andare senza vergogna. La vita claustrofobica in India sembrava lontana.

Un breve intermezzo

Tornai alla mia vita di moglie e casalinga rispettosa, in una situazione senza speranza che sembrava sfuggire al controllo ogni giorno che passava. Sebbene esternamente stessi facendo tutto come sempre in quella che sembrava essere una vita piena di moglie, madre, casalinga, donna imprenditrice che impiegava e gestiva uno staff di quaranta persone, con una vita sociale attiva, una casa, un'auto, affiliazioni a club, genitori amorevoli, bambine brillanti, c'era ancora un senso interiore di vuoto. Di ritorno dall'Australia, io e la mia Amma lanciammo un piccolo 'take away' specializzato in alimenti confezionati per gli impiegati. La piccola impresa crebbe fino alla gestione delle pulizie di dieci-quindici uffici che forniva servizi di mensa impiegando una forza lavorativa di quaranta persone. Ma in tutto ciò era come se fossi in uno stato confusionale, non rendendomi conto che ciò di cui stavo soffrendo era una forma di trauma.

A casa reazioni esplosive ai comportamenti reciproci iniziarono un conflitto continuo tra me e mio marito che ci portò gradualmente lontano. L'atmosfera era ormai intollerabile, con vecchi problemi portati in vita ripetutamente: le nostre passate relazioni indiscrete, le innumerevoli volte in cui ci eravamo fatti male e non ci eravamo occupati dei sentimenti reciproci, gli errori di cui continuavamo a incolparci l'un l'altro, tutto diventò troppo.

La totale mancanza di rispetto nei miei confronti da parte di Jujhar era inquietante e straziante. Cercai di rifugiarmi nei ricordi del passato, rivivendo momenti di gioia che ora sembravano sfuggenti e che mi sembrava aver perso per sempre. In quel momento mi sembrava che stessi perdendo la sanità mentale, la morale e tutto ciò che ritenevo prezioso.

Andavo avanti, tuttavia, come una persona con la nevrosi da guerra, sentendomi abusata nel corpo e nella mente. Arrivò il momento in cui gli dissi che lo avrei lasciato e sarei andata per la mia strada se avessimo raggiunto alcuni accordi, ma a quel punto Jujhar si ritirò e tornammo nuovamente insieme.

È stato più o meno allora che mi iscrissi ad un corso di Reiki, incoraggiata dalla fidanzata di mio fratello, in fuga da una vita vuota priva di qualsiasi scintilla. Una sessione completa di Reiki richiedeva quasi un'ora. Si trattava solo di sdraiarsi e connettersi con il corpo e questo mi dette un senso di rilassamento e conforto. Prima di allora non avevo trascorso nemmeno dieci minuti con me stessa in modo così mirato.

La Sveglia

Accadde all'improvviso. Un giorno, come al solito, mi affrettavo da qualche parte, quando vidi il mio riflesso nello specchio. All'epoca vivevo una vita emotiva molto repressa, solo che non lo sapevo. Anche se ero poco più che trentenne avevo smesso di guardarmi allo specchio molto tempo prima, provando rancore per questo atto di narcisismo. Ora riconosco questo rifiuto di guardarmi allo specchio come un ovvio stratagemma per evitare di affrontare me stessa in modo diretto. Il mio atteggiamento era diventato di completo disfattismo, auto-deprecazione e negazione di sè, credendo di meritare tutta l'infelicità che arrivava.

Tuttavia, quel giorno, mi fermai innanzi allo specchio, totalmente scioccata dall'immagine riflessa in esso. Sembravo un guscio vuoto, un corpo che camminava, parlava e lavorava, privo di vita. Improvvisamente mi commossi fino alle lacrime per la mia patetica persona, gli occhi vuoti, il sorriso vuoto. Che cosa mi ero fatta? Chi era quella persona? Questo confronto fu come un improvviso lampo di illuminazione nell'oscura interiorità della mia stessa esistenza, un duro schiaffo riverberante, scioccante nella sua rivelazione.

Il risultato fu il pensiero chiaro che dovevo combattere qualunque cosa fosse in me che mi aveva ridotto in questo stato triste, così totalmente priva di significato o di uno scopo personale. Culminò con la decisione di uscire di casa e andare in qualche sorta di santuario. Sebbene mio fratello stesse lavorando in una società di software della Silicon Valley negli Stati Uniti, stava ancora facendo fatica e sapevo che non sarebbe stato in grado di aiutarmi. L'unico posto lontano a cui potevo pensare era l'Australia, dove avevo visitato un amico qualche anno prima. Non realizzando - allora - che la mia connessione con l'Australia era più di una semplice fuga.

La vera ragione per cui avevo bisogno di andare lontano era per allontanarmi dall'ambiente familiare che mi avrebbe riportato indietro nella vecchia routine. Dovevo essere abbastanza lontana da poter fare un passo indietro e trovare chiarezza invece di scivolare indietro nei miei vecchi schemi di comportamento esortata dalla famiglia e dagli amici. Purtroppo, alcuni dei miei più cari amici sono stati determinanti nel creare i peggiori malintesi. Avevo bisogno di allontanarmi da quegli amici che stavano aggravando la situazione dando consigli contraddittori a entrambi, maliziosamente o meno, non sapevo. Non avevo alcun desiderio di rivendicare una quota nella fattoria, né chiedere il mantenimento, né citare in giudizio mio marito o lottare per la custodia, come mi suggerivano. Sapevo istintivamente che si trattava di argomenti secondari, prima dovevo rimettermi insieme.

Quindi, dopo essermi consultata con i miei genitori e dopo visite segrete all'ambasciata per ottenere il visto, ero pronta a partire. Posi fine alla mia attività semplicemente cedendola ad altri senza chiedere la dovuta remunerazione. Tutto ciò era stato fatto di nascosto e nessuno era al corrente dei miei piani; che stavo andando in Australia era noto solo ai miei genitori. Non c'era dubbio che le ragazze sarebbero state al sicuro e ben curate da mio marito, poiché era molto responsabile come padre e non c'era nulla da temere da parte sua. E il fatto che andassero ogni giorno dai miei genitori dopo scuola ha dato conforto al mio cuore, sapendo che entrambe avrebbero avuto supporto emotivo quando non sarei tornata dal breve viaggio che avevo detto loro avrei fatto. Me ne sono andata con il cuore pesante senza rivelare loro i miei piani ma sapendo che era l'unico modo.

Sbarcai per la seconda volta in Australia nel settembre del 1997, quasi senza soldi e senza avere alcun'idea di cosa avrei fatto. Ma le porte sembravano aprirsi automaticamente. Lavoravo e badavo a me stessa, il che aiutò a rafforzare la mia sicurezza. Ricevetti un caloroso benvenuto dalla mia amica Happie, con cui avevo stretto amicizia al club di Chandigarh. Eravamo diventate molto vicine e le avevo fatto visita qualche anno prima. Fu in sua compagnia che riscoprii la mia vera natura spensierata e ribelle, con disagio di Jujhar, che diffidava di lei e la derideva. In un certo senso, si potrebbe dire che gli eventi irreversibili che hanno portato al processo di allontanamento da lui e l'atterraggio a Sydney si siano innescati sei anni prima con questa amicizia. Happie mi presentò un'amica proprietaria di un negozio di cristalli su Bondi Beach a Sydney. Qui è iniziata la mia storia d'amore con le pietre, per così dire. Tenevo seminari di guarigione durante il giorno e la sera servivo ai tavoli nel ristorante indiano di un altro amico.

Stare lontano da casa portò prospettiva e introspezione sulla mia situazione. Stare lontana dalle pressioni esterne per ribellarmi o conformarmi mi ha aiutato a vedere la vita in modo distaccato.

Sono rimasta a Sydney per quasi quattro mesi. La mia interazione con le persone si limitava alla mia amica e alla sua famiglia, alle persone con cui lavoravo al ristorante e a coloro che venivano per la guarigione. La maggior parte del mio tempo lo trascorrevo da sola, dal momento che le persone erano occupate con le loro vite ed il mio bisogno di restare da sola per riprendermi era molto intenso.

Guida dai cristalli e spiriti animali

In termini di guarigione e ringiovanimento quei mesi sono stati di grande importanza.

Ho scoperto la mia affinità con i cristalli e sono rimasta incantata dal modo in cui mi rispondevano. Ho raccolto quelli che mi parlavano e ho iniziato intuitivamente a interagire con loro. Il tempo trascorso con i cristalli mi ha messo in contatto con le mie radici più profonde. Tenendo ogni cristallo in mano, ho capito che potevo connettermi con il suo spirito e muovermi in profondità nelle viscere della terra. Le rivelazioni mistiche che mi sono giunte attraverso questi cristalli mi hanno aiutato a guarire le ferite del cuore. Ho capito che i cristalli sono una manifestazione delle proprietà curative della terra, in quanto Madre per tutte le creature viventi su questo pianeta. Le partorisce proprio come siamo nati noi dai corpi delle nostre madri. L'immersione nell'aura emanata dai cristalli era affine alla sensazione di essere tenuta saldamente nel grembo di mia madre. C'era un pezzo particolare che, sebbene non fosse il più perfetto o bello della mia collezione, risuonava profondamente con me. Ho scoperto che potevo facilmente fluire con esso nel centro vulcanico del terra, connettendomi con l'energia nutriente della Terra Madre, per poi ritornare con una sensazione di completezza. Una sensazione interamente fisica priva di qualsiasi pensiero; questi viaggi mi hanno lasciata con un bagliore di suprema realizzazione e serenità.

Tuttavia negli anni successivi, i cristalli con cui entrai in contatto divennero feriti e sanguinanti. A causa della loro elevata richiesta i cristalli venivano raccolti ed estratti forzatamente invece di aspettare che venissero fuori naturalmente. Io sotterrai tutti i cristalli che avevo nella terra del mio giardino, dove adesso riposano irradiando vibrazioni di amore e pace.

Durante la mia recente visita in Australia ho visitato una montagna di cristallo vicino a Byron Bay e mi sono seduta all'interno di una grotta di ametista che era stata trasportata dal Sud America. Mi chiedo cosa spinga le persone ad acquistare e trasportare formazioni rocciose naturali, forse un bisogno di possedere. Accompagnavo un gruppo di miei studenti, e rimasi in meditazione silenziosa in quella grotta per quasi quaranta minuti. La grotta si stava ancora assestando, avvertivo il senso di nostalgia per la sua vecchia terra ma riuscii anche a percepire che la situazione sarebbe cambiata e che la sua forza originale si sarebbe lentamente ripristinata. In effetti si invertì il flusso di energia ed alla fine fui io a dare energia alla grotta, invece che il contrario!

Durante quel periodo di riscoperta di me stessa, nel 1997, gli spiriti di una coppia di grandi lupi americani divennero miei compagni costanti. Erano una presenza silenziosa nella mia stanza e mi accompagnavano sul treno verso il lavoro. Ne trassi un'enorme forza, perché l'energia che irradiavano mi riempiva di calma interiore, stabilità e coraggio. Un cigno solitario completò la mia lista degli ospiti. Furono proprio i lupi a guidarmi verso un ritratto che veniva venduto nello sgombero di un garage sulla strada verso il mio lavoro.

Fui attratta da questa immagine di uno strano vecchio, i cui lineamenti del viso segnato dalle intemperie muoveva le corde del mio cuore; ho dovuto portarlo a casa, dicendomi che mi ricordava il nonno, non sapendo quanto questo fosse vero in realtà. Toro Seduto - era scritto sul ritratto - e più tardi imparai che era un leader Sioux e un uomo di medicina, l'amore per il suo popolo e la sua terra erano leggendari.

Anche se allora non ne ero a conoscenza, questa fu la mia prima risonanza con una mia vita passata di nativa americana. Il ritratto adornò la mia casa di Chandigarh per molti anni, appeso a un muro nella veranda, verso nord. Era esposto agli elementi, essendo il portico non completamente chiuso, ma ebbi la sensazione intuitiva che l'immagine volesse essere lasciata all'esterno, relativamente all'aperto, esposta al sole, al vento ed alla pioggia. E lì rimase fino a quando gli elementi sbiadirono e disintegrarono l'immagine. Nelle mie successive visite in Australia ho avuto visite dagli anziani indigeni del regno astrale e spesso li accompagnavano i nativi originari d'America. Una connessione tra tutte queste terre e i loro popoli risale al Gondwanaland e fu interessante venire a sapere che gli spiriti degli anziani di entrambi questi paesi sono ancora collegati e si visitano gli uni con gli altri.

Le lezioni apprese dal cigno furono le più profonde; essendo single, le sue lezioni mi hanno insegnato a raccogliere le energie nonostante il senso di lutto a causa della separazione dai miei cari. Ho dovuto immergermi nel profondo per trovare le perle di intuizione, le qualità interiori che erano nascoste sotto strati di dolore emotivo, rabbia e cinismo. Il fatto che quello che apparve fosse un Hamsa, un cigno, era significativo anche se non lo notai allora. La visione che ebbi di Gurunath mentre ascoltavo la registrazione della sua meditazione era anche chiamata 'La Via del Cigno Bianco', ora Siddhanath Hamsa Yoga!

Tutte e tre le creature scomparvero misteriosamente come erano arrivate, in seguito alla mia decisione di tornare in India. Ora ero pronta a proseguire con la mia vita. Era come se mi avessero accompagnato attraverso il passaggio più difficile, continuando ad illuminare il corso della mia vita anche una volta tornata.

Il processo di guarigione e recupero

Una volta tornata dall'Australia, andai a vivere a casa dei miei genitori determinata a non tornare ad una relazione dolorosa.

Tuttavia il primo momento di chiarezza fu il momento in cui decisi di tornare con mio marito. Questa scelta non fu influenzata da alcun pensiero o desiderio, che fosse relativo allo scendere a compromessi con una situazione insostenibile ovvero all'adempiere ad obblighi sociali o familiari e neppure derivante da preoccupazioni per le bambine o da ragioni di sicurezza economica.

Ora capisco che questa ferma risoluzione nella mia mente portò, per la prima volta nella mia vita, a un'azione chiara senza alcuna aspettativa o condizione preliminare. Prima di allora, tutto ciò che avevo fatto era reagire insensatamente all'ambiente circostante. Anche il mio atto più ribelle, andarmene così lontano da casa, era stato una reazione agli eventi che si svolgevano in una sequenza dolorosa. Quindi questa fu la prima vera inversione di coscienza, un'azione invece di una reazione, che mi ha aperto la strada verso percorsi di esplorazione spirituale e di saggezza.

Durante il mio soggiorno a Sydney, non avevo avuto scrupoli per quanto riguardava le ragazze, sapendo benissimo che Jujhar era coscienzioso come padre e si sarebbe preso cura di loro. In effetti, a volte, sentivo che poteva anche essere una madre migliore di me, essendo più meticoloso quanto a nutrizione, benessere e aspetto fisico. Una volta saputo dove mi trovavo, poche settimane dopo il mio mancato rientro, diventò normale per Rukmani e Sukhmani telefonarmi ogni sera e aggiornarmi sugli eventi a casa.

Rimasi colpita dal fatto che Jujhar non abbia mai interferito con queste chiamate e che, nonostante fosse e sia tuttora una persona che entra in crisi per le bollette telefoniche, in quel momento abbia tranquillamente sostenuto quella spesa. In realtà scrisse persino un paio di lettere in cui mi chiedeva di tornare, sottolineando che avrebbe rispettato qualunque decisione avessi preso alla fine, ma allo stesso tempo inviandomi i documenti da firmare in modo che potesse vendere la mia auto mentre ero via. Quindi mi trovai senza un mezzo di trasporto al mio rientro!

È stato un momento difficile per tutti noi e posso solo sentirmi sollevata dal fatto che tutto si sia risolto con quello che sembra essere stato il minimo danno. Naturalmente, per molto tempo, è diventata un'abitudine della mia figlia minore Sukhmani attribuire il suo comportamento ribelle al suo abbandono da parte mia in giovane età. Mi ci sono voluti alcuni anni e molte conversazioni per superare questo particolare ostacolo. All'inizio, fui sopraffatta dal senso di colpa e mi scusai sinceramente con lei e Rukmani per l'apparente errore da parte mia che le aveva ferite così tanto. Ho provato a spiegare loro che se non fossi andata via in quel momento ora avrebbero avuto una madre sconfitta, che avendo perso tutto il suo spirito, sarebbe diventata una figura patetica, a malapena in grado di guidarle o educarle. Rukmani sembrò capire molto meglio di sua sorella minore, che in seguito mi resi conto stava usando tutto ciò come scusa per ricattarmi emotivamente. Dovetti quindi fermarla severamente spiegando che quello che era successo allora era una questione di sopravvivenza per me ed ora era finita, e che era lei che doveva assumersi la responsabilità delle sue azioni da allora in poi.

Lady Kwan Yin e la Guarigione Amplificata

Dopo il mio ritorno in India, mi immersi nelle pratiche 'new age' ottenendo un certificato come Insegnante di Guarigione Amplificata, una tecnica di guarigione la cui conoscenza, come ci dissero, proveniva direttamente da Kwan Yin. Kwan Yin è considerata la Dea della misericordia, della compassione e del perdono: l'aspetto femminile di Avalokiteshwara. Lord Gautama Buddha era il suo maestro. È anche paragonata a Tara verde nella terminologia buddista tibetana. La Guarigione Amplificata è un processo mediante il quale le fiamme dell'amore e della compassione vengono risvegliate e dirette a guarire la terra e coloro che la abitano. La terza fase della Guarigione Amplificata a cui partecipai consisteva nel metodo di Guarigione di luce, metodo donato a due donne americane, Kathryn e Gisele, da Lord Archangel Melchizedek alla fine del 1996. Io lo imparai da loro subito dopo mentre visitavano l'India. Ma l'immagine che mi venne in mente di Kwan Yin era la Devi che cavalcava una tigre, anche se a quel tempo non sapevo se fosse la mia immaginazione o fantasia, poiché le mie facoltà intuitive erano allora in una fase troppo rudimentale e non c'era chiarezza nella mia visione. Ma mi piacque certamente l'intero processo di canalizzazione e indirizzamento dell'energia. Mi ritrovai facilmente nel ruolo di insegnante ed un flusso costante di studenti continuava ad arrivare. Tuttavia, dopo l'iniziazione di Gurunath al Kriya Yoga e l'autorizzazione ricevuta ad insegnare come Hamsacharya, questo svanì come tutte le altre tecniche che avevo imparato.

Sciamanesimo dei nativi americani e la casa del sudore

Un mese dopo il seminario di Guarigione Amplificata, presi parte ad un seminario rituale dei nativi americani a New Delhi condotto da una sciamana in visita, Sally Perry. Sally era una donna nativa americana di mezza età del lignaggio Cherokee, che praticava la medicina spirituale. Sembrava essere un risultato naturale delle mie esperienze con gli spiriti animali. Ha anche contribuito ad affermare il mio legame con Toro Seduto in una mia vita passata. Fu durante i sei mesi in India del tour annuale di Sally nel 1998 che la conobbi e mi iscrissi al suo laboratorio. Mi sentivo molto a mio agio con i rituali dei nativi americani che Sally conduceva. Abbiamo digiunato per purificare lo spirito e abbiamo creato perle di preghiera per il perdono da piccoli pezzi di stoffa di vari colori avvolti intorno al tabacco e alla salvia. Sebbene all'inizio il digiuno mi facesse sentire po' stordita, con il passare della giornata provavo una sensazione di purezza e di resistenza.

Mentre si avvicinava il crepuscolo, osservavamo intrigate il montaggio di una minuscola tenda fatta di bambù, stoffa scozzese e fango. In una fossa all'esterno un fuoco a legna riscaldava massi rotondi che venivano trasportati in una buca che cullava le rocce calde all'interno della tenda. Sally entrò per prima nella tenda e prese il suo posto al centro, posizionando rametti di salvia e altre erbe sulle pietre calde. Poi tutti noi entrammo per sederci in cerchio attorno alle rocce calde. Sally iniziò a cantare versando acqua sulle rocce per produrre vapore. La tenda iniziò a riscaldarsi e a saturarsi di odori di terra. Con tutti noi in ombra, l'atmosfera era inquietante. Qualcuno iniziò a urlare desiderando uscire, mentre qualcun altro singhiozzava silenziosamente. Ero stranamente euforica e quando guardai in alto, invece del tetto della tenda, vidi un cielo notturno chiaro con formazioni stellari aliene.

Quindi, come da istruzioni, girai e ballai nel cerchio appositamente preparato all'esterno, in trance. La notte passò in uno stato onirico e non sapevo se stavo dormendo o ero sveglia. Suoni strani e ombre continuavano a fluttuare nel mio subconscio. Quando spuntò l'alba, mi alzai sorprendentemente rivitalizzata e viva.

Un mese dopo, partecipai al seminario di Reiki, dove ebbi la visione che mi ha portato a Gurunath. A questo seguì l'iniziazione al Kriya Yoga e a una successiva visita all'ashram di Pune, Maharashtra. Molte delle mie visioni e intuizioni chiare e consapevoli sono avvenute dopo l'iniziazione. Prima di allora, tutto era stato un godimento di sensazioni ma senza chiarezza.

Abbandono dei tormenti del passato

Il periodo seguente servì a guarire i tormenti che continuavano a sorgere mentre Jujhar e io cercavamo di lavorare sulla nostra relazione. Era impossibile non far emergere vecchie questioni mentre cercavamo di comprendere i problemi che ci avevano allontanato. Ma il primo cambiamento che notai in me stessa fu che il dolore e la rabbia non andavano più così in profondità, e che questi sentimenti emergevano in superficie per poi sparire per sempre. Mi ricordava i miei giorni d'infanzia in cui mi trovavo accanto ad Amma, mentre preparava i dolci per qualche funzione, il che consisteva prevalentemente nella preparazione di uno sciroppo dai cristalli di zucchero. Man mano che lo zucchero iniziava a bollire, le impurità al suo interno salivano in superficie. Amma continuava a rimuoverli pazientemente sfiorando la superficie del liquido con un colino di stoffa, fino a quando lo sciroppo rimaneva limpido e incolore. Mi sentivo così durante questa fase di rinnovamento della vecchia relazione con mio marito. Riuscivo a distaccarmi per la maggior parte del tempo ed a guardare come le parole che ferivano e la rabbia ribollivano e, delicatamente, molto delicatamente, il processo di guarigione iniziò.

La separazione finale

Nel 2003 mia figlia più piccola partì per i suoi studi universitari di economia e finanza a Bristol, nel Regno Unito. La maggiore era già andata via nella lontana Goa, dove aveva ottenuto uno stage finita la scuola; non essendo una donna convenzionale e seguendo il suo cuore aveva scelto infatti di non andare in una normale università. È stato allora che iniziai a scrivere il mio libro e intuitivamente arrivò il suo titolo "Un Maestro Un Discepolo". Nel 2007 anche mia figlia maggiore partì per gli Stati Uniti per migliorare le sue abilità nella produzione cinematografica ottenendo l'ammissione e successivamente una borsa di studio in un collegio di fama a Los Angeles. Entrambe stavano andando molto bene nei campi da loro scelti e questo lasciò Jujhar e me soli alla fattoria. Mentre le nostre responsabilità nei confronti delle bambine diminuivano la nostra relazione iniziava a crollare velocemente, anche se ne ero felicemente ignara, pensando che fosse come al solito nel nostro matrimonio.

Ero piuttosto impegnata con le mie attività all'ashram di Gurunath a Pune, dove avevo iniziato ad aiutare con ritiri e seminari dal 2000. Avevo già scritto e pubblicato la prima edizione di questo libro nel 2007. Ho dovuto affrontare molte sfide riguardo a questo libro e quasi arrivai al punto in cui ero pronta a buttarlo via; poi Gurunath mi ha suggerito alcune modifiche che ho apposto e il libro è resuscitato. Qui vorrei ribadire che il legame tra un maestro e un discepolo è assolutamente personale ed il maestro guida ogni discepolo individualmente. Il consiglio che il maestro dà a un discepolo in una data situazione, può essere diametralmente opposto a quello dato a un altro discepolo nella medesima situazione. Il satguru dà al discepolo ciò che è necessario per una sua più rapida evoluzione, non ciò che il discepolo vuole come placebo temporaneo. Il mio editore sentì che le difficoltà derivavano dal fatto che era molto insolito che un discepolo scrivesse del suo Guru mentre il Guru era ancora vivente. La maggior parte dei libri dei discepoli sui loro guru sono scritti dopo che il maestro è passato, quindi non sono soggetti a cosi tanti scrutini.

A casa sebbene il mio legame con Jujhar sembrasse allentarsi, non sospettavo ancora in quale misura, pensavo non fosse peggio di prima. Ma alla fine del 2010, un giorno a colazione, sbottò che voleva il divorzio. A quel punto si era già trasferito fuori dalla casa principale nella stanza delle bambine al piano superiore. A dire la verità il mio primo sentimento fu di sollievo. Sapendo perfettamente che non avrei ottenuto il divorzio se l'avessi chiesto io, accettai prontamente.

Anche allora provai un senso di malinconia aderendo a questa sua richiesta e chiedendogli di preparare i documenti. La mia unica richiesta fu di continuare a rimanere nella casa che avevamo costruito trent'anni prima fino a quando non fosse stata venduta, richiesta che lui accettò. Non fu fissato né richiesto alcun mantenimento; sarebbe stato un taglio netto. Firmati i documenti, la corte ci diede i sei mesi obbligatori per cambiare idea.

Durante tutto il mio discepolato e fino ad oggi non ho mai portato i miei problemi personali a Gurunath, mai discusso o chiesto un rimedio su questioni che sembravano banali nel più ampio contesto spirituale. Perciò, giunta all'ashram per un seminario, semplicemente informai Gurunath del nostro divorzio, pensando che se mi avesse detto di tornare indietro e riprovare, lo avrei fatto anche se la cosa mi avrebbe ucciso. Ma tutto ciò che Gurunath disse, fu, "Jyoti, sei stato liberata per poter fare più lavoro spirituale."

Come previsto, nel 2011 pochi mesi dopo il divorzio, Gurunath mi mandò in perlustrazione per iniziare a lavorare in Australia, allo scopo di insegnare e crearvi una comunità.

Quindi eccomi qui, tornata alla mia storia d'amore con quel bellissimo paese dopo un intervallo di quattordici anni. Otto anni dopo nel 2019 Gurunath accompagnato da Ayi metterà piede in Australia per la prima volta, accolto da una fiorente comunità ben radicata di suoi discepoli, alcuni dei quali non lo avevano ancora incontrato. Mi sento abbastanza entusiasta di essere stata uno strumento per questa impresa, appoggiata da alcuni discepoli locali molto forti i cui sforzi costanti hanno permesso che tutto ciò accadesse.

Tuttavia, dopo il divorzio, non ero sicura di quali cambiamenti avrei dovuto affrontare. Non sapevo nulla di soldi e di come mi sarei gestita. Tutto quello che sapevo era che in tutti i miei anni, dall'infanzia a quel momento, non mi ero mai chiesta da dove sarebbe venuto il mio prossimo pasto né mi ero mai fatta domande sulla sicurezza o il saldo bancario e non avevo intenzione di iniziare ora a quarantanove anni. Dopo sei mesi andammo in tribunale per firmare i documenti, penso che fossimo entrambi un po' tristi ma era come se le ruote fossero state messe in moto e non si potesse più tornare indietro. Il giudice, guardò i fogli, vide che eravamo sposati da quasi trent'anni esatti, chiese semplicemente dove fossero le due figlie e noi gli dicemmo che lavoravano entrambe all'estero. Notò che non c'erano accordi finanziari o relativi ad alimenti, quindi volle sapere se ciò mi stesse bene e se non avessi obiezioni al divorzio consensuale.

Quando acconsentii, sentii un lampo di invidia accendersi nel giudice, chiedendosi perché anche sua moglie non potesse lasciarlo così, e questo pensiero mi fece fare una risatina dentro di me e conferì una particolare atmosfera al mio divorzio. Sento fortemente che il divorzio non era nel mio destino in questa vita, ma che l'intensa pratica del Kriya Yoga ne abbia accelerato lo slancio, bruciando i semi dell'attaccamento in questa stessa vita.

La bellezza è che per grazia del maestro la dissoluzione del legame è avvenuta per me senza il trauma che normalmente l'accompagna, è stato un disimpegno fluido.

Si dà il caso che nulla di particolare sia cambiato dopo la separazione, abbiamo continuato a rimanere nello stesso spazio e ci siamo assestati in una relazione diversa, compagni di spazio. Le entrate sono ancora condivise come prima e siamo riusciti a trovare un equilibrio. Quando sono a casa cucino ancora e discutiamo di qualsiasi questione familiare debba essere discussa. Sono passati ormai nove anni. Se non lo menziono, le persone in visita non capiscono che siamo divorziati. Ma mi piace vivere la mia vita apertamente non limitata dalle norme che mi sono state imposte, quindi condivido il mio status senza riserve.

Oggi con il nuovo cottage che lui sta costruendo per sé stesso sulla medesima proprietà, immagino che ci sposteremo verso un altro grado di separazione e lentamente l'ultima traccia dell'unione si dissolverà. Oggi se guardo al mio viaggio da giovane turbata alla donna autonoma che sono diventata, provo solo gratitudine per la persona che lo ha reso possibile, il mio Satguru.

Stabilendosi sul Sentiero della Sadhana

Ricordo che al college durante accesi dibattiti nei quali difendevamo appassionatamente le nostre posizioni, oltre un certo punto nulla più mi importava: amore, odio, dolore, gioia o tristezza. Nel centro più interno del mio corpo, avevo questo vuoto, uno spazio in cui tutte le emozioni smettevano di toccarmi. I miei amici reagivano dicendo che ero priva di sentimenti, che mi ero chiusa alla vita e che non avrei dovuto permettere a ciò che loro chiamavano "la parte morta in me" di interferire con le mie passioni.

Iniziai a pensare che forse c'era qualcosa di veramente sbagliato in me, quindi mi ritiravo da questo spazio vuoto e lasciavo che deliberatamente ogni gioia e dolore mi scuotesse, credendo che, alla fine, stessi diventando più umana. Ma oggi, entro sempre più facilmente in questo spazio di silenzio, mai veramente scomparso ma solo ritirato nel profondo. Ora ho riscoperto questo santuario sereno, al quale torno per la guarigione e il nutrimento, per emergerne pronta ad affrontare tutte le sfide.

Gradualmente, la circonferenza di questo centro sta aumentando per occupare più spazio, calmando tutti i disturbi - fisici, emotivi e mentali – lasciando un senso tangibile di calma interiore e pace. Un nucleo fermo al centro del mio essere che si sta espandendo ogni giorno.

Mi sono resa conto che questa quiete è ciò a cui Gurunath ci reintroduce nella sua trasmissione di Shivapat. "Il segreto sta dentro", dice, "il testimone è il Dio dentro." In quel momento della trasmissione, rimuovendo delicatamente il velo che ci separa dalla nostra sorgente interiore di beatitudine divina, ci porta ad affrontare la divinità che è la nostra natura centrale, il testimonio. In un lampo ci introduce alla coscienza più vasta che permea l'universo. Questo è un dono inestimabile che condivide con migliaia di persone, chiamandolo il suo servizio per l'umanità in modo che possano rendersi conto che a livello di coscienza divina sono uno. Man mano che la nostra pratica personale diventa salda, siamo quindi in grado di accedere sempre più facilmente a questo centro per emergere ringiovaniti e rianimati.

Mentre lavoravo spontaneamente senza aspettativa o attaccamento, le porte continuavano ad aprirsi per portarmi verso un obiettivo prefissato. Da che cercavo verso l'esterno per la felicità e la gioia, mi ero rivolta verso l'interno alla ricerca di un'altra verità. Tuttora non sono sicura di ciò che rende possibile questa inversione di tendenza, ma Gurunath dice che i karma del passato svolgono un ruolo importante in questo processo. Quando un ricercatore si occupa di debiti karmici residui del suo passato, è pronto ad andare avanti. Apparentemente è la natura dell'anima individuale ad evolversi.

Il loto deve passare attraverso tre fasi: il fango dell'ignoranza, l'acqua che simboleggia la resistenza delle passioni interne e delle circostanze esterne verso la luce solare e l'aria che simboleggia la realizzazione. Il mio viaggio sembra attraversare un percorso mappato molto simile.

Secondo Gurunath le finestre di opportunità per fare questo salto arrivano di volta in volta a tutti, ogni persona o le coglie ovvero, se è troppo invischiata nelle circostanze presenti, le lascia passare. Ma non tutto è perduto, poiché i loro karma porteranno ancora e ancora questa apertura di luce fino a liberarsi delle azioni limitanti passate, e saranno pronti a fare il salto, spiega Gurunath.

Ora, alla presenza di Gurunath, sento solo un profondo senso di gratitudine per il fatto che mi sia successo. Trentasei anni di sonno sono passati in un lampo e ora mi sento viva. Toccata in ogni aspetto della mia vita dall'iniziazione, cerco costantemente la perfezione nel mio essere.

Il mio attaccamento a Gurunath è stato istantaneo o si è evoluto gradualmente? Un po' entrambe le cose, poiché la visione mistica del suo invito sul sentiero dell'ashram ne ha posto le basi e l'interazione successiva mi ha avvicinato sempre di più a lui, guidata dalla mia ferma aderenza alla pratica yogica assegnatami. "Il guru è come una calamita e il discepolo la limatura di ferro; attraverso la pratica costante, il discepolo entra nel campo magnetico del guru e poi, aderendo al magnete, ne diventa una parte". Gurunath ripete spesso questa affermazione per sottolineare l'importanza della sadhana personale. Poi, ridendo, aggiunge: "Quindi, cari discepoli, muovete i vostri sederi e praticate, non siate un peso morto sul guru, ostacolando il suo decollo." I discepoli sinceri e impegnati sono spesso portati sulla traiettoria di volo superiore insieme al maestro.

Al giorno d'oggi, non sento alcuna separazione da Gurunath, né importa la distanza geografica che separa me, il discepolo, da lui il maestro. L'essenza del maestro è sempre dentro e il discepolo sincero è costantemente in contatto con quella Presenza.

CAPITOLO 3

IN CAMMINO PER DIVENTARE INSEGNANTE DI YOGA

Alcuni mesi dopo essere stata iniziata da Gurunath seppi che sarebbe tornato a Delhi per dare delle iniziazioni più elevate. Sebbene desiderosa di andare, avevo la casa piena di ospiti e non ero in grado di fare il viaggio. Molte persone di Chandigarh parteciparono al seminario io ed ero invidiosa di tutti loro. Al rientro, non riuscivano a smettere di parlare delle loro esperienze, delle trasmissioni di Gurunath e dei volti mutevoli che avevano visto durante Shivapat.

Quando Gurunath trasmette il suo stato di consapevolezza senza pensieri, tutti i confini tra il maestro e il discepolo ricettivo si dissolvono. Una delle esperienze è la visione di diverse immagini del maestro, che emergono da associazioni con lui in vite passate e che si rivelano come impressioni fugaci che si sovrappongono rapidamente sul volto di Gurunath. Molti studenti erano stati avviati a pratiche più elevate. Nascosi la mia gelosia nel miglior modo possibile e mi consolai pensando che forse, per me, non era ancora arrivato il momento di un'iniziazione superiore.

Alcune settimane dopo ero a Delhi e, per caso, chiamai il centro di yoga per informarmi su eventuali programmi in corso. Fui elettrizzata nel sentire che Gurunath di ritorno da Gwalior, dove si era recato con alcuni discepoli stranieri, era in procinto di tornare a Pune e che si sarebbe fermato di nuovo a Delhi. Aspettai invano tutto il giorno al centro. Gurunath non si presentò e quando sentii che era stato invitato a prendere il tè a casa di un altro discepolo, mi presentai spudoratamente a casa sua senza invito. Tale era la mia determinazione.

Investita del titolo di Hamsacharya

Entrata in casa e sedutami a fianco di Gurunath, quest'ultimo mi guardò con occhi pensierosi e disse: "Voglio qualcuno che insegni a Chandigarh" Poi chiese di un'altra discepola di Chandigarh con il mio stesso nome Jyoti che aveva partecipato all'intero seminario precedente, ma lei era già partita. Quindi, Gurunath decise di investirmi del titolo di Hamsacharya, conferendomi l'autorità di insegnare le pratiche dell'Hamsa Yoga Sangh, come allora fu chiamata l'organizzazione. Quella sera stessa mi iniziò anche ad ulteriori pratiche superiori.

È molto difficile descrivere questa investitura che autorizza ad insegnare. In quel momento mi fu detto che Gurunath, secondo la tradizione del guru-shishya parampara, ci avrebbe autorizzato a insegnare le pratiche dell'Hamsa Yoga e del Mahavatar Babaji Kriya Yoga. Sebbene suonasse formale, la cerimonia fu semplice.

Durante questa cerimonia Gurunath avvolge il suo mantello – lo scialle di cotone che abitualmente indossa - intorno ai discepoli pronti ad essere investiti dell'autorità per insegnare: invocando Mahavatar Shiv Gorakshanath Babaji stringendo forte lo scialle intorno a loro, li esorta a mantenersi fermi ed eretti. Successivamente comunica agli insegnanti che da quel giorno lo aiuteranno nel suo compito di continuare il lavoro di Babaji propagando la pratica del Kriya Yoga, alleggerendo il suo carico. Li invita altresì a considerarsi servitori dell'umanità, servendola tutta come parte del loro sé più grande.

Avvolta nello scialle tiepido del calore del suo corpo percepii la santità di questa cerimonia che mantiene vivo il sacro contratto tra maestro e discepolo. Compresi il significato di quelle parole solo molto più tardi, quando cominciai ad insegnare seriamente. In quel momento ero troppo sopraffatta da così tante iniziazioni contemporanee per comprendere pienamente la responsabilità che mi veniva affidata.

Mentre completava l'invocazione, mi sentivo scossa da potenti onde di energia che mi attraversavano. Avevo la sensazione che mi stessi preparando a portare il peso di tutto il mondo sulle spalle. Poi sopraggiunse una nuova sensazione che mi fece sentire protetta, avvolta in un bozzolo e al riparo da tutti i tumulti della vita. Ricordo che non potevo alzarmi dopo la cerimonia, sentendomi incapace di fare lo sforzo di muovere le gambe. Era come se il carico di tutto ciò che avevo assorbito fosse troppo pesante, ma dopo un po' mi alzai in piedi con una forza rinnovata che affluiva nelle mie gambe. Compresi che Gurunath aveva valutato con precisione la misura in cui poteva conferirmi delle responsabilità senza sforzarmi oltre le mie capacità. Come un buon allenatore fisico in palestra, Gurunath controlla il "peso" per rendere ogni discepolo gradualmente più forte. Il peso e le responsabilità vengono costantemente aumentati per rafforzare i discepoli progressivamente. Realizzai tutto ciò più chiaramente cominciando ad occuparmi dell'organizzazione.

Inizialmente mi occupai da sola di tutto: l'organizzazione dei satsang, la distribuzione degli inviti, la pubblicazione dei volantini, i pasti della comunità, i viaggi in Himalaya e le cerimonie di iniziazione. Sebbene mi rendessi conto della difficoltà del lavoro sentivo che sarei riuscita a completarlo. Ricordate che correva l'anno 2000, eravamo ancora lontani dai social media e dalla pubblicità elettronica. Allora nessuno di questi strumenti era disponibile, il libro di Gurunath "Ali per la Libertà" era ancora in fase di scrittura, il film non era ancora stato realizzato e non c'era YouTube. Quindi ogni sforzo è stato letteralmente fatto a mano.

A volte mi chiedo quanto sia stato tutto preordinato - la mia mancata partecipazione al seminario principale, la partenza degli altri partecipanti, il mio arrivo in ritardo e la mia successiva iniziazione.

Era davvero avvenuto tutto per caso o doveva andare così? Mi sentivo come una pedina in una partita di scacchi, messa lì per questo specifico scopo. Quanto ero pronta a insegnare? Cosa avrei potuto insegnare? Gurunath aveva visto qualcosa di cui non ero a conoscenza? Ero totalmente all'oscuro, ma allo stesso tempo molto orgogliosa di essere stata prescelta, come deve essersi sentito l'asino quando fu scelto per trasportare Maria e il Cristo non ancora nato a Betlemme!

Prima visita all'ashram

Qualche mese più tardi ebbi l'opportunità di andare a Mumbai e decisi di visitare l'ashram di Gurunath nella foresta a Sinhagad, a poche ore di auto dalla città di Pune. Avevo solo l'indirizzo di città di Gurunath a Kasba Peth. Non sapevo dove fosse l'ashram tranne il fatto che si trovasse in una foresta vicino Pune. L'idea era di raggiungere la casa di città di Gurunath e andare con lui da lì; avevo già chiamato avvertendoli che sarei arrivata. Arrivai a casa sua dopo aver rimbalzato a lungo in un risciò attraverso stradine strette ritrovandomi in piedi nel mezzo del pomeriggio fuori da un'enorme porta di legno che viene chiamata hathi darwaza, che significa porta di passaggio di elefanti. La porta era di legno massiccio con borchie di metallo, sopra c'era scritto Narsingh Bhavan, non riuscivo a vedere alcun campanello quindi afferrai la manopola e bussai, poi attesi pazientemente senza sapere se qualcuno mi avesse sentito. Sapevo che Gurunath apparteneva a una famiglia reale e la facciata della sua casa lo dimostrò ampiamente. Le pareti esterne della struttura che sembrava una fortezza erano fatte di pietra pesante e sebbene fosse usurata in alcune parti, mi apparve imponente nella sua maestosità. Poco dopo vidi apparire qualcuno sul parapetto in cima. Era un signore anziano e seppi istintivamente che si trattava del padre di Gurunath che, guardandomi in modo irritato, mi chiese cosa volessi. Gli augurai buon pomeriggio e gli dissi che ero una discepola di Gurunath venuta a trovarlo.

Rispose bruscamente che nessuno era in casa e che non sapeva quando sarebbero tornati.

A quel punto reagii d'istinto menzionando il mio collegamento con lo Sherwood College di Nainital, in quanto Gurunath ci aveva raccontato a Delhi di come suo padre fosse stato presente nel vecchio edificio scolastico quando questo aveva preso fuoco.

Alla menzione della sua scuola accadde qualcosa, mi chiese di aspettare invitandomi ad entrare e successivamente mi fece portare dal suo autista all'ashram. Fui molto toccata ed incantata nel constatare quanto possano essere profondi l'amore e la connessione con l'alma mater, anche se lui era del tutto ignaro delle motivazioni per le quali l'avevo menzionata.

Fu un momento magico quando attraversai il semplice cancello dell'ashram. Risalii il sentiero e di fronte a me, voltatosi indietro per vedere chi stesse arrivando, c'era Gurunath esattamente come nella mia visione durante il seminario a Chandigarh. Riconobbi il sentiero e la scena. Scorsi la capanna di bambù da un lato e le colonne del tempio dall'altro, come nella mia visione. Mi sembrò un ritorno a casa. L'ashram della foresta era disegnato in modo tale che anche superato il cancello, nessun'edificio fosse visibile. Gli alloggi si fondevano nel boschetto di mango ed un piccolo tempio di Shiva in cima alla collina vegliava su tutto l'ashram.

Gurunath e sua moglie Shivangini hanno costruito l'ashram amorevolmente nel corso di molti anni, affrontando grandi difficoltà. In questa foresta infestata da pantere hanno vissuto con i loro due figli mentre Gurunath conduceva intense pratiche spirituali.

I discepoli chiamano Shivangini "Ayi" che significa "Madre". Ayi tuttavia non era presente nell'ashram quel giorno poiché era andata a Mumbai con alcuni discepoli in partenza e sarebbe tornata dopo due giorni. Erano rimaste solo tre persone nell'ashram, dato che il seminario era già terminato e vi avevano partecipato principalmente discepoli stranieri, la maggior parte dei quali era già andata via.

Ero giunta spinta dal desiderio di imparare più approfonditamente le pratiche dell'Hamsa Yoga avendo preso a quel punto piuttosto sul serio il mio ruolo di insegnante. Dal primo giorno iniziai a interrogare Gurunath sulle varie tecniche ma con mia grande frustrazione sembrava non vi prestasse particolare attenzione.

Rimasi in ashram per alcuni giorni. I pochi di noi che si trovavano lì godettero di lunghe passeggiate con lui nelle colline adiacenti, ascoltando musica e discutendo di una miriade di argomenti dalla politica e la mitologia ai film e le canzoni di Bollywood. Condividemmo battute e guardammo le stelle, ma Gurunath non rivelò una parola su ciò che un insegnante dovesse insegnare.

Persi la speranza, pensando che forse a questo punto Gurunath fosse in dubbio sulle mie capacità di insegnare. Tuttavia, l'ultima sera prima della mia partenza Gurunath ci chiese di radunarci nella stanza del tempio. Questa stanza è una struttura semplice con colonne splendidamente intagliate, pavimenti freschi in marmo ed antiche lampade di vetro appese al soffitto. Una pianta di buganvillea bianca e rosa ci ricoperse con i suoi fiori mentre entravamo nel suo portale. La seduta di Gurunath era posizionata su una pedana al centro, con il kamandal di rame, la chimta e il bastone di legno che sostiene lo yogi quando è in profonda meditazione, disposti accanto.

Sull'altare in marmo intagliato con finezza era raffigurata la figura del Siddha Yogi Guru Gorakshanath con una lampada tremolate posta innanzi a lui. Al suo fianco, un'immagine di Krishna e Cristo ci sorrideva dolcemente. C'era anche una piccola figura in marmo di un santo, che come venni successivamente a sapere, era Dattatreya. In un angolo, quasi come se non volesse essere disturbato, c'era la fotografia di uno yogi mistico immerso in meditazione, con il corpo e le ciocche di capelli spolverate di neve. Sopra l'altare dominava una grande immagine di uno yogi con la barba fluente e la sua consorte, identificati da un discepolo come Adinath e Parvati.

Tutti e tre stendemmo le stuoie sedendoci in cerchio attorno all'asana di Gurunath. Mi era stato detto che Gurunath aveva una stanza di meditazione sotterranea sotto la pedana dove eravamo seduti. Ero la sola nuova studentessa, gli altri due erano già con Gurunath da qualche anno. Gurunath entrò e prese posto, vestito con un abito color zafferano chiaro e una cintura di stoffa nera legata in vita. Le rudraksh attorno al collo brillavano come braci.

Mi sorrise con occhi scintillanti e disse: "Ok, ora, passiamo ai fatti"

Nel giro di quaranta minuti mi istruì sulle pratiche che dovevo conoscere come insegnante. Non so come riuscii a imparare ciò che mi insegnò senza prendere appunti: mi sembrò come se fosse avvenuto un trasferimento telepatico di dati. Gurunath parlava ed io assorbivo le sue parole. Senza alcuno sforzo, la mia attenzione era totale e la concentrazione completa. Ora so che nei giorni precedenti che pensavo sprecati, aveva lavorato sul mio sé più sottile interiore, preparandomi a ricevere questa iniziazione perfettamente.

Non sapevo che Gurunath fosse anche un maestro solare e insegnasse potenti meditazioni solari insieme al Kriya Yoga. La lezione, quindi, incluse una serie di esercizi e mantra per invocare il sole e assorbirne l'energia pranica al fine di guarire e ringiovanire corpo e mente. Il giorno dopo mi congedai da Gurunath e Ayi, ora rientrata, nel modo tradizionale prostrandomi davanti a loro. Una sensazione di tenerezza, calore e malinconia mi avvolse mentre tornavo a Chandigarh, come se fossi stata separata da genitori premurosi e molto amati.

Tornai a Chandigarh con un senso di leggerezza, essendomi liberata di tutto il mio "bagaglio" eccessivo. Tutte le tecniche apprese nel corso degli anni sembravano svanire di fronte a questa sadhana yogica ricevuta da un maestro. Sebbene semplici, queste intense pratiche facevano sembrare tutte le altre molto blande. Sentivo di aver bruciato tutte le impurità nel mio corpo, nella mia mente e nelle mie emozioni, lasciandomi con la sensazione di essere nuda, pura e libera.

In seguito, per replicare questa sensazione purificatrice, ogni volta che sentivo affiorare pensieri negativi ed emozioni che mi agitavano iniziavo intuitivamente ad usare la seguente tattica: immaginavo di sedermi su una pira ardente con il fuoco purificatore del mio corpo e del mio spirito, fino a quando non mi sentivo completamente ringiovanita e rinata. In seguito scoprii che questa è in realtà un'antica tecnica, parte del samshan sadhana, praticata dagli yogi per liberare il praticante dalla paura della morte.

Col passare del tempo mi resi conto che, oltre le lezioni ricevute durante l'iniziazione al tempio dell'ashram, molte tecniche mi erano state trasmesse da Gurunath in maniera non verbale e rimaste archiviate nella mia memoria.

Man mano che la mia pratica e la mia connessione con il guru diventavano più forti, queste tecniche iniziarono a manifestarsi, aiutandomi nel mio ruolo di Hamsacharya nell'insegnamento di Hamsa Yoga e Babaji Kriya Yoga.

Presentazione dell'Hamsa Yoga a Chandigarh

Non appena a casa, iniziai ad annotare in modo sistematico tutto ciò che avevo imparato. Ciò includeva le pratiche di Surya Yoga, Hamsasanas, Gurunath Samadhi Yoga, una meditazione speciale di trasformazione e il Mahavatar Babaji Kriya Yoga. Dato che non avevamo ricevuto materiale scritto, dovendo dipendere dalla nostra memoria per ricordare le tecniche apprese durante l'iniziazione, come insegnante ritenni necessario fornirlo agli studenti. Il risultato furono quattro opuscoli, tra cui un'introduzione a Gurunath ed all'organizzazione Hamsa Yoga Sangh. Deve essere stato per grazia divina che gli opuscoli sono venuti alla luce, poiché non avevo alcuna idea sulla loro provenienza. Sulla parete dietro di me dove sedevo mentre scrivevo, erano appese le foto di Gurunath, Mahavatar Shiv Gorakshanath Babaji e il signore Shiva e le mie dita sembravano muoversi automaticamente sulla tastiera. Percepivo una energia palpabile fluire da loro in me. In seguito sul mio altare rimase solo la foto di Gurunath.

Erano i tempi della posta lentissima e spedii gli opuscoli a Pune, da Gurunath, rimanendo pazientemente in attesa della loro ricezione. Fui premiata dall'euforia di Gurunath quando aprì il pacchetto e vide gli opuscoli. Ayi mi riferì al telefono di quanto fosse eccitato di avere qualcosa di tangibile fra le mani. Naturalmente a tempo debito furono apportate molte modifiche ed aggiunte, ma questo fu l'inizio, e mi ha fatto piacere farne parte.

Ayi mi suggerì una data propizia dal calendario, il Buddha Purnima per iniziare le mie lezioni e feci gli annunci a Chandigarh di conseguenza. Correva l'anno 1999 ed ero entusiasta di avere cinque studenti per la mia prima lezione. Non avevo un luogo ove insegnare in città, quindi il preside del collegio dove mi ero laureata mi diede la possibilità di tenere le mie lezioni in una scuola, durante il fine settimana.

La partecipazione alle mie lezioni era spesso imprevedibile. C'erano giorni in cui rimanevo seduta da sola in attesa che arrivasse qualcuno e le mie emozioni oscillavano tra abbattimento ed esaltazione, a seconda che qualcuno partecipasse o meno alla lezione. Alcuni non potevano venire la mattina, altri la sera; alcuni avevano problemi a venire durante il fine settimana e altri ancora durante la settimana! Nel tentativo di soddisfare tutti, iniziai a dare lezioni tre o quattro volte alla settimana in luoghi diversi e in momenti diversi. Molti avevano problemi con il costo delle classi ritenendolo troppo oneroso. Cercai, quindi, di organizzare lezioni più brevi pensando che sarebbero diventate più accessibili. Stavo impazzendo cercando di soddisfare tutti.

Ma tutto è cambiato maturando e approfondendo la mia pratica. Ho capito che per praticare una sadhana yogica regolare e costante si devono avere fame interiore, desiderio e disciplina. Quando i miei studenti si lamentano della mancanza di tempo o di denaro, sento che il più delle volte si tratta di mancanza di inclinazione. Il punto è che coloro che cercano trovano sempre il tempo e il denaro per ciò che vogliono veramente - che si tratti di viaggi, cibo e ristorazione, shopping, trattamenti di bellezza, palestra o altre necessità. Tuttavia, penso che quando si tratta di guadagni spirituali a lungo termine, la maggior parte delle persone trovi scuse per rimandare ad un altro giorno, poiché i risultati non sono immediatamente tangibili. Aspettandosi rendimenti rapidi, i praticanti spesso non si rendono conto che la gratificazione

istantanea non è un prerequisito sul percorso della ricerca spirituale.
Gurunath, in maniera spiritosa, chiama la sadhana "la manicure e il pedicure dell'anima." Non è sufficiente rimuovere la pelle morta, lo sporco e la bruttezza dal corpo; lo stesso smalto deve essere dato all'anima. "Fai un investimento a lungo termine nell'anima" dice spesso, "al momento della morte abbandonerai questo corpo di carne e ossa. È l'anima che vive per sempre".

A tempo debito, notai che il gruppo che si riuniva sembrava essere collegato da un cordone interno di familiarità. Intuitivamente sentivo che molti avevano praticato il Kriya Yoga nelle vite precedenti. Era come se ci ritrovassimo di nuovo insieme al seguito di questo maestro vivente, guidati da diversi fattori. Alcuni erano stati attratti dalla fotografia di Gurunath su un giornale o da un opuscolo pubblicitario e arrivavano al satsang per poi decidere di essere iniziati; io ero stata attratta da una sua visione. Scoprii che molti di quelli a cui ho insegnato in seguito avevano trovato delle immagini di Babaji, Lahiri Mahasaya, Yukteshwar Giri, Pramahamsa Yogananda (tutti maestri del Kriya), nascoste - spesso inconsapevolmente - in qualche angolo delle loro case. Alcuni avevano trovato una vecchia copia del libro Autobiografia di uno Yogi nella loro libreria.

Molti erano stati intrigati dal Nath Sampradaya e dalla connessione di Gurunath con Gorakshanath. La sensazione era di una forza che ci spingeva a creare una rete tra tutti noi.

Questa sensazione continuò ad aumentare rafforzata ulteriormente sia dalle esperienze con i miei studenti sia dall'incontro con più discepoli di Gurunath provenienti da tutto il mondo e dai loro racconti di come erano stati attratti verso lui. Sembrava esserci un sistema in azione nel modo in cui i discepoli venivano guidati che non poteva essere spiegato unicamente dalle coincidenze.

Il giardino di Panchvati

In questo periodo Jujhar ed io fummo fortunati ad affittare un appezzamento di terreno aggiuntivo a Chandigarh che adibimmo a giardino da utilizzare per matrimoni e funzioni sociali. Situato nel punto di ingresso della città si trovava in una posizione bellissima, lontana dal centro città ma abbastanza vicina da consentire alle persone di accedervi facilmente. L'area boschiva che fiancheggiava la parte posteriore conferiva privacy, proteggendola da qualsiasi invasione della città, e un boschetto di mango davanti lo proteggeva dalla trafficata autostrada. Fu Jujhar a dare vita all' intero giardino, che chiamammo Panchvati. Un libro di nomi che stavo esaminando sul posto a questo scopo, si aprì infatti su una pagina in particolare ed il nome Panchvati ne saltò fuori catturando la mia attenzione. Interpretandolo come un buon presagio, decidemmo di chiamare il giardino Panchvati.

Furono acquistate piante speciali e prati da piantare in diversi luoghi. Jujhar prediligeva le varietà locali di piante e alberi rispetto a quelle importate e si assicurò che il giardino ospitasse molte specie di alberi e piante indiane. Una fontana di ciottoli e uno stagno di loto completarono il giardino. Lo stagno di loto conteneva acque portate da molte fonti sacre: il Ganga, il sarovar ad Amritsar, il Gorakh Tibba a Jwalaji, il Beas, l'Hemkund e l'Indo per citarne alcuni. Anche i miei studenti portavano abitualmente acqua sacra per questo stagno. I fiori di loto nei toni del giallo, viola, rosa e bianco sembravano prosperare e così pure i pesci ornamentali. Poi un giorno fui sorpresa di vedere alcuni trattori che trasportavano enormi massi. Jujhar aveva organizzato il trasporto di queste massicce rocce da un alveo vicino. Le fece sistemare intorno al giardino secondo degli schemi che con la loro forte vibrazione sembravano aiutarci nella meditazione.

Il giardino divenne un meraviglioso paradiso per uccelli e animali. Spesso mentre meditavo al mattino, vedevo i Nilgais, una specie di grandi antilopi, pascolare sul prato. Quando il guardiano li inseguiva saltavano senza sforzo il recinto. I pavoni abbondavano nella zona della foresta e una varietà di uccelli cinguettava nelle prime ore del mattino. Fragranze di fiori profumati si diffondevano attraverso il campo per deliziare i sensi e i colori delle diverse varietà di fiori erano un piacere per gli occhi. Stormi di aironi coprivano il prato mentre si nutrivano degli abbondanti lombrichi in quanto nel giardino non venivano usati pesticidi chimici.

Una volta in estate mentre meditavo seduta sul prato, ho sentito il tappetino muoversi da quella che pensavo fosse brezza. Nel tentativo di bloccarlo, rimasi sorpresa alla vista di questo enorme topo di campagna che si accomodava accanto a me. Urlai e saltai in piedi, disturbando gli altri studenti. Dal giorno successivo presi a sedermi su uno dei massi ma il topo, come mi fece notare uno studente, veniva comunque a sedersi accanto a me ogni giorno. Il topo grigio arrivava dopo essermi seduta a meditare e restava fermo per tutto il tempo assorbendo l'energia per andarsene non appena finita la meditazione!

Ogni giorno al giardino era speciale, ma ricordo un giorno in particolare. La rugiada del mattino era ancora umida sull'erba quando aprii gli occhi dopo la meditazione del Kriya. Il sole doveva ancora sorgere sugli alberi in lontananza. Con gli occhi socchiusi, rilevai qualche movimento sopra il piccolo poggio: era un pavone maschio accompagnato da due pavoni femmina. Ero sorpresa, non avevo mai visto delle femmine di pavone così belle prima d'ora; normalmente sciatte, queste due erano aggraziate e si muovevano delicatamente cercando da mangiare ai margini del giardino. Con mia ulteriore sorpresa, il pavone maschio improvvisamente decise di aprire il suo piumaggio e di iniziare una danza anche se non c'era una nuvola in vista. Mi fece venire in mente Karthikeya e le sue due mogli. Mi sedetti e guardai affascinata il pavone continuare la sua danza impettita per quasi quaranta minuti, mentre le femmine gli prestavano scarsa attenzione. Quasi mi stesse dando il privilegio di un'udienza personale. Anche solo scrivendo di questo episodio la scena lampeggia nel mio occhio interiore e mi riempie di gioia.

Gurunath viene a Chandigarh

Avere a disposizione questo spazio in cui un gran numero di

persone poteva radunarsi e con un alloggio per ospitarne alcuni, mi permise di invitare Gurunath a visitare Chandigarh per la prima volta nella primavera del 2000. Tuttavia, durante la sua prima visita, il giardino non era ancora pronto del tutto con il cottage ancora in fase di ristrutturazione, gli alberi e le piante ancora in fase di crescita e nessuna recinzione che garantisse una certa privacy. Eppure, sedendosi sotto gli alberi di mango sullo sfondo dei pavoni che cantavano si percepiva un'aura di serenità e la sensazione di trovarsi in un altro mondo.

Il programma di Gurunath ebbe una risposta variegata. Centinaia di persone parteciparono ai suoi discorsi "esperienziali" di cui molti trovarono l'esperienza travolgente. I suoi satsang sono chiamati "esperienziali" perché i partecipanti non sono soggetti a lunghi sermoni ma vengono introdotti all'esperienza diretta di Shaktipat – la trasmissione di energia Kundalini, Pranpat – il respiro che purifica il karma e Shivapat – lo stato di consapevolezza della mente vuota senza pensieri. Poiché questo tipo di incontro fu il primo in città, molti ebbero problemi a relazionarsi con l'esperienza, mentre altri ne rimasero sorpresi e increduli. Essere in grado di assimilare le visioni sovrapposte sul volto di Gurunath, essere consapevoli del suo respiro che si muove nel corpo e, in alcuni casi, il provare sollievo immediato da dolore fisico e disagio, sembravano essere al di là della comprensione di molte menti razionali. Le persone accorrevano alle riunioni e giunti all'ultimo giorno, essedo circolata la voce della qualità mistica del satsang, la sala era piena.

Molti non sperimentarono nulla rimanendo indifferenti e se ne andarono delusi.

L'entità delle visioni dipende da fattori come la ricettività, l'assunzione di farmaci, antibiotici, tranquillanti, stabilizzatori dell'umore o steroidi in grado di attenuare la percezione. Anche una personalità giudicante funge da deterrente per qualsiasi rivelazione psichica ma per esperienza personale anche quelli che non sentono, vedono o percepiscono nulla assorbono i benefici di tutte e tre le trasmissioni che spesso si percepiscono più tardi, quando queste persone si rilassano.

Durante i satsang Gurunath chiede sempre riscontro ai partecipanti delle esperienze che hanno vissuto. Durante uno di questi satsang, una donna continuava a dire che non riusciva a sentire nulla. Gurunath la guardò dolcemente e disse: "le porte del palazzo sono chiuse e io non ho nessuna autorità per costringerle ad aprirsi". Sorrisi all'intuizione di Gurunath perché si dà il caso che la donna appartenesse a una vecchia famiglia reale e Gurunath non aveva modo di saperlo.

In effetti l'individuo deve essere disposto e preparato affinché l'esperienza accada. A volte anche se la nostra mente cosciente si sente pronta, possono esserci ostacoli inconsci come la paura dell'ignoto o disturbi emotivi e mentali che la impediscono. Il maestro non supera i confini della correttezza per forzare l'afflusso di questa energia spirituale superiore in un cervello umano riluttante, poiché ciò significherebbe ferire il delicato organismo del sistema cerebrospinale. Tuttavia, la partecipazione frequente ai Satsang dissolve lentamente queste inibizioni fino al giorno in cui l'individuo non diviene improvvisamente consapevole dell'esperienza. Perché alcune persone sono attratte più di altre da questo percorso evolutivo rapido? Come mai alcune provano tutte le sfumature delle trasmissioni e altre ancora rimangono fredde? Alcuni sono felici di osservare, mentre altri sono costretti ad immergersi in profondità. Questo percorso è così difficile che solo le persone più resistenti lo intraprendono? Si tratta di forza di volontà o desiderio di evasione come alcuni lo chiamano? Anche tra le centinaia che sperimentano qualcosa di significativo, solo una manciata fa' il primo passo per imparare la pratica. È perché ogni persona deve progredire lungo il percorso a un ritmo individuale fino a quando le condizioni karmiche necessarie non si verifichino, consentendo un cambio di paradigma sul loro percorso?

Questi erano i pensieri che continuavano ad affollare la mia mente in quei primi giorni. Fino a quando capii che il viaggiatore che percorre questa strada è costretto a rendersi conto che la maggior parte delle cose che ha appreso su ciò che è giusto e sbagliato, bene e male, sono relative. Improvvisamente non si ha più un'opinione su nulla e ogni illusione viene spazzata via ed il ricercatore affronta la realtà. Tutti i condizionamenti sociali, l'artificialità, i tratti della personalità, le pretese e manierismi acquisiti alla fine devono essere abbandonati. Forse la mente, abituata a farci ballare al ritmo delle sue melodie, capisce istintivamente che perderà gradualmente il controllo delle sue idiosincrasie una volta che il primo passo sarà compiuto su questo percorso e quindi resiste al desiderio di unirsi. Gran parte dei praticanti sinceri attraversa questa fase di annegamento nella confusione ed in questo momento il satguru è l'unica ancòra nei mari tempestosi di questo territorio sconosciuto. Connettersi al maestro e praticare la sadhana è l'unico modo per superare questo periodo infido; in caso contrario, il viaggiatore potrebbe cadere e infatti cade sul ciglio della strada.

Gurunath visitò Chandigarh ogni anno nei successivi dieci anni fino al 2009. È stato un grande onore aver fatto parte di questa iniziale organizzazione dei suoi eventi pubblici che furono un successo. La nostra comunità è cresciuta negli anni composta di forti praticanti e molti volontari che hanno aiutato nella gestione pratica delle visite con il loro tempo e con le loro offerte. Nel 2009 Gurunath espresse il desiderio di prestare maggiore attenzione alle città più grandi e la sua attenzione si spostò ad altre grandi città dell'India.

Anche i suoi viaggi all'estero aumentarono per includere più paesi.

Molti dei miei primi studenti ricordano come li esortavo a spendere più tempo con il maestro quando era in città, poiché potevo vedere un futuro in cui l'accesso a lui si sarebbe ridotto in proporzione al crescere del numero di discepoli. Ma c'è sempre qualcosa che si frappone, la voglia di comodità, la volontà di compiere solo i passi necessari o semplicemente la letargia, per poi rendersi conto che il maestro è andato altrove.

Dopo dieci anni ha espresso nuovamente il desiderio di visitare la città e organizzando un evento per lui quest'anno, nel 2019, la città ha riposto con più energia di quanta ne avesse nel 2009. Abbiamo avuto la sala piena e un numero record di studenti per l'iniziazione. I discepoli sono arrivati da Taiwan, dal Sudafrica, dalle Filippine, dalla Russia, dall'Australia oltreché da molte città e paesi dell'India.

❋

Introduzione a Babaji

I momenti più coinvolgenti con Gurunath sono stati quelli trascorsi seduti intorno a un falò a tarda notte ascoltando storie su Babaji. Gurunath si rivolgeva a lui con vari nomi: Mahavatar Shiv Gorakshanath, Colui che è Senza Nome, la Folgore Immobile e Mahabinishkaran, il grande sacrificio. "Il suo nome è "Toba" diceva, toccandosi le orecchie nel popolare stile islamico tornando senza sforzo alla sua vita di santo sufi. Gurunath lo chiamava anche Aja Purush, colui che non è mai nato e non muore mai. L'ambientazione era incantevole e magica, seduti nel giardino di Panchvati, cantando elogi a Babaji ed ascoltando storie sul suo fenomeno mistico. Eravamo come giovani yogi intorno al duni e come sottolineava Gurunath, avremmo potuto essere ovunque nel tempo e nello spazio perché, da tempo immemorabile, gli yogi siedono in questo modo davanti ai falò in tutto il paese scambiandosi storie sull'immortale Babaji ed altri maestri dell'Himalaya.

La mia conoscenza di questo essere chiamato Babaji era minima e quando gli studenti mi interrogavano in quei primi giorni, ero spesso confusa. Conoscevo tutte le storie ma l'essenza mi sfuggiva. Di conseguenza avevo un forte desiderio di saperne di più su questa figura enigmatica di cui Gurunath diceva: "Nulla può essere detto". Chi è Babaji? Chi ha incontrato Gurunath? Era lo stesso Babaji di Yogananda in Autobiografia di uno Yogi? O era forse Nagaraj, l'incarnazione di Babaji nell'India meridionale? era il Gorakshanath discepolo di Matsyendranath, resuscitato dal mucchio di letame? colui che cantava "Jago Macchinder, Gorakh ayaa"?, un fervido appello da parte del discepolo Gorakh al suo guru Macchinder, come veniva chiamato Matsyendranath nel dialetto locale, che significava: "Svegliati Macchinder, Gorakh è arrivato."

La mia ignoranza mi irritava e decisi che avrei chiesto lumi a Gurunath alla prima occasione. Avevo la sensazione intuitiva che il Gorakshanath di cui parlava Gurunath fosse tutto questo e molto altro. Pertanto, ebbi il coraggio di rivelare la mia ignoranza e chiesi a Gurunath del Babaji che aveva incontrato. "Ci sono così tanti Babaji. Chi hai incontrato?" chiesi. "Sembra che tutti lo abbiano incontrato, Babaji è così facilmente accessibile a tutti?" Gurunath rivelò che il Babaji che aveva incontrato era l'infinito Gorakshanath, chiamato la "Coscienza dell'Universo", nato diciotto milioni di anni prima! Babaji era scoppiato dal cuore di Shiva all'inizio del nostro ciclo mondiale, la data precisa avvolta nel mistero.

"In effetti lui è Adinath Shiva" chiarì Gurunath. Nel 1967 all'età di 23 anni, Gurunath aveva ricevuto il darshan o l'esperienza di Babaji nella Jhilmili gufa a Badrinath, in Himalaya, dove Babaji lo aveva benedetto per la prima volta rivelando il suo corpo leggero senza forma, che poi si cristallizzò nel suo corpo immortale di carne e ossa. Gurunath ha anche rivelato che Mahavatar Shiv Gorakshanath è il Babaji del libro 'Autobiografia di uno Yogi' di Paramahamsa Yogananda, e guru di Lahiri Mahasaya. Nel suo libro 'Babaji, la Folgore Immobile' scritto più tardi, Gurunath ha dimostrato questa connessione con ampie prove. È stato il primo a stabilire questa connessione, anche se ora sento molti altri che si riferiscono al Mahavatar come Gorakhshanath. Ha spiegato inoltre che molte altre sono reincarnazioni parziali di questo Mahavatar, come Baba Balaknath e Yogi Sri Chand che trasportavano entrambi il raggio di Babaji dentro di loro.

Nato diciotto milioni di anni fa! La mia mente razionale si dissolse e, senza parole, potei solo chinare la testa con reverenza. Sentivo che con la mia intelligenza limitata non avrei mai potuto comprendere l'entità dell'esperienza di Gurunath.

Connessione alla fonte

Dopo la partenza di Gurunath le mie lezioni decollarono. Era come se il luogo fosse stato benedetto, perché la qualità della meditazione migliorò e divenne più raffinata. Sorprendentemente le domande che mi facevano ricevevano risposte spontanee anche se non sapevo da dove provenisse la risposta. L'unica cosa di cui ero consapevole era di essere collegata ad una fonte da cui fluivano le risposte a tutte le domande. Alcuni studenti chiedevano dei benefici della pratica, dei suoi effetti sul corpo o sulle emozioni, altri ponevano domande più profonde sulla vita o sulla morte, altri ancora esprimevano dubbi sullo yoga. Ogni volta la risposta arrivava senza sforzo. Era come per magia. Gurunath non mi aveva impartito alcuna lezione formale sulla teoria dello yoga, ma aveva stabilito un legame che rendeva più facile l'acquisizione di conoscenza rispetto alla lettura di volumi di libri e allo sforzo per ricordarli. Fu allora che mi resi conto della potenza di un'iniziazione e di come il discepolo si avvicini alla fonte semplicemente stando alla presenza del maestro.

A poco a poco mi sintonizzai talmente con Gurunath che sapevo quando voleva che lo chiamassi: nel momento in cui il telefono squillava alzava la cornetta e diceva il mio nome senza che io avessi ancora pronunciato una parola. Una volta Gurunath mi iniziò al metodo di Vivar al telefono, una tecnica vorticosa di meditazione che aveva recentemente formalizzato. Gli stavo menzionando la tradizione sufi di ruotare su se stessi quando rivelò da dove questa pratica era emersa, al tempo di Krishna e ancor prima, venendo mantenuta in vita come danza della garba nel Gujarat, nel Kolattam nel sud e in molte altre forme locali.

La meditazione del Vivar, come descritta da Gurunath, facilita il praticante a ruotare e sincronizzarsi con il movimento dei ritmi universali, spingendo il discepolo in un vortice di energia in continua evoluzione. Sottolineò che, man mano che la connessione tra noi si fosse cristallizzata, non ci sarebbe stato nemmeno bisogno dello strumento fisico del telefono e che sarei stata in grado di ricevere messaggi direttamente. Oggi ho una vasta esperienza di questo, così come molti altri dei suoi discepoli.

La presenza fisica del guru non è essenziale per un sadhak forte che può essere in grado di ricevere messaggi e risposte da un altro mezzo, che, come un cordone ombelicale, collega il discepolo al satguru. Sebbene, spesso in modo infantile, desideriamo ardentemente di sentire la sua voce o il tocco della sua benedizione sulla nostra testa.

Poiché l'insegnante si collega in modo intuitivo alla guida del guru, agli studenti che partecipano alle lezioni viene consigliato di ascoltare attentamente le istruzioni date durante le stesse e di seguirle diligentemente, poiché l'insegnante lavora ad un livello superiore di comprensione. Una volta, mentre insegnavo, vidi un'ombra e una macchia nera nell'aura di una studentessa. Sembrava esserci qualche problema nell'area dell'utero e le consigliai di prendere adeguate precauzioni. Aveva problemi di relazione con i suoi figli grandi e, quando era più giovane, problemi sessuali con il coniuge quindi il problema risiedeva in questa area particolare. Sono stata guidata intuitivamente a darle alcune pratiche specifiche per combattere questo problema. Non ho più avuto sue notizie ma, dopo tre anni, ho scoperto che nel suo utero si era sviluppata una cisti che probabilmente richiedeva un intervento chirurgico.

Ha ammesso di non aver praticato nessuno degli esercizi indicati, ma che era pronta a ricominciare.

Mi sentii rattristata. Se solo in quel momento avesse prestato attenzione al mio suggerimento ci sarebbe stata una possibilità di guarigione, poiché le indicazioni erano giunte da una fonte più alta. Con la pratica ho anche imparato ad essere più attenta alle istruzioni del maestro che arrivano telepaticamente. Una delle frasi più usate di Gurunath è: "L'unico peccato della mente è di non prestare sufficiente attenzione." Con una pratica costante l'attenzione migliora ma, alla presenza del maestro, diventa più naturale. Naturalmente gli studenti devono esercitare discrezionalità in merito alle istruzioni cui aderire e non seguire alcun suggerimento che vada contro verità in loro profondamente radicate, anche se sollecitati da altri. Queste sono sfumature molto difficili da comprendere per il principiante e solo la fermezza nel praticare gli insegnamenti del maestro porta la chiarezza necessaria per capirle.

Essendo io connessa a questa fonte l'essenza del guru mi ha permesso di aiutare molti studenti con un avvertimento tempestivo, prescrivendo delle pratiche per curare l'imminente disturbo prima che si manifestasse nel corpo fisico. Qualunque sia il problema, anche senza analisi, la pratica stessa aiuta a liberare il dolore e trasforma la malattia. Il problema è spesso correlato al proprio modo di essere in quel momento. Generando un cambiamento interiore attraverso la pratica dello yoga, i sintomi esterni possono migliorare in maniera corrispondente. Questo è vero per tutti anche se alcune persone si connettono più facilmente pur senza praticare regolarmente, mentre altre, costantemente sedute a meditare, mancano il bersaglio, non so il perché. Ho visto avvenire guarigioni in nuovi partecipanti, mentre sadhak più anziani continuavano a lottare con problemi. Immagino che il karma abbia un ruolo in questo. Tutto quello che so è che continuare a praticare nonostante le difficoltà è la chiave per raggiungere traguardi più profondi.

Una volta una giornalista che conoscevo mi chiamò dicendo che voleva condividere qualcosa di personale con me. Venne e mi raccontò di aver letto il mio libro e di aver praticato gli esercizi indicati alla fine. Le nove tecniche yogiche, molto semplici da seguire, sono state benedette in modo speciale da Gurunath prima dell'inclusione nel libro. Mi rivelò che alcuni giorni prima era andata a fare un giro in macchina in collina con il suo ragazzo, con il quale si era fidanzata da poco. Al loro ritorno – si era fatto tardi ed era diventato buio – alcuni ragazzi avevano iniziato a inseguirli in motocicletta sulla strada deserta della collina. Erano riusciti a bloccare e fermare il veicolo del suo fidanzato e lei era rimasta inorridita e scioccata quando quest'ultimo l'aveva abbandonata, saltando dalla macchina e correndo via nella luce calante. Mi disse che in quel momento aveva sentito che sarebbe stata sicuramente violentata e uccisa quella sera. Ma all'improvviso uno dei ragazzi si era voltato indietro e aveva urlato che stava arrivando qualcuno, quindi tutti avevano acceso i motori e se ne erano andati. Mentre riacquistava la calma, vide che era ancora sola e che non c'era nessuno come avevano invece creduto i ragazzi. Disse che sapeva che era stato Gurunath a proteggerla quel giorno.

Naturalmente la sua prima azione quando tornò a casa fu di interrompere il fidanzamento. Mi chiedevo se, forse, l'intero dramma dei ragazzi non fosse stato messo in scena per farle vedere la natura del suo fidanzato e proteggerla da un destino peggiore, il matrimonio, e che in realtà non c'era stata alcuna minaccia per lei. Qualunque fosse stato il motivo, il risultato della pratica le salvò la vita in più modi quel giorno. Ma devo dire che, sebbene successivamente abbia continuato a chiamare per avere la sua iniziazione al Kriya Yoga, dopo questo episodio non l'ha mai presa e, anche se sono ancora in comunicazione con lei, il tempo per il Kriya sembra non essere ancora vicino.

Questo episodio mi ha fatto meravigliare del potere della pratica che protegge tutti coloro che sono anche remotamente connessi alla fonte che scorre dal mio Maestro, anche senza saperlo o averlo incontrato. Ai miei tempi nell'ashram mi sono imbattuta in molti di questi racconti nei quali Gurunath appariva nei sogni di persone che non lo conoscevano effettuando guarigioni. Gurunath stesso afferma di non essere consciamente consapevole di operare tali guarigioni ed è contento di ciò perché questo lo protegge dal suo ego. Quando fa tali affermazioni sul suo ego mi sento mortificata perché a volte sono così orgogliosa per cose veramente piccole che faccio.

Dal 2003 al 2007, insieme a un gruppo di agricoltori locali, fui coinvolta in un'intensa agitazione contro l'amministrazione locale che stava acquistando arbitrariamente terreni agricoli a prezzi pietosi in nome dello sviluppo, trasferendoli alle grandi aziende con enormi guadagni per queste ultime. Naturalmente erano coinvolti funzionari corrotti e grandi somme di denaro. A quel tempo la mia terra non era minacciata ed ero stata avvertita da molti di non partecipare a questo scontro, ma fu come se una forza interiore mi spingesse. In quel periodo il CID e l'IB mi contattarono spesso, a volte per intimidire, altre volte solo per ottenere informazioni. Ero abbastanza amichevole con tutti loro sapendo che non stavo facendo nulla di sbagliato o dirompente, era una lotta affinché venisse fatta giustizia non per me, ma per gli altri. Ero molto regolare con la pratica degli esercizi solari che Gurunath aveva creato ed insegnato, trascorrendo tempo ad assorbire l'energia del sole per protezione e guarigione. Uno di quei giorni in cui stavo sulla mia terrazza di fronte al sole per formare lo scudo solare con il potente mantra Gorakhsha Kavach, sentii il sole espandersi e diventare più radioso e vidi quella che sembrava una shastra astrale: l'arma scese ed entrò nella mia aura per essere assorbita da essa. Sembrava una scena tratta da un poema epico e capii in un lampo come il potere viene conferito agli esseri umani dagli dei.

I toni delle discussioni rimasero normali durante tutti gli scambi e, sebbene nessun'arma sia stata usata nell'agitazione, la penna si è dimostrata più potente della spada mostrando il suo potere quando ottenni l'appoggio dei giornali. Il mio scrivere alle varie agenzie e dipartimenti portò al risultato che le acquisizioni furono bloccate nella nostra città e, fino ad oggi, non ve ne sono state nuove. Nel 2004, quando Gurunath ci visitò, venne nella nostra fattoria e ci chiese in modo casuale di fare qualche puja intorno al confine del terreno. Chiese a Jujhar di fare alcuni rituali sacri che erano abbastanza semplici sebbene esoterici. Pochi mesi dopo apprendemmo che il governo stava pianificando di acquisire una parte della nostra terra per l'espansione della strada di fronte, il che avrebbe comportato la perdita della nostra casa e del tempio per Gurunath sulla terrazza. Questo fu seguito alcuni mesi dopo da notifiche a tutti noi. Il governo commise degli errori in alcune delle sezioni dell'avviso e andammo in tribunale per contestarle. Molte altre anomalie vennero alla luce e anche se i nostri vicini hanno poi rinunciato alla loro terra, il nostro caso è ancora pendente e con ogni probabilità si risolverà a nostro favore. Durante tutto ciò rimasi abbastanza calma riguardo alle mie difficoltà personali, persino guidare l'agitazione non era stato né inquietante né ambizioso. Stavo lavorando con concretezza su un'azione che andava fatta. Quello che voglio dire è che stavo cominciando a realizzare cosa significa agire senza reagire, una lezione molto importante per uno yogi praticante.

Lezioni apprese come insegnante di yoga

L'insegnamento diventò un'esperienza di apprendimento. Durante l'insegnamento ho dovuto comprendere le esigenze di ogni studente spesso in modo intuitivo. Ho dovuto rispondere a domande provenienti da diversi livelli di comprensione, dai principianti agli esperti di yoga, dovevo essere in grado di guidare tutti loro nel recupero dai traumi fisici ed emotivi attraverso la pratica e tutto ciò ha comportato un grande apprendimento da parte mia.

Da parte degli studenti le ragioni per venire ad imparare lo yoga erano varie. Le ragioni di salute erano le più importanti, seguite dallo stress mentale e dalla depressione. Molti che stavano già praticando l'Hatha Yoga erano attratti dalla pratica del Kriya

Yoga e incuriositi dalle qualità trasformative e curative del Surya ed Hamsa Yoga. Lo yoga era diventato recentemente di moda e attraeva molti. Qualunque fosse il motivo, ogni studente che arrivava era diverso e aveva delle vibrazioni distinte. A poco a poco, con la guida di Gurunath, divenni abile nel raccogliere le frequenze di risonanza emesse dagli alunni che venivano per imparare lo yoga. Le frequenze mi comunicavano le motivazioni interiori dello studente, spesso diverse dall'apparente ragione per trovare un insegnante. Il comprendere più profondamente la mia connessione con lo stato fisico, emotivo e mentale degli allievi mi aiutò a diventare più sensibile nell'insegnamento.

"Ci sono due modi per fare la vera carità: uno è mostrare alle persone il percorso verso Dio e l'altro è realizzare la propria divinità", come istruiva Gurunath. Il bene più grande che uno può fare è mostrare alle persone la strada verso la propria natura divina. In secondo luogo, quando il ricercatore raggiunge il samadhi attraverso una pratica rigorosa, viene dato un impulso all'evoluzione di questa terra, questa galassia, e la pietra si evolve in lichene, il lichene si evolve in pesce e così via lungo la catena evolutiva in scimmia, uomo sino a Dio. Questo accade ogni volta che qualcuno raggiunge la Buddità o il nirvana finale". A questo punto devo raccontare di una esperienza vissuta che, sebbene apparentemente semplice, ha avuto un grande impatto su di me. Accadde mentre guidavo per andare a prendere le ragazze a scuola. Era pomeriggio e non c'era quasi traffico per strada. Mentre guidavo, all'improvviso, sembrò come se la strada si fosse allungata e la mia macchina andasse al rallentatore quando, improvvisamente, in quel preciso momento sentii Buddha entrare nel suo stato di illuminazione e, in meno di una frazione di secondo quasi nello stesso istante, mi trovai nuovamente in macchina alla guida. Era come se la distanza temporale tra questi due eventi, un divario di 2500 anni, si fosse annullata e contratta in un istante. L'esperienza mi riempì di uno squisito entusiasmo difficile da spiegare.

Anche attraverso un'intensa pratica privata, Gurunath mi ha istruita ad insegnare e personalmente, iniziavo a godermi questo compito.

Condividere con gli altri tutto ciò che avevo acquisito nella mia associazione con il guru, mi dava un intenso piacere. Insegnando mi sentivo connessa a Gurunath ed a ogni sessione giungeva un nuovo insegnamento anche per me. Non sono stati compiuti sforzi; era un senso di riempimento e straripamento. Non furono necessarie lunghe ore di lettura di libri o scritture; la fonte della conoscenza era altrove. Laddove sorgeva una domanda a cui non avevo risposta in quel momento, la stessa seguiva dopo un certo periodo di tempo. A volte la risposta poteva arrivare da una situazione o un episodio non correlato, fino al punto in cui una frase saltava fuori nello sfogliare un libro o un articolo portando a una chiara comprensione. "Eureka!" Piangevo di gioia in questi momenti!

"Lo yoga è l'evoluzione della coscienza umana, l'impresa più completa mai intrapresa dall'umanità, di fronte alla quale il più grande dei traguardi umani impallidisce," disse Gurunath parlando durante uno dei suoi numerosi satsang spontanei sotto gli alberi di mango a Panchvati. "E' un'ascesa interiore attraverso sfere di coscienza sempre più raffinate e sempre più espanse". Come in qualsiasi altro processo di raffinazione, a seconda del singolo praticante, le impurità sono destinate ad essere rilasciate. Queste, come capii, si manifestano sotto forma di allergie, eccesso di muco, sudore, mal di testa, sbadigli costanti, starnuti o disturbi del sonno. Allo stesso modo, poiché lo yoga guarisce in modo olistico, sorgono anche altri sintomi emotivi e mentali come rabbia, frustrazione, dubbi o paure. Molti praticanti rinunciano in questa fase, non rendendosi conto che si tratta del corpo che libera tossine. Naturalmente, tutti questi sintomi devono essere esaminati e curati adeguatamente per essere guariti del tutto.

    Una volta dopo che mi fu insegnata da Gurunath una pratica avanzata, fui avvertita che avrebbero potuto esserci delle reazioni nell'intensificarsi della disintossicazione del corpo. Anche se mi era stato chiesto di stare attenta con la pratica, nel mio modo inimitabile vi entrai pienamente con grande entusiasmo, facendo due o tre sessioni al giorno. Un giorno notai un nodulo dietro l'orecchio che faceva un po' male quando lo premevo. Senza prestare attenzione, continuai con la pratica fino a quando il dolore diventò insopportabile e il nodulo più grande. Era un'infiammazione dei linfonodi che soffocavano mentre cercavano di affrontare il veleno che usciva dal mio corpo. La cura completa richiese un anno e mezzo, i sintomi includevano emissioni nasali maleodoranti che sembravano essersi accumulate all'interno del mio corpo nel corso di molti anni. Con la guida di Gurunath, imparai a ridurre l'intensità della mia pratica e, gradualmente, rafforzarla di nuovo. Sebbene i medici avessero consigliato un piccolo intervento chirurgico preferii consultare un medico ayurvedico che mi prescrisse alcuni medicinali a base di erbe. Alla fine del processo sentii un grande senso di purezza fisica, come se fossi stata pulita dall'interno con un disinfettante! Questo episodio mi ha anche insegnato a prestare maggiore attenzione nel dare istruzioni ai miei studenti assicurandomi che intensifichino gradualmente la loro pratica, con il minimo disagio.

L'interpretazione dell'importanza dei chakra

Durante le lezioni mi venivano comunicate varie combinazioni della pratica principale, dettate dalla necessità degli studenti. Era come se ogni pratica insegnata da Gurunath potesse sbocciare in molteplici permutazioni, ognuna ugualmente efficace e fortemente personalizzata; tale era la potenza degli esercizi. Senza alcun dubbio tutte queste conoscenze erano attribuibili alle benedizioni di Gurunath e alla mia connessione con lui. Insegnai ai miei studenti regolari un esercizio particolare di purificazione dei chakra che era straordinariamente efficace. Nel descrivere la tecnica a Gurunath, fui piacevolmente sorpresa di sapere che lui insegnava quella tecnica venti anni prima. L'aveva messa da parte quando un discepolo straniero che l'aveva imparata da lui, aveva aperto una sua scuola di yoga basata su di essa senza dare alcun credito al Guru. Questo succede spesso ai maestri himalayani che condividono tutto ciò che hanno imparato in anni di rigorosa meditazione con i ricercatori che poi pubblicano libri o avviano propri istituti di yoga. Non pagano royalties spirituali ai loro maestri e talvolta non menzionano nemmeno la fonte da cui hanno ricevuto queste intuizioni, affermando palesemente il loro copyright o apponendovi un proprio marchio inesistente. È qui che la convinzione orientale che la conoscenza debba essere libera come l'aria e l'acqua, si scontra con il popolare concetto occidentale di marchio e copyright.

Tuttavia i maestri prestano scarsa attenzione a questo e poiché la fonte della conoscenza è al loro interno, possono abbandonare le tecniche che sono state rubate loro per formularne altre altrettanto potenti. Le tecniche rubate generalmente perdono potere senza il sostegno di un maestro la cui pratica spirituale personale e connessione alla fonte fanno fiorire la tecnica stessa alla sua massima potenza per il praticante.

Attraverso la pratica, la mia conoscenza del sistema dei chakra nel corpo è aumentata costantemente senza alcuna informazione acquisita da libri. Come tutti i praticanti esperti di yoga sanno, i chakra sono vortici psichici di energia allineati lungo la colonna vertebrale. Con il passare del tempo sono divenuta in grado di individuare la posizione esatta di questi centri nel mio corpo e studiare spassionatamente la loro presenza e attività. Attraverso questa comprensione ho potuto capire meglio il mio sviluppo nel corso degli anni ed ora sono in grado di aiutare i miei studenti ad andare verso una salute olistica. Insieme i miei studenti e io determiniamo le aree problematiche e lavoriamo per eliminare i malfunzionamenti in quel particolare chakra attraverso la combinazione dei precetti yogici imparati da Gurunath che ora insegno. Gurunath, un maestro solare, medita per lunghe ore con il sole che brucia in alto. Le sue potenti tecniche yoga per sfruttare l'energia del sole sono ora utilizzate liberamente da me per il sano funzionamento dei chakra e la guarigione di disturbi fisici ed emotivi.

I chakra stessi rivelano prima le verità interiori su noi stessi e poi sull'universo in cui viviamo. La convinzione yogica che il corpo detiene il progetto dell'universo è chiamata filosofia pind-brahmand. I chakra sono stati per me la porta di accesso a questa realizzazione.

Inizialmente, intensificando la pratica dedicata alla purificazione dei chakra, potevo sentire emanare da loro note musicali del sitar, il battito delle tablas, il suono distinto di un'ascia sul muladhar. I chakra perdevano i loro colori arcobaleno espandendosi fuori dal corpo e prendendo la forma di galassie; successivamente, in ogni chakra apparivano il bordo dorato e la stella scintillante. Un'esperienza del macrocosmo nel corpo microcosmico, realizzai che in ogni chakra è possibile un samadhi.

Per me, tuttavia, le piccole moksha sono una forma di nirvana istantaneo poiché i chakra purificano vecchie abitudini testarde e desideri ed i modelli di comportamento si dissolvono lasciando una libertà inimmaginabile. La moksha finale avverrà quando avverrà ma, per ora, mi godo queste piccole liberazioni. Il viaggio attraverso i chakra è individuale e non vi sono due esperienze uguali, Imparate la lezione dalla vostra stessa realizzazione, se vi sincronizzate con lui il satguru è sempre lì a guidarvi cosi come l'insegnante a supportarvi.

Durante tutta questa pratica e realizzazione, Gurunath mi ha costantemente guidato ispirando la mia comprensione. "Il tuo corpo è un contenitore di medicinali" ha detto Gurunath una volta "produce insulina, cortisone, adrenalina e tutte le altre sostanze chimiche richieste dall'organismo. Lo yogi, attraverso la pratica e controllando la forza vitale che è prana, impara a rilasciarle come e quando è richiesto e spesso il corpo dello yogi praticante fa da solo le necessarie modifiche". Il corpo ha un'intelligenza innata per guarire sé stesso, prestandogli attenzione e permettendogli di funzionare possiamo condurre una vita priva di farmaci moderni. Ad oggi, il 2019, sono passati più di ventiquattro anni da quando ho smesso di assumere qualsiasi farmaco chimico allopatico, non ho più preso nemmeno un'aspirina. Non che non mostri sintomi di disturbi comuni, ma scelgo di guarirmi dando del tempo al corpo o solo con le erbe. Ma ovviamente questo è qualcosa che ogni individuo deve decidere dopo aver compreso l'intelligenza e la capacità di guarire del proprio corpo e quindi non è un consiglio per nessuno smettere di assumere i farmaci prescritti.

Gli antichi yogi investivano nel corpo solo come veicolo per realizzare la divinità. Nella realizzazione della divinità tutte le malattie fisiche sono curate di routine. "Guarire il sé apparente ... che è il corpo, dall'ignoranza del vero Sé ... che è l'anima, è l'essenza ultima di ogni guarigione", insegna Gurunath. "Non stiamo praticando queste tecniche per ottenere sollievo dalla costipazione o dai dolori dell'articolazione, ma ognuno di noi si sta lentamente trasformando in Shiva, in Coscienza Cristica, in Buddità. Quindi svalutare la pratica limitandola al corpo è come usare un pennello per spazzare il pavimento ", ammonisce "La guarigione fisica è un sottoprodotto della sadhana yogica che trasforma il tuo corpo di carne in un corpo di luce". Le parole di Gurunath mi hanno ispirato molto e mi hanno spinto a perseverare nella pratica personale e nell'insegnamento.

Con l'aumentare del numero di studenti mi infastidiva che molti non prendessero sul serio la loro pratica. Essendo diventata molto regolare con la mia pratica e vedendone i benefici, mi aspettavo lo stesso dagli studenti i quali, probabilmente, avevano molti altri interessi e priorità che ne limitavano la pratica regolare. Imparare a lasciar andare quelli che volevano andarsene e concentrarsi su quelli che rimanevano saldi fu una dura lezione. Sono fermamente convinta che abbiamo al cento per cento il libero arbitrio e che lo esercitiamo per fare le nostre scelte. L'insegnante è lì per dare supporto quando gli studenti ne hanno bisogno, ma la decisione di imparare e perseverare è unicamente la loro.

Ogni volta che un nuovo studente si unisce desidero sempre sapere quanti altri corsi ha frequentato, la sua assiduità nella pratica quotidiana e le ragioni del cambiamento. I ricercatori sinceri che imparano per interesse sincero, danno il massimo in qualsiasi tecnica che imparano. È solo quando trovano il sentiero, o il guru, inadatto al loro temperamento che cercano altre pratiche. Altri sono come api insaziabili che bevono miele da molte fonti; passano casualmente da una pratica all'altra, da un maestro all'altro dando a malapena il tempo all'esercizio o alla grazia del maestro di sortire l'effetto desiderato. Quando questo porta a singhiozzi spirituali incolpano il percorso e il maestro invece della propria mancanza di disciplina. "È come piantare un seme in un vaso", dice Gurunath facendo un esempio, "e poi, dopo pochi giorni, scavare per ripiantarlo in un nuovo vaso. C'è da meravigliarsi che non metta radici?" Allo stesso modo è necessario dedicare tempo e sforzi a qualsiasi tecnica appresa prima che possa mostrare risultati.

Ora ho l'abitudine di incontrare gli studenti prima che vengano a studiare la pratica, una sorta di tête-à-tête. È importante che lo studente stabilisca un rapporto con l'insegnante e che la loro interazione si fondi su una base di fiducia nell'insegnante. Conducendo oggi corsi di formazione per insegnanti, questo è il mio principale insegnamento per loro: la creazione di un legame di fiducia con i loro studenti. Per gli studenti, il mio consiglio è sempre quello di cercare un altro insegnante se non riescono a formare questa connessione, poiché questa è una relazione molto sacra basata sul rispetto reciproco. A mio parere gli studenti devono avere la libertà di lasciare l'insegnante, ma l'insegnante ha sempre una responsabilità nei confronti di ogni studente dovendoli aiutare sempre a rafforzare al meglio la pratica e la connessione con il Maestro. A mio avviso un maestro vivente è una rarità e l'insegnante che tiene lontano i propri studenti da lui compie un disservizio con conseguenze karmiche di vasta portata.

Gurudakshina: un'offerta per il maestro e l'insegnante.

Spesso incontro persone che non riescono a capire perché un insegnante spirituale debba farsi pagare un compenso. In India è diffuso un forte sentimento di risentimento quando un guru viene percepito indulgere in attività materiali. Nell'antica India i rishi e gli yogi erano considerati con grande rispetto e ricevevano il patrocinio dai sovrani. Il re e la comunità si prendevano cura di tutte le loro esigenze materiali in termini di cibo, alloggio, ashram e viaggi. La levatura dei saggi è misurata dal potere e dalla durata della loro pratica, dall'austerità con cui hanno condotto le loro vite e persino dalla loro capacità di influenzare i fenomeni naturali. Questi personaggi, in cambio o meglio per loro stessa natura, mantengono l'integrità spirituale e morale delle generazioni. Questo scambio costituisce anche un modo in cui il satguru ripulisce i debiti karmici del discepolo ed in un contesto più ampio del regno e, per questo, riceveva munificenza dal sovrano.

Oggi il tutto è semplificato e la gurudakshina è normalmente un importo fisso che retribuisce il loro tempo, le spese sostenute per il viaggio o il noleggio di un locale. E' comunque positivo disporre di una struttura retributiva equilibrata laddove l'intenzione dell'insegnante è condividere la pratica sacra e non accumulare ricchezza dall'insegnamento.

Qui bisogna fare una distinzione tra insegnante e maestro, possiamo infatti pagare un insegnante ma non potremo mai ripagare un maestro per quello che fa per noi, quindi qualunque cosa gli diamo può solo rappresentare un segno della nostra gratitudine.

Secondo Gurunath, con l'avvento della filosofia new-age del "cosa ci guadagno io?" l'intero tessuto del guru-shishya parampara - la relazione tra maestro e discepolo - sembra erodersi rapidamente, con la maggior parte delle persone che non esercita l'intuizione di guardare oltre l'ovvio. Spesso, il comportamento sia dei guru che dei discepoli è guidato dagli apparenti benefici che possono darsi l'un l'altro. È qui che la differenza tra il satguru e gli altri diventa evidente. Poiché il vero guru è responsabile dell'evoluzione spirituale dello shishya, ogni azione del maestro sarà dettata da questo motivo fondamentale. Se il maestro lascia che l'avidità o qualsiasi altro fattore interferisca con l'accettazione della gurudakshina o se l'intenzione del discepolo nell'offrire la dakshina è corrotta, questa azione non darà i suoi frutti. Sia coloro che danno che quelli che ricevono devono agire nel regno della pura motivazione senza secondi fini.

Molti discepoli, se investiti di un rango, immaginano erroneamente di avere la stessa statura del maestro. Spesso nel corso del mio insegnamento mi sento segretamente importante nel dimostrare una certa intuizione o posso provare questo sentimento di superiorità nell'essere elogiata da coloro che mi circondano. In questi momenti ho un piccolo esercizio per mantenere intatta la mia umiltà. Immagino di offrire la mia testa a Durga, la Mahishasuramardini.

Visualizzo la sua forma gloriosa, splendente in tutte le sue bellezze, cavalcando la tigre e brandendo tutte le sue armi. Metto la testa di fronte a lei e la guardo mentre mi taglia la testa con la sua spada splendente e poi la calcia via all'orizzonte. In quel momento posso misurare l'estensione del mio ego secondo il disagio e il dolore al momento della decapitazione. Poi, senza testa, mi sento liberata da un carico estremamente pesante fino alla volta successiva in cui questo mostro dalle molte teste si alza, e l'esercizio viene ripetuto di nuovo.

I discepoli insegnanti, a mio parere, non devono dimenticare che sono scelti dal satguru allo scopo di diffondere la parola o la pratica formulata dal maestro. Sono insegnanti grazie ad un titolo conferito loro dal maestro, l'unico in grado di giudicare le loro capacità e che, di conseguenza, ha conferito loro autorità. Personalmente credo via sia una sola gerarchia, Gurunath e tutti noi discepoli, vecchi, recenti e molto vecchi, insegnanti, insegnanti senior e insegnanti molto anziani.

Sentivo che Gurunath era riluttante a nominarmi Kriyacharya in un periodo in cui molti che erano appena arrivati e che, a mio limitato avviso stavano contribuendo molto meno, avevano ricevuto questo titolo. Sono sicura che avesse ragioni spirituali per aspettare, probabilmente per rafforzarmi. A parte questo, nel mio modo umoristico, ho una battuta personale sul fatto che per essere senior nella nostra organizzazione devi avere la capacità di farti crescere la barba. Essendo abbastanza competente nel portare a termine tutto il lavoro per Gurunath con il titolo che mi era già stato conferito, non desideravo davvero questo trofeo. Quindi anche come fui nominata Kriyacharya è stato tipico di me. Un giorno, durante il Mahashivaratri del 2009, Ayi era uscita per alcune commissioni lasciando a me i preparativi per la cena.

Dovevamo preparare le cotolette e il personale della cucina aveva reso le patate troppo molli. Quindi eccomi lì con la mano nelle patate appiccicose cercando di salvarle prima che Ayi tornasse, preoccupata perché mi aveva chiesto di organizzare la cena per tempo. Gurunath non aveva comunque una grande considerazione di me in cucina, pensava facessi sempre confusione. All'improvviso un discepolo, Amandeep, che è anche uno dei miei primi studenti, venne di corsa in cucina e disse con impazienza che Gurunath mi stava chiamando chiedendo che andassi immediatamente al satsang. Non mi fu nemmeno dato il tempo di lavarmi le mani, ma fui trascinata con le mani sporche di patate all'incontro sulla terrazza sopra la casa di Gurunath, in ashram.

Ad alcuni insegnanti senior era stato chiesto di sedersi di fronte al resto del gruppo, Gurunath mi fece segno di sedermi con loro ed io lo feci, con le mani appiccicose nascoste sotto il mio scialle. Poi Gurunath iniziò la cerimonia dell'investitura, mettendo il suo scialle attorno agli insegnanti ad uno ad uno ripetendo l'invocazione e nominando alcuni di noi Kriyacharyas, altri senior Hamsacharyas. Appena la cerimonia finì ero impaziente di andarmene e tornare in cucina prima che Gururmata Ayi tornasse, ma aspettavo il permesso come di consueto. Gurunath, con occhi scintillanti e un sorriso mi disse "Ora puoi andare" e io tornai in cucina. La potenza dell'iniziazione fiorì lentamente nei mesi e negli anni successivi nella forma di una maggiore responsabilità spirituale. Quest'anno Gurunath ha rafforzato l'investitura per alcuni di noi a Rishikesh, come se volesse rafforzare ancora una volta le nostre spalle collettive per spingere la ruota del lavoro del Guru con più facilità.

La relazione maestro-discepolo

Un giorno, seduta in meditazione, mi resi conto di una figura seduta con la sua schiena contro la mia. Di fronte al sole, la figura stava inghiottendo i raggi infuocati che venivano emessi dal sole. Sorpresa, mi resi conto che la forma era quella di Gurunath seduto con la sua colonna vertebrale che apparentemente si sovrapponeva e sosteneva la mia. Anche se le due spine dorsali non si toccavano potevo sentire il supporto come di un muro dietro di me, ero rivolta dall'altra parte, di spalle al maestro, eppure potevo vedere cosa stava succedendo. Osservai con stupore mentre ingeriva le onde ardenti dell'emissione solare. Poi questa stessa energia, attenuata e più delicata, si spostò entrando e fluendo nella mia spina dorsale. In quell'istante compresi il servizio svolto dal maestro per il discepolo: facendo attenzione che il discepolo non danneggi il suo delicato sistema cerebrale e nervoso con l'afflusso diretto dell'energia Kundalini, il maestro ne trasmette la quantità necessaria, dettata dal livello di preparazione di ogni sadhak. In questo modo, il maestro è unito individualmente a ciascuno dei discepoli iniziati. Capii inoltre che il vero maestro aiuta il discepolo nella sua realizzazione non solo attraverso l'insegnamento di alcune pratiche ma anche lavorando sottilmente e guidando lo sviluppo dell'allievo su un piano astrale.

Il satguru per i discepoli è come il sole e loro sono i pianeti che lo circondano, ogni discepolo riceve secondo la propria connessione. Come dice Gurunath, "Sei dio nella misura in cui conosci dio". Immaginai il raas leela - un Krishna circondato dalle gopi impegnate nella danza eterna della celebrazione. Questa immagine, per me, simboleggia il maestro con i discepoli. La danza eterna del satguru e del discepolo è sacra e mistica come la rotazione della galassia. Nel macrocosmo, l'immagine è duplicata nell'orbita della luna intorno alla terra, dei pianeti intorno al sole: l'intera galassia in questa incessante danza dell'evoluzione. Nel microcosmo, all'interno dell'atomo, lo stesso movimento infinito del protone e dell'elettrone che ruotano e danzano creando ed evolvendo la vita.

È il fango della mente non istruita che vede erotismo in questa danza. I non iniziati possono spesso fraintendere questa stretta relazione tra maestro e discepolo. Una volta una donna venne da me e mi chiese rozzamente: "Dormi con il tuo guru?" Anche se presa alla sprovvista le risposi "No", con una saggezza interiore che mi aveva reso imperturbabile da questa domanda scioccante "ma la mia intimità con lui è più profonda. Perché il respiro del guru scorre attraverso il mio e l'essenza del guru mi permea". Come posso spiegare la relazione tra maestro e discepolo che trascende il fisico ad una persona immersa nel corporeo, mi chiesi. Come si può spiegare il processo delle trasmissioni che abbattono tutte le barriere tra discepolo e guru?

Non c'è alcuna differenza di genere tra maestro e discepolo e coloro che la vedono sono a mio avviso a un livello molto basso di evoluzione spirituale. Per me Gurunath non è un guru "maschio", il suo corpo fisico può essere maschile ma l'essenza del guru che si irradia e alla quale mi connetto è senza genere. Allo stesso modo, quando insegno, non mi collego ai miei studenti come maschi o femmine. Gurunath insegna agli acharya che quando insegnano sono solo un'anima che insegna ad un'altra anima.

Nel legame tra maestro e discepolo, insegnante e studente, è quest'ultimo a essere più vulnerabile nella relazione. Il maestro sà come prendersi cura di lui, ma mi sono resa conto che come insegnante mi ha sempre aiutato ricordare questa dipendenza degli studenti e ad avere la massima cura di non trarne vantaggio.

Quando ho iniziato la pratica dello yoga ho prestato scarsa attenzione ai rami primari di yama e niyam, considerandoli delle bazzecole morali. Tuttavia, addentrandomi più a fondo nella pratica, si sono rivelate quali linee guida per la condotta sia del maestro che del discepolo. Seguirli senza consapevolezza, credo, porterebbe il praticante verso un atteggiamento morale insopportabilmente bigotto, ma se usati con comprensione intuitiva guidano la persona sulla strada del comportamento perfetto.

A volte il discepolo può trovare arbitrario il comportamento del maestro nei confronti dei seguaci. Ricevendo regali da alcuni ed apparentemente respingendone altri. Ho visto Gurunath accettare, rifiutare e regalare regali che riceve dagli alunni in maniera apparentemente casuale. Una volta, Gurunath mi chiese di restituire una somma irrisoria ad un discepolo che aveva fatto un acquisto per lui. Io involontariamente o perché era un importo così piccolo non vi prestai attenzione e, in seguito, fui ammonita da Gurunath che mi disse di andare a pagare immediatamente la somma. Vedendo il mio viso triste spiegò che mentre uno yogi si muove sul sentiero spirituale ogni azione deve essere pesata su una diversa scala di ripercussioni karmiche. È utile ricordare in quei momenti che il satguru lavora su un piano più sensibile, vedendo più di quanto sia evidente agli altri. Similmente accadde che un altro discepolo straniero gli aveva appena regalato un costoso scialle di pashmina, quando un altro discepolo entrò ed ammirò il bellissimo dono. Gurunath, senza esitazione, offrì lo scialle a questo discepolo: "Una volta che hai dato un dono, il ricevente deve poter fare quello che vuole, non essere attaccato ad esso in questo modo" disse, vedendo il volto abbattuto del discepolo che l'aveva portato originariamente. Gurunath rifiuta spesso le offerte sotto il principio del niyama-aparigraha, che significa "non accaparramento" o "non raccolta."

I cioccolatini esotici che riceve trovano la via verso lo stomaco di altri discepoli. Non mi dispiace affatto saccheggiare la sua scorta insieme ai suoi nipoti, mi piace pensare in silenzio come un topo, ma ovviamente il maestro sente!

Trovare il guru giusto

"Come facciamo a sapere che questo guru è giusto per noi?" chiese uno studente. Questa è una domanda ripetuta spesso. Esprime la paura di essere ingannati da un guru. Non sorprende dal momento in cui oggi, nella nostra epoca, i ciarlatani abbondano in questo campo come in qualsiasi altro, lo sfruttamento del credulone spirituale è comune e nuovi casi emergono ogni giorno. Gli studenti che cercano un guru o un insegnante devono solo avere un cuore puro e anche parole pronunciate invano possono condurli alla luce.

Mi ricorda una storia che sentivo da bambina da mia nonna. Ogni giorno, una pescatrice andava a vendere il suo pescato in una città vicina. Doveva attraversare il fiume per arrivarci. Sotto un albero di banyan nella piazza della città sedeva un santo che teneva dei discorsi quotidiani circondato dai suoi discepoli. Passando di lì un giorno lo sentì dire che il solo canto del nome delle divinità poteva consentire a una persona di camminare a piedi nudi attraverso fiumi. Questo la impressionò moltissimo poiché si rese conto che seguendo il suo consiglio avrebbe potuto salvare le poche monete che pagava ogni giorno al traghettatore per attraversare il fiume. Pertanto, dal giorno successivo, decise di cantare il nome di Dio e di attraversarlo. Questo andò avanti per un mese e, avendole fatto risparmiare un po' di soldi per l'attraversamento, decise di invitare il santo e i suoi seguaci a pranzo a casa sua. Il santo acconsentì volentieri e nel giorno stabilito, la pescatrice arrivò per portarlo a casa sua attraverso il fiume. Quando il gruppo raggiunse la riva del fiume, la pescatrice si preparò a attraversarlo nel modo abituale, a piedi, ma il santo attese e le chiese di portare la barca!

Quale deve essere stata la sua reazione in quel momento? Perse fiducia nonostante il fatto che sulla base dei consigli ascoltati stava compiendo il miracolo di camminare sull'acqua? Non cito questa storia per sminuire le preoccupazioni sincere ma l'esempio mostra che se il discepolo è sincero anche le parole pronunciate da guru che predicano e non danno alcuna esperienza possono agire come un impulso. Nella mia esperienza il vero maestro arriva sicuramente quando il discepolo è pronto per il discepolato. Fino ad allora, così come impariamo dalle altre nostre relazioni nella vita, impariamo anche da queste.

Una volta uno dei miei studenti si trovò innanzi ad un dilemma. Per sua stessa ammissione nel sedersi per meditare si chiese in cosa si era cacciato. Come sfida chiese mentalmente a Gurunath di dargli qualche segno dei suoi poteri e dimostrare che era un vero guru. Lo studente quasi saltò fuori dalla sua pelle quando sentì un forte colpo alla testa, che fu ripetuto tre volte e che mise fine a tutti i suoi dubbi per sempre. Molti discepoli ottengono tali segni durante le fasi dubbiose, ma possono essere troppo distratti per prestare attenzione. Ci sono molti esempi di questi episodi riportati da discepoli di tutto il mondo. Gurunath dice spesso che se il discepolo lo considera un amico, lui sarà un amico; se il discepolo lo segue come un satguru, sarà un satguru e se il discepolo lo considera un pezzo di straccio è quello che sarà per il discepolo. Molti discepoli considerano il loro maestro come Dio e il maestro lo diventa per loro. Il ricercatore deve usare la propria percezione per stabilire il calibro del guru. Vedo la mia connessione con Gurunath sempre come quella tra maestro e discepolo, vita dopo vita, e per quanto mi riguarda non ho un concetto di Dio come entità separata. Unirmi al guru tattwa o all'essenza significa per me fondermi in Dio.

Il vero guru è sempre lì a guidare i discepoli sinceri quando sono disturbati. Nel corso della stesura di questo libro è arrivato un momento in cui sono stata assalita da dubbi. Ero ansiosa e avevo scrupoli sulla mia capacità di produrre qualcosa di utile e, dato che Gurunath era via, mi sono sentita ancora più abbandonata. Niente stava andando bene. Preoccupata e piena di dubbi in merito a qualunque talento potessi avere, ero pronta a rinunciare. Quella notte mi sedetti a meditare e, come è mia abitudine, mi collegai a Gurunath per ricevere la sua grazia. Immediatamente, la stanza si riempì di una bella luce morbida e blu. Il viso di Gurunath emerse in mezzo a questa luce e questo fu il messaggio rassicurante che mi comunicò: "Jyoti", disse Gurunath con un sorriso, "come hai scritto finora, completerai il resto. Le persone che arrivano a te vengono inviate per aiutarti a portare a termine il tuo libro. Quindi abbi fiducia nella natura che è sempre nutriente e funziona nel tuo miglior interesse". Mi sentii calmata e confortata da questa trasmissione mentre le mie paure, apparentemente ingiustificate, venivano messe a tacere. Il discepolo deve essere aperto a tali messaggi che vengono comunicati dal maestro.

Un buon consiglio per sapere se il Guru è giusto per te è seguire la tua guida interiore. All'inizio osserva il risultato della pratica, quanto piacere ti dà, l'evidente beneficio per il corpo fisico, emotivo e mentale. Soprattutto fai una valutazione equa del tempo dedicato alla disciplina, la potenza della pratica e la sincerità del maestro. Un satguru trasforma i seguaci infondendoli con qualità di coraggio, compassione, sincerità, gioia e felicità. Osserva i sottili cambiamenti nel tuo comportamento, come le reazioni a situazioni simili si alterino, come le parole del maestro ti guidino nei momenti di stress. Usando questi suggerimenti il ricercatore può uscire alla ricerca del guru con cuore e mente aperti. Non lasciare che le notizie sui ciarlatani o sulla loro esperienza scoraggino o smorzino la ricerca. Hai mai notato un bambino che impara a camminare? Ogni caduta è seguita dalla lotta per alzarsi.

Come tutti i veri maestri, Gurunath attinge sempre da esempi di vita reale per insegnarci lezioni spirituali profonde. Il nostro bellissimo giardino a Panchvati ad un certo punto è diventato illegale per ordine dell'amministrazione di Chandigarh che vietava agli agricoltori di usare la loro terra per qualsiasi altra attività commerciale oltre all'agricoltura. Chiamalo destino, chiamalo malocchio, ma a tre anni dall'inizio della nostra nuova attività il nostro giardino fu sottoposto ad un ordine di demolizione. Un anno dopo la demolizione di Panchvati Gurunath era di nuovo in visita a Chandigarh. Ero molto apprensiva, preoccupata per l'organizzazione dell'evento perché non c'erano strutture rimaste sul posto, nessun bagno o servizio igienico. Non c'erano fondi per noleggiare un altro posto quindi organizzai il programma nello stesso luogo installazione tende temporanee e richiedendo al consiglio comunale l'istallazione di una toilette temporanea molto brutta e poco pratica. Eravamo circondati dai detriti della demolizione.

Una sera durante i nostri soliti discorsi attorno al falò un discepolo chiese come si dovesse pregare Dio, Gurunath allargò le braccia e rispose: "In questo modo! Il mondo esterno potrebbe essere in rovina, la tua vita potrebbe sgretolarsi ma guarda, eccoci in mezzo a queste rovine a celebrare la vita e ad amare Dio." Trascorremmo l'intera settimana in tende improvvisate dormendo sotto le stelle. Fu uno dei momenti più memorabili della mia vita, il meteo fu dalla nostra parte anche se era la fine dell'inverno ed erano possibili pioggia e temporali. Tutto ciò fece rendere conto a molti di noi quanto poco ci servisse per essere veramente felici.

Ancora oggi Gurunath menziona con affetto quell'anno a Panchvati come uno dei suoi più memorabili "campi di vita" come chiamavamo i ritiri in quei giorni. "Applicare i mezzi necessari per raggiungere i fini necessari", afferma Gurunath e l'applicazione pratica di questo adagio mi ha reso sempre più proattiva nei momenti in cui nulla sembrava muoversi nella vita, che si trattasse di sadhana, lavoro o di semplici faccende domestiche. Per ottenere i risultati desiderati il ricercatore deve effettuare il tentativo richiesto. Quindi continua nel tuo sforzo di cercare il maestro giusto e la pratica giusta fino a quando non vengono trovati entrambi, se è quello che desideri.

Quando Gurunath è in visita invito le persone a venire a incontrarlo, esaltando le sue virtù come un raro siddha che è anche facilmente accessibile. Molti rimangono mentre altri se ne vanno poco entusiasti del suo comportamento semplice e della sua schiettezza. Una volta, un funzionario del governo di alto rango venne a incontrare Gurunath. Era un uomo colto, un astemio e un vegetariano rigoroso. Se fosse rimasto colpito avrebbe potuto aiutare notevolmente la nostra organizzazione. Rimasi sbalordita quando in sua presenza Gurunath accettò un bicchiere di birra da un altro discepolo e iniziò casualmente a parlare dei pro e dei contro della dieta nella vita di uno yogi. Disse che avrebbe preferito uscire nella giungla cacciare e mangiare la carne di un cervo, piuttosto che uccidere un povero ortaggio indifeso che non può salvarsi scappando da lui. Raccontò anche la storia di due Nath Yogi in meditazione. Apparentemente erano così affamati dopo la loro sadhana continua durata oltre un decennio che quando trovarono un corpo che stava per essere cremato, lo presero immediatamente a morsi per placare la loro fame!

Inutile dire che quel funzionario del governo non tornò mai. Sapevo che Gurunath preferiva una dieta vegetariana per i sadhak praticanti, paragonava spesso le sostanze intossicanti all'acqua di scarico, ed era molto duro con quegli alunni che erano ossicodipendenti regolari, aiutandoli costantemente a rinunciare alle loro abitudini attraverso la pratica.

Più tardi commentai che quella era una persona importante che avrebbe potuto aiutare la nostra causa e che forse Gurunath avrebbe dovuto impressionarlo con alcune intuizioni sorprendenti. Non mi rendevo conto che stavo cercando di usare il maestro come un artista per attirare una folla. Spesso le persone che venivano ad incontrarlo erano più interessate a fare sfoggio delle proprie conoscenze sulle scritture e sui libri sacri piuttosto che essere aperte all'apprendimento da questo incontro. Ero divertita dal modo in cui alcuni continuavano ad interromperlo per esprimere le proprie opinioni piuttosto che ascoltare il maestro. Gurunath taceva e permetteva loro di andare avanti, i suoi occhi pieni di gentilezza e compassione. "Jyoti" avrebbe detto in seguito con intuizione, "sono venuti per un buon tè e della conversazione garbata non sono venuti qui per morire". Capivo cosa intendesse dire, ma mi sentivo ancora frustrata dal fatto che ciò che era così ovvio per me non lo fosse per molti.

Mi rattrista il pensiero che quando c'è un maestro vivente davanti a noi sospettiamo le sue motivazioni e critichiamo i suoi insegnamenti ed opinioni e, quando non c'è più, ci lamentiamo del fatto che abbiamo perso l'opportunità di imparare e di capire che oggi non ci sono più esseri così elevati! Quanto a me un Gurunath vivente ha più significato di innumerevoli Krishna, saggi o santi morti.

A quanto ho capito il guru è come una persona in cima a una alta montagna che ha una visione d'insieme della terra, mentre i discepoli stanno salendo sulla strada. Da quella posizione il maestro può vedere i pericoli che si nascondono sul sentiero - come un animale feroce dietro un cespuglio o un masso sul percorso - e guida i discepoli di conseguenza. Qualche volta ciò che sembra una deviazione inutile è in realtà una manovra tattica per rendere le cose più facili al discepolo, un periodo difficile necessario per renderlo forte. Ai discepoli viene dato ciò di cui hanno bisogno per accelerarli sul cammino dell'evoluzione spirituale e non quello che vogliono. Esiste una relazione unica tra i discepoli e il maestro che li affronta individualmente, costruendo l'ego di alcuni discepoli e soggiogando quello di altri, smussando delicatamente i bordi ruvidi. Non c'è motivo per passioni quali la gelosia o l'invidia tra gli studenti poiché il guru è lì, nella totalità, per ogni discepolo. Sono i discepoli che, con la loro comprensione limitata, non sanno come accettare o comprendere pienamente questa abbondanza. "Abbandonate la competizione" Gurunath ci consiglia costantemente.

I veri guru spesso scendono ai livelli umani per connettersi con i discepoli, l'ho visto molto spesso con Gurunath quando si unisce a noi nelle battaglie di neve in Himalaya, lanciando palle di neve ai suoi discepoli e incoraggiandoli a colpirlo senza ritegno. Lamentandosi dei suoi dolori o delle normali difficoltà allunga la mano ai discepoli nel loro dolore e nelle loro frustrazioni. La sua interazione è unica con ciascuno dei discepoli e tutti ricordano momenti teneri che sono accaduti apparentemente solo tra i due.

Questa per me è la bellezza del rapporto tra maestro e discepolo, il fatto che ogni discepolo può tracciare un percorso fatto di esperienze con il maestro che è unico, solo per lui. E anche se queste esperienze possono differire e persino contraddire quelle degli altri, sono personalizzate esclusivamente per loro dal maestro per l'evoluzione della loro anima individuale.

CAPITOLO 4

ESPANSIONE DI SENSIBILITÀ ED ESPERIENZE DI KUNDALINI

Le esperienze qui menzionate sono risultati secondari della sadhana yogica data da Gurunath. Sebbene gradevoli, Gurunath avverte gli studenti di non essere eccessivamente influenzati da fenomeni quali la visione dell'aura, le intuizioni sul passato o sul futuro o le esperienze con gli spiriti. Gurunath non interferisce consapevolmente con il Bardo Thodol. Spesso ribadisce che lo scopo della pratica yoga è realizzare la verità sul viaggio dell'anima e che, per questo, la sadhana deve essere praticata con dedizione. Tuttavia, non ho avuto alcun controllo sui seguenti episodi che sono accaduti in modo imprevisto. Così, li ho goduti con timore reverenziale, gestendoli senza problemi, con la consapevolezza che fossero il risultato della mia pratica e non un segno di prodezza spirituale.

Una fredda giornata invernale, pochi mesi dopo il mio primo incontro con Gurunath, stavo indulgendo nel passatempo preferito della maggior parte degli indiani ovverosia bevendo una tazza di chai caldo. Avevo le mani attorno alla tazza per beneficiare del calore ed ero seduta rannicchiata nel mio scialle quando sono caduta nella tazza. Continuavo a cadere come Alice nella tana del coniglio. Avevo la sensazione di cadere e di alzarmi allo stesso tempo. Mi vedevo seduta immobile con la tazza tra le mani ed allo stesso tempo ero nella tazza... poi, con la sensazione di dissolvermi, mi sono trovata nel giardino del tè, ero la foglia di tè ed ero anche la donna che mi stava cogliendo. Stavo bevendo me stessa.

Pochi giorni dopo, in un caldo pomeriggio soleggiato, stavo leggendo un libro quando improvvisamente il mio corpo sembrò sciogliersi e confluire nella cornice di legno del mio letto, sul quale stavo riposando. Ancora una volta, ebbi la sensazione di cadere ed alzarmi allo stesso tempo ritrovandomi in una foresta – una fitta giungla buia nel nord-est dell'India. Ero il teak alto e il taglialegna che lo tagliava. Tutto si mescolava, il letto, l'albero, la foresta, il taglialegna ed io. Durante entrambi gli episodi, la mia consapevolezza era potenziata in vari modi, talché potevo annusare, sentire, ascoltare e vedere con grande chiarezza sia il giardino del tè che i dintorni della foresta.

Le cose arrivarono a un punto tale che sedendomi in giardino fluivo negli alberi, nell'erba e nei fiori, sentendomi personalmente spogliata quando venivano potati o strappati. Un'esperienza dolorosa visto che Jujhar era sempre pronto con le cesoie a tagliare, tagliuzzare e potare piante e alberi in giardino.

Camminando lungo il lago iniziai a "sentire" i pensieri delle persone che mi attraversavano ... il più delle volte si trattava di un ronzio elettronico ma a volte era una frase chiara. Era come se si fosse aperta una diga ed io non ero in grado di controllare il flusso dell'acqua.

Questi episodi continuarono a moltiplicarsi e divenni sempre più consapevole dei campi energetici, a volte mi sentivo euforica, altre volte completamente sconcertata. L'episodio successivo accadde un giorno in cui andai a prendere mia figlia Sukhmani a casa di una sua amica. Trascorsi lì solo dieci minuti, ma quando me ne andai mi sentii male, e nel guidare verso casa sentivo qualcosa di viscido che ricopriva la macchina, la mia pelle e i miei capelli, provocando un brivido di repulsione che mi attraversava. L'intera atmosfera circostante la casa sembrava satura di energia oscura. Tornata a casa mi misi sotto la doccia, rimanendovi a lungo e strofinandomi per pulirmi a fondo prima di riuscire a sentirmi di nuovo pulita.

Il quartiere dove mi ero recata era una colonia abitativa di un particolare gruppo di funzionari governativi. Le loro azioni sembravano aver influenzato l'intero ambiente del quartiere. Anche se alcuni di loro erano senza pecca, erano troppo deboli per fare la differenza nell'aura della zona. Immagino che allo stesso modo le buone azioni e i buoni pensieri creino un'aura congeniale, ed è per questo che alcuni luoghi donano conforto ed altri una sensazione di disagio. In seguito aumentai l'intensità di una serie di esercizi insegnati da Gurunath che formano uno scudo di luce e suono intorno al corpo, proteggendo l'allievo dall'energia dannosa di luoghi e persone.

Un giorno un'amica e suo figlio passarono a trovarmi e nel parlare di aure e campi energetici, inavvertitamente le feci sapere che avevo la capacità di percepirli e lei mi chiese immediatamente di leggere l'aura di suo figlio. Questo accadeva nei primi tempi di queste mie percezioni ed esperienze e non avevo ancora imparato a restare ferma nella decisione di non fare tutto ciò solo per soddisfare la curiosità altrui. Oggi credo che a meno che l'informazione non venga utilizzata in modo positivo, non serva a niente conoscere lo stato dell'aura. Pertanto provo a non usare questa abilità in modo frivolo. Tuttavia, quel giorno, eccitata dal mio nuovo talento, dissi loro che la sua aura rivelava una persona chiusa e non comunicativa, che non esprimeva le sue emozioni. Gli suggerii di praticare alcuni esercizi per bilanciare il chakra coinvolto.

In seguito venni a sapere che ogni giorno questo ragazzo si vestiva e lasciava casa per andare a scuola, ma che non aveva mai frequentato una lezione, trascorrendo il suo tempo in giro per il mercato.

I suoi genitori lo avevano scoperto tramite una lettera ricevuta dalla scuola. Marinava la scuola in questo modo da sei otto mesi. Se abbia mai praticato gli esercizi che gli ho insegnato e se lo abbiano aiutato in qualche modo non l'ho mai saputo, i suoi genitori smisero di visitarmi subito dopo quell'incontro. Comunque mi resi conto, anche in altri casi come questo, che potevo in larga misura valutare lo stato mentale di una persona in base a ciò che la sua aura rivelava.

Tuttavia, queste esperienze mi lasciavano disorientata ed a vagare nelle mie ore di veglia. Era come se fossi nel mio corpo e fuori di esso allo stesso tempo! Non avevo alcun desiderio di parlarne con nessuno. Esternamente ero apparentemente normale ma dentro di me c'era una sensazione fluttuante. In quel momento ero anche afflitta da terribili mal di testa, ma rifiutavo le medicine, sapendo intuitivamente che non si trattava di un sintomo fisico ma che aveva la sua fonte altrove. Notai che dopo ogni attacco di mal di testa la facoltà di "vedere" le aure migliorava sostanzialmente.

A volte, mentre guidavo o camminavo, un ciclista o un pedone passava attraverso una scia di sfumature multicolori. Una spruzzata di arancione con un po' di verde, o prevalentemente blu brillante con una sfumatura di rosso, ed ogni volta il colore rivelava qualcosa sullo stato fisico, emotivo o mentale della persona. Imparai così a godermi la vista dell'aura senza giudizio.

Iniziai a rendermi conto di quanto fosse facile essere sedotti dal fascino del fenomeno new age della lettura delle aure, della regressione alle vite passate, della divinazione del futuro e della comunicazione con gli spiriti attraverso medium psichici: tutte cose da cui Gurunath mi aveva avvisato non avrei dovuto rimanere colpita.

Se non mi fossi protetta questa capacità avrebbe potuto assumere un significato maggiore della pratica spirituale effettiva, fonte di tale talento.

Presto fui in grado di ignorare e persino disattivare a piacimento questa facoltà. Mi sembrava di sbirciare nella vita privata degli altri e farlo per amore di una semplice curiosità non mi sembrava giusto. Oggi presto a malapena attenzione ad essa e solo quando sono guidata da un'influenza più alta, mi permetto di portare l'attenzione sull'area problematica.

La magia dell'albero di Peepul e altri

C'è un enorme albero di Peepul all'ingresso del lago Sukhna

a Chandigarh, dove vado a camminare regolarmente da oltre due decenni. In tutti questi anni avevo notato questo albero solo per la sua bellezza estetica, senza prestargli particolare attenzione. Ma quel particolare giorno, una calda serata estiva dell'anno 2000, non appena scesa dalla macchina a mezzo chilometro di distanza dall'albero, fui abbracciata da un'energia dorata. Mentre continuavo a camminare, l'attrazione di tale energia continuava ad aumentare, fino a quando non capii che la sua fonte era l'albero di Peepul. Un ronzio dolce emanava da esso e la luminosità dorata avvolgeva l'intero lago. L'energia che si irradiava verso l'esterno ricopriva tutti quelli che stavano camminando che erano inondati da questa luce.

Passando sotto l'albero sentii il mio corpo saturo della carezza di questa energia amorevole e il mio senso dell'udito subì una sottile alterazione, permettendomi di riconoscere nell'apparente ronzio il canto melodioso e ripetitivo di "Buddham sharanam gacchami ..."

Gautama il Buddha aveva raggiunto l'autorealizzazione sotto un albero da allora chiamato l'albero di Bodhi. L'energia sprigionata da

quell'evento aveva elevato tutti gli alberi del mondo?
Era la prova di ciò che Gurunath diceva in merito alla spinta che tutta la natura riceve quando una persona raggiunge l'illuminazione? Mi meravigliai davanti a questo incredibile evento. Mentre mi guardavo intorno, mi resi conto che ogni albero e cespuglio presente irradiava energia in diverse tonalità, alcuni più altri meno, ma che tutti donavano liberamente.

Sembrava che solo ego ed ignoranza mi avessero finora impedito di ricevere consapevolmente quel dono incondizionato. Le persone che camminano qui hanno solo bisogno di aumentare il loro grado di consapevolezza per poter percepire e partecipare più liberamente a questa generosità. Probabilmente lo fanno senza consapevolezza perché nel tempo ho visto molte persone fermarsi pensierose sotto l'albero, apparentemente senza motivo.

Sentii le lacrime agli occhi nel realizzare l'altruismo generoso della natura in contrasto con il mio egoismo. Ho passato la vita a bilanciare crediti e debiti, desiderando sempre più di quello che davo nell'amore, nelle relazioni, negli affari e in tutti gli aspetti della vita.

Dopo questo episodio, le mie esperienze con gli alberi aumentarono innumerevolmente. Una volta mi fermai sotto l'albero dei desideri di un tempio che stavo visitando. Si trattava di un albero di Peepul, e c'erano fili rossi infilati dappertutto, a significare desideri; la gente li lega all'albero mentre prega per la realizzazione di desideri quali passare un esame, avere una buona opportunità di lavoro, trovare una moglie o un marito adatti per i propri figli, raggiungere il successo negli affari ed altro. Quando questi sono soddisfatti, tornano per sciogliere il filo e la maggior parte finisce per legarne un altro per un nuovo desiderio, poiché i bisogni umani raramente sono completamente soddisfatti.

Mentre stavo sotto questo albero, ebbi nuovamente un'alterazione dell'udito ed il sussurro di un milione di desideri mi divenne chiaramente udibile. La cacofonia era orribile, i desideri disperati di milioni di cuori che si fondevano creando questo ronzio inumano. Mi fece venire voglia di strapparmi i capelli e correre via lontano tappandomi le orecchie. Sentii il peso di tutti questi desideri gravare sull'albero che tuttavia continuava a servire l'umanità gioendo nel poterlo fare.

Durante i mesi seguenti, la mia coscienza si aprì sempre di più e ogni giorno mi venivano comunicati nuovi messaggi. Quando iniziai la ricerca di editori per questo libro in India, due di essi accettarono. Ero in dilemma su chi scegliere, poiché uno era più vicino a casa e sarebbe stato molto conveniente, mentre l'altro era in una città lontana.

Mentre camminavo al lago una sera, cercavo di decidermi su quale dei due avessi dovuto scegliere definitivamente, chiedendomi se avessi dovuto basare la mia decisione unicamente su ciò che mi veniva offerto nel contratto. Contemplando silenziosamente, guardai l'albero e una scintilla luminosa emerse da esso illuminando quello che sembrava il mare.

Un albero cresceva ad un'altezza di pochi piani accanto ad una finestra, e, sbirciando all'interno, potevo vedere il mio libro appoggiato su un tavolo. Un momento prima stavo camminando al lago e quello dopo una sorta di illuminazione simultaneamente all'esterno e nel cervello mi esponeva quella visione.

A seguito di questa intuizione, decisi di firmare con i miei attuali editori che si trovano in una città di mare. Ero elettrizzata quando incontrai l'editore, condivisi con lui la visione avuta e mi diede conferma dell'esistenza di un tale albero che cresceva fuori dalla finestra dell'ufficio che guardava verso il mare.

Sono molto grata a questo editore per aver accettato il mio libro in un momento in cui sarebbe stato impossibile per me auto-pubblicarlo ed anche per avermelo restituito oggi in modo da poterlo ristampare con nuovi input e rivelazioni.

Tutte queste esperienze con gli alberi mi ricordarono un episodio accaduto nella fattoria parecchio tempo prima. Eravamo appena sposati e piantammo un alberello di mango nel nostro giardino che per molti anni non diede frutti. Successivamente lessi da qualche parte di un rituale eseguito da alcune tribù dell'India centrale: se un albero non produceva frutti, il giardiniere prendeva un'ascia e faceva dei leggeri tagli sul tronco esclamando ad alta voce che l'albero sarebbe stato tagliato per legna da ardere se non avesse prodotto un raccolto. Un po' scherzando, una sera recitai questa scena davanti al mio albero di mango sterile, accompagnata dalle mie due giovanissime ragazze e da un'ascia, ridendo continuamente della mia follia.

Immaginate la mia sorpresa quando la stagione successiva vidi l'albero impollinare, seguito da una bella produzione di manghi. Di questo albero ancora ad oggi godiamo i frutti. A quel tempo, ricondussi tutto ad un colpo di fortuna, ma ora mi chiedo se la mia minaccia abbia davvero funzionato e se davvero gli alberi abbiano una coscienza.

La relazione tra alberi e umani mi fu ulteriormente chiarita quando la signora Chand, una mia amica, mi raccontò il seguente episodio. Vivendo da sola in una grande casa, era esasperata da un albero di eucalipto che disseminava di foglie il suo cortile causando molta irritazione agli addetti che dovevano pulire la zona più volte al giorno. Così, un giorno, chiamò un taglialegna locale e vendette l'albero per qualche migliaio di rupie, poiché era piuttosto vecchio e maturo. Il taglialegna le pagò persino un anticipo promettendo di tornare il giorno dopo. Quella notte lo spirito dell'albero nella forma di uno yogi le apparve in un sogno e le rimproverò la decisione presa di abbatterlo. Secondo lei, lo spirito le chiese di permettergli di continuare a meditare pacificamente come aveva fatto per tanti anni. Il giorno successivo, dunque, restituì i soldi al taglialegna scontento e l'albero rimase lì dove si trova ancora oggi, disseminando gioiosamente di foglie quell'angolo e fornendo pacciame per il giardino. Sono stata benedetta da visioni di molti yogi che meditavano sotto gli alberi nel giardino di Chand, apparentemente su una via di passaggio. La sua casa è molto vicina al lago Sukhna e in altri giorni vidi alcuni degli stessi esseri seduti serenamente sotto l'albero di Peepul.

Tuttavia, una delle mie esperienze più impressionanti è avvenuta di recente con un altro albero più giovane sulla riva opposta del lago Sukhna. Una sera di fine inverno, stavo camminando verso quel lato quando vidi una bellissima luce blu che si irradiava da questo albero. Era già il crepuscolo e la luminosità si diffondeva in cerchio attorno all'albero, con lampi d'oro e rosso mescolati al blu. Traevo piacere a guardarlo ma non riuscivo a decidere se sconfinare ed avvicinarmi o, con delicatezza, passarvi accanto.

Mentre guardavo pensierosa, l'intero albero si trasformò nella figura di Shiva con il Gange che scorreva dalle ciocche dei suoi capelli: mi sentii immediatamente immersa nelle acque fredde che mi inzuppavano e che sembravano fluire dentro di me attraverso il chakra della corona - Sahasrahar. Non ci sono parole adeguate per spiegare quella sensazione, era una totale inondazione dell'anima. Il rosso e l'oro si trasformarono in Parvati e Ganesh ed io fu invitata - attraverso una comunicazione inspiegabile - a sedermi sotto l'albero per alcuni momenti, cosa che feci. Mentre sedevo, ondeggiando leggermente con il potere dell'amore che scorreva attraverso me, sentii l'albero che mi offriva un dono che avrei dovuto raccogliere. Aspettai che la sensazione diventasse più forte, fino a che mi costrinse a muovermi e cercare intorno all'albero.

Alla base dell'albero, trovai un rigonfiamento che all'inizio pensavo facesse parte delle radici ma che, a ben vedere, era una pietra che sembrava crescere dall'albero stesso. Quando smossi la pietra questa saltò nelle mie mani come se mi fosse stata destinata. Ha adornato la stanza in cui tengo regolarmente lezioni di yoga per molti anni, donandomi scorci dello Shivparivar - la famiglia di Shiva. Ciò che non è molto noto è che Shiva aveva una figlia di nome Jyoti, così, in modo molto infantile, mi sentivo come se fossi entrata di nascosto nella loro famiglia. La presenza di questo dono magico ha portato grande gioia e ricchezza nella mia vita in termini di avanzamento in tutti i campi: fisico, materiale e spirituale. Dopo molti anni, avendo raggiunto una sadhana più profonda, ho lasciato andare questa roccia nella terra del mio giardino dove riposano anche tutti i miei cristalli.

Un albero di gomma australiano molto vecchio, comunemente

noto come eucalipto, cresce dietro la mia casa. Non è un albero indiano nativo, ma ad un certo punto il governo indiano ne importò milioni dall'Australia, sono sicura che l'accordo riempì le tasche di qualcuno. Questo albero è vecchio come gli anni che ho trascorso qui, essendo uno dei primi alberi che abbiamo piantato. Ho sempre sentito una tenera affinità con lui, dettata dal sapere che in qualche modo colleghi il mio "sentiero del canto" all'antica Australia sin dal mio primo viaggio nel 1992, e dalla mia associazione di vite passate con quella terra. In una delle mie recenti visite in Australia per fondare la comunità di Gurunath, ho incontrato una signora che aveva imparato il Kriya Yoga dal nostro insegnante locale, lei stessa ora un'insegnante di yoga, e che stava organizzando il mio evento a Ballarat, Victoria. Durante il mio corso sarei rimasta nella sua fattoria in periferia in un'accogliente stanza di fronte alla campagna.

Un giorno seduta per la sadhana a tarda notte sentivo l'assoluta quiete intorno a me. Mentre andavo più in profondità, iniziai a sentire quello che sembrava un canto commovente in una vecchia lingua. Era bello e mi toccava nel profondo, con tenerezza. Mi resi conto che era una canzone emanata da un albero antico che raccontava la storia della terra, voleva che qualcuno lo sentisse prima di scomparire. La condivisi con la mia amica Susan il giorno successivo. Ci dirigemmo, quindi, verso un albero molto vecchio nella sua proprietà che era stato lì per molti decenni. Guidate internamente, facemmo una semplice cerimonia per riconoscere il contributo di questa antica matriarca che stava impedendo di perdere la storia della terra. È interessante come questo albero fosse così puramente matriarcale a differenza dell'albero nel mio cortile che io chiamo l'albero matripatriarcale - un termine coniato da me – essendo intriso di entrambe le qualità della madre e del padre, l'essenza di equilibrio, forza d'animo, nutrimento, forza, saggezza e coraggio, le cui vibrazioni di quiete permeano l'intera area. Le radici dell'albero sono saldamente radicate nelle fondamenta della mia casa e nei piani interni.

Esperienze paranormali di altri regni

Un giorno, all'inizio del 2001, uscii nel mio giardino e rimasi sorpresa dalla visione di uno spettro seduto in cima alla serra. L'immagine di questo spettro brillava come se non fosse fatta di sostanza ma fosse un gioco di aria e luce. All'inizio pensai che gli occhi mi stessero giocando brutti scherzi, ma quando guardai di nuovo, era ancora lì. La prima emozione fu di pietà per questa patetica cosa esile che mi guardava. Devo chiarire qui che, sebbene senza sesso, aveva sicuramente qualcosa di maschile. Questa scena andò avanti per alcuni giorni, con me che fingevo di ignorarlo desiderando che andasse via e lo spettro che vegliava attento. Poi, un giorno, uscita per raccogliere alcune verdure del mio giardino, l'apparizione con un movimento fluido fluttuò e si prostrò ai miei piedi per offrire in modo abietto i suoi servizi. Sebbene la conversazione fosse mentale e non fossero state pronunciate parole, la comprensione era perfetta. Si offrì di fare qualsiasi cosa per me, dall'organizzare viaggi all'estero e versare denaro in banca, alla possibilità di attrarre più studenti e grandi riconoscimenti nel campo da me prescelto. Tuttavia, in qualche modo, mi arrivarono segnali di avvertimento prima che potessi accettare questa interessante offerta.

In quel momento della mia vita, ero già molto addentro la pratica ed ebbi l'intuizione di capire che se fossi stata abbastanza avida da permetterlo, in poco tempo sarei diventata una persona viscida comandata dallo spettro. Quindi, senza neanche preoccuparmi di rispondere, mi allontanai. Tuttavia, l'apparizione non andò via e continuò la sua veglia. Avevo sentito dire che tali esseri potevano danneggiare e persino possedere le persone nei momenti di loro depressione, rabbia o sotto l'influsso di qualsiasi tensione emotiva, rendendole vulnerabili a tali influenze. Dato che queste erano emozioni comuni in una casa di due ragazze adolescenti, avevo paura per le mie figlie.

Chiamai Gurunath per condividere questa situazione con lui e chiedergli se poteva suggerirmi qualcosa. Mi diede specifici mantra sacri da recitare e riti speciali da celebrare nei giorni seguenti. Ogni giorno, mentre eseguivo i rituali, lo spirito continuava a guardare le mie azioni seguendomi con i suoi occhi tristi. L'ultimo giorno, mentre completavo i rituali, ci fu un lampo accecante e l'apparizione si disperse nella luce come se fosse stata liberata dal suo stato sfortunato. Mi avvolse la dolce sensazione di un atto ben fatto, sentendomi in pace con me stessa per aver aiutato quello spirito in difficoltà.

A volte sono stata uno strumento per dare messaggi a miei amici attraverso alcune intuizioni chiare che mi sono arrivate. Uno di questi episodi si è verificato con la mia amica Chand. Come è sua abitudine, Chand mi chiamò un giorno chiedendomi di pregare e mandare un po' di energia per sua madre che non stava bene. Sedendomi a meditare un po' più tardi, mi arrivò il messaggio che sua madre non sarebbe sopravvissuta alla notte. Fui travolta dal bisogno urgente di chiamarla immediatamente per riferirle l'intuizione, sciocatta dalla mia certezza e dalla mia audacia.

Era sconvolta e arrabbiata per la mia previsione, poiché sua madre non era molto malata e così bruscamente riattaccò il telefono. La mattina dopo, chiamò per dire che sua madre era morta quella notte e mi ringraziò per averla aiutata a prepararla. Era stata in grado di adempiere ad alcuni doveri verso sua madre, cosa che non avrebbe potuto fare se non fosse stato per la premonizione tempestiva.

Qualche anno dopo, mentre mi trovavo a casa sua, lo spirito di sua madre apparve di nuovo per chiedermi di dire a sua figlia di smettere il lutto così da permetterle di andare avanti. Nonostante fossero passati molti anni, la mia amica continuava a soffrire profondamente per la perdita di sua madre e questo sembrava essere molto doloroso per l'anima, rendendole difficile il viaggio verso altri piani. Da allora mi arrivarono molte intuizioni sulla mia relazione con Chand nelle vite passate il che potrebbe essere stata una ragione di questa particolare empatia per la sua situazione. Un altro episodio si verificò quando partecipai alla cerimonia che si tenne in occasione del decimo giorno dopo la morte del padre di un amico di Jujhar. Mentre sedevo immersa nel kirtan del gurudwara, seguendo delicatamente il mio respiro come è mia abitudine, vidi la forma del padre e sentii la sua presenza. Avendo conosciuto questo amico solo di recente, avevo incontrato suo padre molto occasionalmente e non lo conoscevo bene. Mentre guardavo affascinata, lo spirito mi condusse a casa del mio amico dentro un ripostiglio. Lì c'erano molti bauli e scatole e aprendone uno, mi mostrò alcuni fogli. Quando tornai a casa, fui davanti a un dilemma perché questo nuovo amico era un ateo convinto a quel tempo e non sapevo come avrebbe reagito ad una informazione come questa. Avevo quasi deciso di non dire nulla, ma sapendo che mi era stata affidata una informazione, sapevo che dovevo fare la cosa giusta. Così chiamai l'amico di Jujhar e gli raccontai l'intero episodio avvenuto nella Gurudwara, e, sentendomi immediatamente sollevata dal quel peso, dimenticai tutto prontamente. Dieci anni dopo mi raccontò come lui e sua sorella avessero cercato ovunque senza successo il testamento del padre ed altri documenti e come poi, ricordando la mia visione, li avessero ritrovati nel ripostiglio del negozio. Mi chiedevo perché avesse aspettato dieci anni a dirmelo, a volte è solo una riluttanza della mente a riconoscere che tali cose sono possibili.

Anch'io resto sorpresa quando si verificano tali episodi, perché ci deve essere un livello nel quale siamo tutti collegati a una fonte comune di coscienza che consente a questi sottili messaggi di filtrare. Forse è la pratica a far sì che la barriera tra due piani diversi si sciolga, permettendo a questi esseri di comunicare con facilità.

Jujhar aveva perso entrambi i genitori in tenera età, suo padre in un incidente pochi mesi prima della sua nascita e sua madre in una tragica faida familiare quando aveva cinque anni. Era stata uccisa da un membro della famiglia che le aveva sparato e, sfortunatamente, la famiglia non aveva condotto riti funebri adeguati per lei, bruciando rapidamente il corpo per nascondere il crimine. Dopo aver incontrato Gurunath, lei iniziò ad apparirmi; prima nella terra di famiglia nell'Uttar Pradesh e poi nella mia casa di Chandigarh. Apparve anche a entrambe le mie figlie quando si recarono alla fattoria dei nonni per la festa di Holi con i loro cugini, senza né Jujhar né me. Durante il soggiorno, una sera Rukmani si stava preparando in una stanza al piano di sopra, quando, mentre si pettinava i capelli vicino alla finestra, vide una figura fuori in piedi sotto un albero a terra. Istintivamente sapeva che si trattava di sua nonna, anche se non avevamo sue fotografie. Mentre guardava, la figura sembrò fluttuare fino ad arrivare e sostare davanti alla finestra. Rukmani rimase talmente stupita da non riuscire a muoversi e sentì un flusso di amore tenero provenire da lei mentre svaniva. La stessa notte, Sukhmani si svegliò e vide una figura in piedi accanto al letto. Non aveva paura, non si sentiva minacciata ma, secondo le sue stesse parole, la nonna era venuta solo a controllare le sue due nipoti. Sua sorella, ora ignara, dormiva al suo fianco.

Le apparizioni divennero più frequenti e mia suocera cominciò a insistere che facessi qualcosa per liberarla da questa dolorosa esistenza nel mondo inferiore che durava da quarantacinque anni. Sentivo tanta compassione per lei e fui rattristata dal suo stato. Si trovava in questa condizione da molto tempo e potevo sentire la sua stanchezza. Chiesi consiglio a Gurunath e lui mi disse che nonostante qualunque cosa avessi potuto fare io, il vero conforto sarebbe arrivato solo quando i suoi stessi figli avessero condotto i rituali funebri. Continuai a chiederlo, infastidendo mio marito e gli altri membri della mia famiglia, ma la mia insistenza fu liquidata come lo sfogo di una donna superstiziosa. La volta successiva che mia suocera apparve, le raccontai della mia incapacità di aiutarla e che doveva convincere uno dei suoi figli. Dopo questo episodio svanì e mi sentii angosciata per non essere stata in grado di aiutarla.

Un mese dopo, mentre Jujhar e io stavamo tornando da Delhi dopo aver visitato suo fratello, all'improvviso, senza motivo, Jujhar fermò la macchina sul ciglio della strada ed ebbe un crollo. Piangendo spudoratamente, confessò di aver sognato sua madre ogni giorno nell'ultimo mese.

I sogni erano scene della sua infanzia, sognò che lo portava in braccio e lo lusingava, che gli comunicava il suo amore e la sua preoccupazione per lui. Ricordò come un giorno, mentre scendeva le scale, imbattendosi in un enorme serpente nero che giaceva sul gradino, lei lo aveva rapidamente afferrato stringendolo al suo petto in modo protettivo. Non aveva pensato a sua madre in tutti quegli anni, nascondendo il dolore e l'isolamento in qualche angolo della sua psiche.

Dopo questo evento significativo, accettò prontamente di eseguire tutti i rituali necessari. Invitai tutti i membri della famiglia a partecipare a questa cerimonia, poiché lo spirito voleva che fosse una funzione pubblica e non condotta in segreto. Alcuni approvarono e altri rifiutarono, dicendo che non credevano in tale fenomeno. Tuttavia, andai avanti con il programma. Dopo la dovuta consultazione con il suo spirito che mi accompagnava ormai in ogni momento, comprai tutti gli articoli, le lenzuola, i vestiti, gli utensili e gli altri oggetti richiesti tradizionalmente per aiutare l'anima ad andare avanti.

All'avvicinarsi del giorno del rituale, avvertivo in lei una tremenda paura dell'avvicinarsi della morte. Cercai di consolarla e darle supporto nel miglior modo possibile. Il programma si concluse bene, con il suo spirito che sbocciava in una fiammata di luce mentre veniva liberata. Nel mondo fisico, questo fu seguito da un temporale e fulmini inaspettati. Ci comunicò l'apprezzamento per il lavoro ben fatto. Dopo ciò, sentii un cambiamento tangibile nell'energia che ci circondava e la sensazione di una grazia inimmaginabile.

Deve esserci qualcosa di magico nel lago Sukhna e nei suoi dintorni, teatro di molte delle mie esperienze mistiche. Erano passati due anni dalla morte di mia madre ed un giorno mentre stavo facendo la mia normale passeggiata serale lungo il lago, improvvisamente sentii una presenza al mio fianco e mi resi conto che si trattava della figura di mia madre. Camminò in silenzio per un po' e poi, vicino all'albero di Peepul, mi condusse giù per le scale fino alla riva del lago e mi fece sedere. Comunicò senza parole esortandomi a continuare il lavoro per il mio guru, insegnando le sue pratiche e andando avanti con la mia scrittura. Mi rassicurò anche in merito alle ragazze, dicendomi che lei stava curando i loro interessi e che non dovevo dunque preoccuparmi del tempo che dedicavo ai miei impegni. Dopodiché mi mise una mano sulla testa in segno di benedizione e mi posò una noce di cocco in grembo. Quando si allontanò, vidi in piedi dietro di lei altre quattro figure; tutte ripeterono il rituale della benedizione e della noce di cocco. Mia madre poi se ne andò seguita dagli altri, come se avesse fretta di occuparsi del suo lavoro su altri piani. Fu inquietante il modo in cui sentii la pesantezza delle noci di cocco in grembo e il peso delle loro mani sulla mia testa. Non sapevo cosa fare delle noci di cocco astrali, quindi le immersi nel lago e completai la mia passeggiata.

Quando raccontai a Gurunath questa esperienza, disse: "Sì, è venuta per darti benedizioni speciali. È vero che gli antenati che si sono evoluti vegliano su di noi. Hai sentito il peso delle noci di cocco in grembo?" Poi, in una vena più leggera disse; "Non so cosa abbiano queste donne del sud con le noci di cocco" Ma la certezza che non dovevo vigilare costantemente sul futuro delle mie figlie sollevò palesemente un carico dalle mie spalle, facendomi sentire immediatamente alleggerita. Ogni volta che le ragazze chiamano, ora gli dico: "Non preoccupatevi, tutto andrà bene, la nonna si sta prendendo cura di voi!" Sorprendentemente per due settimane prima di questa visione entrambe le ragazze, Sukhmani nel Regno Unito e Rukmani a Delhi, avevano sognato varie volte la nonna e la ricordavano affettuosamente durante il giorno.

Me lo dissero dopo aver raccontato loro della mia visione.

Nel corso degli anni ho stretto un legame amichevole con tali spiriti, per me erano come tutte le altre persone intorno. A volte vedevo membri della famiglia che non erano passati oltre quando visitavo qualcuno o dormivo da loro. Spesso gli spiriti venivano a raccontarmi le loro storie come se cercassero compagnia. Non li trovo così diversi da noi e perché dovrebbero esserlo visto che erano come noi una volta.

Un paio di anni fa durante il monsone mi recai a Bir, una cittadina collinare nella catena montuosa del Dhauladhar, nell'Himachal. Soggiornavo in una casa che affacciava su una montagna da un lato e su un pascolo aperto dall'altro. Mentre ero sdraiata sul letto quella notte guardando fuori dalla finestra, vidi una formazione vorticosa di luce, "caspita" pensai dentro di me, "si sta aprendo un portale!". Dovevo essermi appisolata guardandolo quando sentii tirare la coperta che mi ero appoggiata addosso. La tirai indietro pensando che fosse rimasta incastrata nel materasso ma poi sentii che veniva nuovamente tirata. Aprii gli occhi per scoprire uno spirito in piedi sopra il mio letto che mi tirava la coperta. Lo guardai di traverso per avermi svegliato e tirai di nuovo la coperta, come un tiro alla fune, ma non se ne andava. Così mi ricordai del canto che Gurunath mi aveva insegnato per lo spettro nel mio giardino e lo cantai e, nel momento in cui lo feci, quello lasciò cadere la coperta e sparì nel portale di luce fuori nel campo come risucchiato al suo interno. Ciò che mi soprese fu come lo spirito sapesse che conoscevo il canto che poteva liberarlo. Misteriosi sono i modi dell'universo.

Gli episodi sono troppi e non tutti possono essere scritti. Ma il successivo è di così grande importanza che devo raccontarlo. Nel dicembre del 2015 ci trovavamo all'ashram di Pune per il ritiro invernale. Gurunath aveva appena registrato un discorso sul viaggio dell'anima dopo la morte e la sua successiva reincarnazione. Era un discorso affascinante di cinquanta minuti, le informazioni provenienti da un maestro vivente sono molto preziose: spiegava il rituale mistico della cerimonia shraddh dei Brahmini eseguita dopo la morte. Gurunath, nel suo modo semplice, aveva articolato un'antica saggezza nella prospettiva attuale. Tornai determinata ad organizzare una visione pubblica di questo discorso a Chandigarh. Mi impegnai a discuterne con i discepoli locali ed a pianificare i dettagli del luogo, la promozione dell'evento, ecc. Una mattina, mentre ero ancora a letto, sentii qualcosa che mi spingeva costantemente, come un bambino insistente che si spinge contro un genitore per avere qualche delizia. Mi resi conto che era un'anima che voleva vedere il film "Life after Death" come la registrazione era intitolata. Ero perplessa ma informai l'anima della data e del luogo della proiezione. Nel frattempo ero preoccupata di come le persone avrebbero reagito alla visione. Noi discepoli siamo in sintonia con gli insegnamenti dei nostri maestri, ma per quanto riguarda le persone comuni sarebbero state interessate? Volevo sapere. Quindi decidemmo di organizzare una visione privata per un gruppo selezionato che includeva alcuni giornalisti e professori universitari. Condivisi le informazioni su questa nuova data e sede dell'evento con l'anima, estendendole l'invito a partecipare. Con allegria dissi a Babit, mia studentessa e discepola di Gurunath nella cui casa in città avremmo proiettato il film, di aspettarsi degli ospiti insoliti.

La televisione era posizionata in una grande stanza e ci sedemmo a guardare il film. Dopo il suo inizio diedi un'occhiata di lato e immaginate la mia sorpresa quando vidi un gruppo di almeno settanta o novanta anime stipate nell'altro lato della stanza. Erano ovunque, fluttuavano sul soffitto, allineate lungo i divani, tutti esseri protoplasmici sottili che osservavano diligentemente il film. Era interessante vedere che si tenevano su un lato della stanza senza invaderci. Nel momento in cui il film terminò scomparvero in polvere di luce, liberate da questo intermittente stato di esistenza. In seguito condivisi al telefono questa visione ad occhi aperti con Gurunath che si trovava nel mezzo di un seminario con i tedeschi nell'ashram il quale mi fece ripetere ad alta voce ciò che gli avevo detto in modo che gli altri potessero ascoltarlo dal vivavoce. Per me questa registrazione è potente quanto l'esecuzione del rituale bramminico dopo la morte. Sono testimone del fatto che abbia il potere di fare ciò che fa il rituale, ossia dare una mappa all'anima per il cammino da percorrere. La domanda più comune dopo aver visto il discorso è "che dire delle religioni che non hanno un rituale come questo, la loro anima non passa aldilà?" La mia comprensione è che l'antico testo racconta il viaggio dell'anima, che è lo stesso per tutti dopo la morte. Averlo dato in lettura prima della morte è come aver fornito la possibilità di ricevere un GPS, ma anche senza di esso l'anima procede attraverso il labirinto, poiché ci sono segni e guide lungo la strada.

Per me, la parte più interessante del video era il fatto che nel passato i rishi avessero studiato e raccontato un viaggio dell'anima come questo, dalla morte alla rinascita.

Il mondo della magia nera e delle possessioni

L'argomento dell'impossessamento da parte degli spiriti e della magia nera è molto controverso in quanto è difficile dimostrare logicamente la loro esistenza e parlare di loro, spesso sembra di fare chiacchere senza senso. Personalmente posso solo raccontare quali sono state le mie esperienze e lasciare che sia il lettore a formarsi un'opinione. Un episodio si verificò molto presto nel corso della mia pratica della sadhana yogica. Mi fu portato un giovane ragazzo adolescente che sembrava molto affascinante e ben educato, ma sua madre diceva che a volte si comportava come se fosse una persona completamente diversa. Era sotto trattamento psichiatrico per le sue condizioni ma dal momento che in India è consuetudine esplorare anche tutte le altre possibilità, lei pensava che avrei potuto esser loro d'aiuto. Lo feci sedere davanti a me e mentre chiudevo gli occhi per concentrarmi all'improvviso un'apparizione balzò fuori da lui con un ringhio, come se volesse avvertirmi di stare lontana. L'apparizione non aveva né forma né figura ma era come formata da un milione di particelle di polvere nera condensata. Fui sopraffatta dalla visione di questo ragazzo all'età di quattro anni che giocava in un bosco di mango quando lo spirito l'aveva posseduto. Sua madre confermò che si era ammalato gravemente proprio a quell'età e che allora vivevano in una piccola città in una casa vicino a un boschetto di mango. Non ero attrezzata per affrontarlo, quindi le chiesi di portare il ragazzo da Gurunath. Sono passati molti anni da allora ma sebbene avesse familiarità con Gurunath e sia stata invitata molte volte, non è mai andata da lui con suo figlio. In seguito scoprii che questo ragazzo, dopo aver attraversato un ciclo di dipendenze e riabilitazioni, è morto in giovane età.

    Un altro episodio del genere in cui fui testimone di una possessione si verificò mentre ero in visita da un'amica a New Delhi, allorquando durante una nostra chiacchierata ricevette una telefonata. Mentre conversava al telefono dall'altra parte della stanza rispetto a dove ero seduta, vidi filtrare un'apparizione nera dal ricevitore e fermarsi accanto a lei. La sagoma aveva una forma umana ma consisteva delle stesse particelle nere che avevo visto nel ragazzo. Sembrava che questa figura si sporgesse, raggiungendo la mente della mia amica mentre parlava. Istintivamente sapevo che questo spirito che le stava accanto in realtà possedeva il corpo della persona con cui stava parlando. Dopo aver finito la conversazione, le chiesi della persona che aveva chiamato e fui sorpresa di sentire il nome di una persona ben nota che entrambe sapevamo indulgere in pratiche tantriche. Nella fase iniziale della sua carriera aveva confidato senza difficoltà alla mia amica il suo desiderio di diventare famoso e accumulare grandi ricchezze e le aveva chiesto di unirsi a lui. In quel momento stava cavalcando l'apice di una carriera di successo, avendo raggiunto quello che aveva deciso di ottenere. Quel giorno, dopo aver assistito all'apparizione, capii che il suo corpo veniva utilizzato da uno spirito tantrico molto forte, da tempo deceduto, che si era impossessato del suo corpo per realizzare i suoi desideri insoddisfatti. Intrappolato dentro c'era lo spirito debole del bambino, l'anima originale che era stata soffocata e non era mai cresciuta dal momento della possessione. Vidi quest'anima protendersi lamentosamente e gridare aiuto, ma mi sentii inadeguata ad aiutare. Lo spirito stava usando la forza vitale presente nel corpo di questa persona, spingendolo rapidamente verso una morte prematura.

    Il seguente episodio di magia nera accadde a me ed alla mia famiglia alcuni anni fa. Una notte, mentre dormivo, i miei occhi si spalancarono all'improvviso e vidi una coperta densa fatta di particelle nere rotanti che scendevano sul letto e sentii che il mio respiro veniva risucchiato con forza. Mi resi conto che stavo recitando un mantra che Gurunath mi aveva insegnato come protezione quando lo avevo incontrato l'ultima volta. Jujhar dormiva profondamente accanto a me, ignaro del mio orrore. Sorprendentemente, anche nel mio terrore, mi ricordai dei simboli che accompagnavano il mantra insegnato da Gurunath. Feci questi movimenti delle mani e continuai a ripeterli finché la coperta non esplose e si dissipò ed io, improvvisamente liberata, sentii i polmoni espandersi mentre il respiro tornava. Dalla coperta astrale macchie fluttuarono sopra il mio letto per i successivi dieci giorni. Sentivo che si era trattato di un attacco di magia nera per causare la morte e fu solo grazie alla protezione del satguru che ci salvammo. Mi ricordai che quando Gurunath aveva menzionato casualmente di questa tecnica per combattere tali attacchi, mi ero chiesta come mai stesse interrompendo l'argomento principale di cui si stava discutendo per parlare di queste cose. Il mio cervello, però, aveva immagazzinato queste informazioni nella memoria per essere rilasciate anche nel sonno. Capisco ora che il suo messaggio era stato diretto appositamente a me.

Più tardi, in meditazione, vidi il volto della persona che aveva commissionato questo atto, era un membro della famiglia. Il volto della persona che effettivamente conduceva i rituali era offuscato. La visione era accompagnata dall'odore del sangue usato nei riti per questo tipo di attacchi. La mattina successiva, mia figlia Sukhmani raccontò di essersi svegliata nello stesso momento quella notte incapace di respirare e con la sensazione di qualcuno seduto sul petto.

Alcune esperienze sono state inquietanti come quella sopra descritta, ma altre mi hanno riempito di un senso di gioia. Durante una lezione di yoga che stavo conducendo, fui travolta dalla visione della meravigliosa forma di Chaitanya Mahaprabhu, intossicata da Dio, completamente satura in uno stato di beatitudine divina. Il santo vaishnav ondeggiava in quello che sembrava essere un profondo stato di estasi simile a una trance. La visione era accompagnata dall'inebriante profumo del sandalo. Alla fine della sessione lo menzionai casualmente e uno degli studenti confessò di essere un devoto di questo particolare santo. In effetti, disse che in quel momento aveva in tasca un articolo su Chaitanya Mahaprabhu che aveva scritto per la sua pubblicazione!

Dalla mia comprensione di tutte queste esperienze ho potuto

solo concludere che in qualche modo, nel corso della mia pratica, è arrivato un momento in cui i confini che delimitano le singole personalità hanno gradualmente iniziato a dissolversi. Ciò probabilmente consente di formare un ponte tra la coscienza di individui diversi, permettendo un accesso più facile e una maggiore comunicazione a un livello più sottile.

Molti di questi episodi si sono verificati regolarmente, aiutandomi a comprendere il complesso funzionamento di un universo a diverse frequenze vibrazionali. Ho sentito che quando una vibrazione individuale si sincronizza con queste molteplici vibrazioni, si verificano grandi salti, facilitando una chiara visione del fenomeno che si manifesta su altri piani. Nel mio caso, questo era accaduto spontaneamente e non perché stavo consapevolmente cercando di connettermi con questi altri regni.

Esperienze spirituali trasformative

Una volta Gurunath mi chiese se conoscevo la differenza tra un'esperienza mentale e un'esperienza spirituale. Quando scrollai le spalle nell'ignoranza mi disse che un'esperienza spirituale trasforma sempre direttamente il discepolo dandogli un assaggio del divino e colmandolo di un'estasi inspiegabile, mentre un'esperienza mentale, sebbene più sottile di un semplice pensiero, è ancora un gioco di maya o illusione sullo schermo della mente. Molte di queste esperienze mentali possono essere episodi di esperienze del passato estratti dalla memoria del sadhak per essere riprodotte nel presente, simili alla replica di un vecchio programma televisivo. Pensai che questo accade quando il ricercatore raggiunge determinate fasi nel corso della pratica yoga ed i centri del cervello iniziano ad aprirsi. L'obiettivo di Gurunath non era quello di scoraggiarmi rispetto alle mie numerose visioni, ma di avvertirmi di essere consapevole e sensibile alle esperienze. Un'esperienza mentale può essere molto vivida e pittoresca, di lunga durata e grande godimento. Tuttavia, sebbene aiutino a rafforzare la determinazione a continuare con le istruzioni prescritte dal maestro, impallidiscono di fronte all'esperienza spirituale, che potrebbe essere semplice e durare solo pochi secondi ma implica la partecipazione diretta. Le esperienze spirituali producono effetti profondi per trasformare la persona che le sperimenta e impartiscono intuizioni e realizzazioni di verità profonde. Gli eventi qui menzionati sono mistici e ogni volta che li rivivo mantengono questa qualità magica. È molto difficile spiegare l'esperienza di queste esperienze!

A tarda notte, seduta in meditazione, sentii Gurunath soffiare con forza nel mio orecchio destro come durante la cerimonia di iniziazione. Immediatamente, la mia coscienza esplose come atomizzata. Entrai a far parte della galassia e vidi i pianeti girare pigramente dentro e intorno a me. Avevo sentito che il corpo umano porta in sé il progetto dell'universo e che entrambi fanno parte l'uno dell'altro e ora ne avevo avuto un assaggio.

In precedenza, durante una mia visita all'ashram, Gurunath mi aveva indicato una stella nella cintura di Orione dicendo: "Hai appena visto Brahma". Non so come ma in quel momento ad occhio nudo potei vedere la stella e la polvere di stelle in espansione intorno ad essa. Una volta rientrata a casa, di notte, mentre sognavo, ebbi una visione nella quale ero all'esterno a guardare il cielo e la medesima stella quando improvvisamente il mio corpo ed ogni sua fibra si espansero, e di nuovo subii la sensazione di essere stata atomizzata, fatta esplodere in mille pezzi, entrando a far parte delle stelle in quella galassia. Mentre questa sensazione di espansione aumentava, sentii strati di materiale grossolano staccarsi dal mio corpo e cadere a terra e qualcosa si estese da me per diventare parte di quel sistema galattico. Secondo Gurunath quando una galassia nasce esplode e si espande formando pianeti e sistemi solari. Questo è il fenomeno di Brahma. Quando i limiti dell'espansione vengono raggiunti e tutto rimane costante, si tratta del fenomeno di Vishnu. Alla fine, quando la galassia implode nel buco nero trascinando con sé tutte le stelle e i sistemi solari, è il fenomeno di Shiva.

L'ashram è stato per me la scena di molti momenti magici. Durante una visita per il Mahashivratri nel 2004, Amandeep e io che viaggiavamo insieme da Chandigarh raggiungemmo l'ashram a tarda sera. I dormitori e tutte le stanze dell'ashram erano pieni perché c'era una delegazione di discepoli dall'estero in visita. Chiedemmo il permesso di Ayi di stare nel Paran Kutir, la capanna di meditazione fatta di bambù e paglia comunemente usata dagli studenti per meditare. Gurunath era via e dopo aver deciso di trascorrere la parte migliore della notte meditando, consumammo una cena molto leggera.

Dopo essermi ritirata nella capanna di meditazione per la notte, pensai di creare l'atmosfera per la meditazione cantando lo speciale mantra di Gorakhsha Gayatri come insegnato da Gurunath. Anche i mantra conosciuti fioriscono nella loro potenza solo dopo che il guru li dà ai discepoli, il che significa che il discepolo che lo sente dalla bocca del maestro ha il permesso di cantarlo, con istruzioni speciali sul suo uso. Aman si unì a me con alacrità e dovevamo aver cantato il mantra per circa quindici minuti quando gradualmente mi resi conto che il mio corpo tremava. All'inizio, pensai che fosse la fatica del viaggio che mi stava facendo oscillare in questo modo. Poi capii che non era solo il mio corpo ma che anche l'intero letto si muoveva da un lato all'altro.

Sentii un grido strozzato di Aman e quando lo guardai, vidi anche il suo letto tremare.

Non si trattò di uno scuotimento lieve bensì abbastanza vigoroso ed un suono tintinnante emanava mentre il letto dondolava a terra. Il tempo del nostro canto aumentò proporzionalmente all'aumento del movimento dei letti. Stranamente nessuno di noi pensò di scappare o di chiedere aiuto perché non ci sentivamo in alcun modo minacciati. Dopo un po' di tempo, il tremore del letto rallentò e mi sdraiai per dormire. Il mio letto sembrava inclinato in un angolo e dovevo tenerlo su un lato per non rotolare via. Continuai a meditare osservando delicatamente il mio respiro e alla fine, verso le quattro del mattino, tutte le attività cessarono, il letto si raddrizzò e ci fu silenzio e sonno beato. Il giorno dopo non riuscimmo a parlare di nient'altro che del bizzarro incidente. Alcuni ci credevano ed altri no, fino a quando Gurunath tornò e gli raccontammo tutto con entusiasmo.

Ci disse sorridendo che Shakti ci aveva benedetti con un assaggio dei suoi poteri avendola invocata così sinceramente cantando il mantra. La capanna della meditazione era uno dei primi edifici dell'ashram ed era stata usata da Gurunath per una meditazione intensa. In tali luoghi, il velo tra i mondi è molto fine in modo che si possa facilmente fluire da una dimensione all'altra.

Dopo il mio ritorno a casa continuai con le mie regolari passeggiate sul lago. Mi ero particolarmente affezionata a queste passeggiate, poiché assorbire consapevolmente le energie vibranti di quel luogo mi faceva sentire ancor più rinfrescata e ringiovanita. Un giorno, mentre l'inverno stava lentamente svanendo, mi sentivo piuttosto irritabile poiché fare commissioni per la famiglia mi aveva fatto arrivare in ritardo alla passeggiata. Anche se si stava facendo buio decisi comunque di andare al lago. Stavo tornando indietro verso il lato della diga dove avevo parcheggiato l'auto quando vidi due sfere di luce che si muovevano lentamente attraverso il lago. All'inizio pensai che fossero uccelli che riflettevano la luce dal campo da golf nelle vicinanze ma non era così, perché si trovavano su una tangente lontana dalla luce e continuavano a brillare intensamente. Erano troppo basse per essere satelliti e il mio corpo mi parlava diversamente. Sentivo una strana tensione in me sentendomi all'improvviso immobilizzata in quel punto. Poi sentii il mio intero corpo saturato da un'ondata di energia fresca che scorreva dalla cima della testa alla punta dei piedi. Le luci erano fluide, come mercurio liquido con una sfumatura bluastra, una delle quali era in qualche modo più vecchia dell'altra. Viaggiarono per tutta l'estensione del lago per poi sparire dietro le colline lontane.

Quando riferii di questa visione a Gurunath, mi chiese tutti i dettagli. Dopo avergli raccontato del colore e della trama delle luci mi disse che avevo avuto la visione sacra di due Nath yogi che erano in viaggio insieme nei loro corpi di luce. Più tardi, scoprii un tempio di Shiva sulla cima della collina nel punto dove erano apparse le luci. Al tempo non conoscevo l'esistenza di questo tempio di Shiva ma quel giorno mi fermai sulla cima della collina rendendomi conto che si affacciava sull'intero lago. Era quasi come se delle forze superiori che vigilavano sul mio cammino, mi avessero attirato lì magneticamente.

Ci sono stati momenti durante la mia sadhana personale in cui sono stata assalita da un intenso desiderio di meditare in diversi momenti della notte. All'inizio ero solita spaventare Jujhar che mi trovava seduta sul letto nelle ore più strane ma poi si abituò così tanto che era sorpreso nel trovarmi a dormire. Una di queste notti, verso le tre del mattino, il telefono squillò due volte ma nessuno rispose quando alzai la cornetta, quelli erano i giorni dei vecchi telefoni a quadrante rotante. Dal momento che ormai ero sveglia pensai di meditare un po'.

Dopo un'ora di meditazione, mi sdraiai di nuovo a dormire e come era mia abitudine, mi concentrai delicatamente sul respiro come preludio al sonno profondo. All'improvviso una figura apparve accanto al mio letto, per la sua postura e l'aspetto generale capivo che era uno yogi. Provai ad alzarmi ma non riuscivo nemmeno a sollevare o girare la testa, poiché il mio corpo sembrava essersi trasformato in pietra. Quando dico che non potevo muovermi intendo che non ero nemmeno consapevole della respirazione né ero in grado di contrarre un muscolo o battere le palpebre.

Potevo solo guardare questo yogi premere delicatamente il mio ginocchio sinistro, mentre un lampo di corrente elettrica scorreva sul mio lato destro. Poi scomparve misteriosamente come era apparso e scoprii che la mobilità degli arti era tornata spontaneamente.

In quel momento pensai che si fosse trattato di una trasmissione di guarigione come se fossi stata salvata da una terribile malattia. La mattina dopo, quando raccontai al telefono l'episodio a Gurunath, mi disse che si era trattato di un'ondata di potere spirituale data da una delle sue proiezioni astrali per aiutarmi nei giorni a venire. Fu solo quando mi colpì una calamità dopo l'altra e rimasi irremovibile che mi resi conto del potere di questo incontro mistico.

In primo luogo ci fu una verifica delle nostre imposte sul reddito provocata da un'offesa di qualcuno di "potente" da parte di Jujhar che aveva rifiutato di applicare costi speciali per la sua funzione matrimoniale. Successivamente mia madre dovette subire un intervento chirurgico e morì dopo essere stata ricoverata in ospedale per oltre due mesi, dei quali gli ultimi quindici giorni passati in stato di coma. Poi l'edificio di Panchvati fu demolito e l'attività che gestivamo con successo si arrestò a causa di un cambio di politica da parte dell'amministrazione. Sono rimasta salda davanti a tutti questi eventi. Sapevo da dove veniva la forza. Quel tocco gentile era stata una trasmissione di tale potenza che mi permise di rimanere distaccata e illesa durante questi tumulti. Anche ora sono indescrivibilmente commossa nel considerare la compassione di questo essere che si è fatto avanti per darmi supporto nel momento del bisogno.

Una mattina presto praticavo il mio Kriya quando sentii il canto sanscrito del mantra pushpam, un inno vedico trasmesso da quello che sembrava essere un altoparlante lì vicino. Rimasi sorpresa perché questo è un tipico mantra del sud che avevo imparata da bambina e non conoscevo nessun tempio vicino a me che potesse suonarlo su un tale altoparlante. Di solito sentivo le preghiere della Gurudwara, della Moschea o del tempio di Shiva nelle vicinanze. Quindi, incantata, uscii e cercai di individuare la fonte di questo canto. Mentre mi guardavo intorno mi resi conto che veniva da ogni parte, apparentemente dal cielo, dalla terra e anche da dentro di me. Sembrava che un gruppo di rishi stesse cantando. Umilmente tornai a sedermi sul mio tappetino da meditazione e a godermi la vibrazione del mantra. Il canto continuò per altri quindici minuti e alla fine una voce risuonò e disse in modo molto autorevole in sanscrito: "Brahmano, brahmana sthava", di cui capii immediatamente il significato: "Un Brahmin è colui che è stabilito nel Brahman". Non ho mai sentito parlare del sistema delle caste durante la mia infanzia e gli occidentali sono spesso sorpresi nel sentire che non sono venuta a conoscenza della sua esistenza fino all'università. Ma quel giorno, con questa unica affermazione tutti i dubbi furono messi a tacere: sapevo di non conoscere nessun bramino e nessuno che fosse stabilito in quella realtà suprema tranne Gurunath, il quale è in grado di concederci un assaggio di quella realtà che è dentro di noi.

Una fugace visione di Babaji al tempio di Baglamukhi

Stavo visitando i santuari di Baglamukhi e Jwaladevi nell'Himachal Pradesh con Jujhar e un amico. La sera prima di partire per il viaggio, avevo avuto la visione di una figura che attraverso una percezione interiore avevo identificato come Babaji. Vestito con abiti giallo brillante stava ridendo come se mi sfidasse a riconoscerlo. Un fascio di piume di pavone si apriva a ventaglio dietro di lui. Sebbene stesse ridendo, i suoi occhi erano pieni di compassione mentre mi fissava dolcemente. Sapevo che Babaji era il guru di Gurunath e che, in questo modo, ero collegata a questo stesso lignaggio. Non riuscii a consultarmi con Gurunath perché si trovava all'estero. Decisi di prestare attenzione a tutto ciò che era vagamente o scandalosamente giallo durante il viaggio. Ero pronta per Babaji nel giallo più incongruo e sgargiante. Quindi immaginate la mia incredulità quando raggiunsi il tempio Baglamukhi e l'intero tempio era dipinto di giallo con tutti i sacerdoti vestiti con abiti gialli. A questa visione, la mia bocca si spalancò per lo stupore e risi incontrollabilmente pensando alla mia situazione. Mi composi ed entrai nel tempio cercando di stare allerta e guardando attentamente tutti i sacerdoti. Nel santuario più interno, un vecchio che sembrava essere in una fase acuta della malattia di Parkinson stava spazzando per terra. Era vestito con abiti bianchi sporchi e aveva difficoltà a tenere in mano la scopa a causa dei tremori. Mentre gli passavo accanto mi guardò, il suo intero corpo che tremava per lo sforzo. Non me ne accorsi e andai avanti per offrire le mie preghiere alla divinità.

Mi sedetti a meditare e dopo un po', aperti gli occhi, vidi il vecchio con il Parkinson seduto nel sanctum sanctorum del tempio completamente fermo, senza tremori. Miracolosamente non c'era nessun altro nel tempio in quel momento. Poi, mentre continuavo a guardare, vidi sul volto del vecchio il volto di Babaji come nella visione, lo stesso volto ridente che brillava. Volevo urlare e annunciare la presenza di Babaji, ma tutto ciò che potevo fare era guardare, radicata sul posto e sbalordita a tal punto che la mia bocca non riuscì ad emettere alcuna parola.

Poi mi chiamò curvando il suo indice con occhi scintillanti e intelligenti, sorprendendomi con la trasformazione dalla persona che stava spazzando a terra a quella che mi stava chiamando. Senza parole mi avvicinai, quasi scivolando verso di lui e presi il prasad che stava offrendo. Benedisse i fili che avevo comprato al negozio ungendoli con dell'acqua sacra e con colore di kumkum. Nessuna parola fu scambiata tra noi, ero esterrefatta ed in uno stato di stordimento. Babaji stava usando il corpo di questo vecchio prete come veicolo per manifestarsi? Non lo sapevo in quel momento. Fluttuai fuori dal tempio in uno stato confusionale, i miei piedi toccavano a malapena per terra. Solo quando fummo lontani dal tempio riuscii a parlare ed a condividere l'esperienza con il mio amico e Jujhar che stava guidando.

Quando condivisi questo incontro con Gurunath, al suo ritorno, era euforico. Tuttavia, sei mesi più tardi, mi trovavo ancora in uno stato di stordimento non avendo ancora assorbito completamente il potere di quell'incontro. Il tempio di Baglamukhi è rinomato per concedere vittoria su qualsiasi questione legale e da quel giorno, anche se abbiamo dovuto affrontare molte battaglie legali tra le quali una in cui fui ingiustamente coinvolta, come famiglia le abbiamo vinte tutte.

Purusha e Prakriti svelati

Nel 2011 ho avuto l'opportunità di visitare Varanasi o Kashi come è chiamata nei testi antichi, la città più antica del mondo che alcuni credono esistesse già nei precedenti cicli del mondo. Ero stata in questa città da bambina ma fino ad allora non avevo mai avuto occasione di rivisitarla. Tornandovi dopo essere stata reindirizzata sul percorso del Kriya Yoga, riemersero molti ricordi di vite passate in questa città. Avevo avuto spesso visioni di Lahiri Baba, prendendo coscienza solo in seguito di chi fosse e della sua connessione con il nostro lignaggio. Nella mia visione sono una giovane ragazza che riceve le sue benedizioni in abito da sposa bengalese. Avevo anche avuto una visione nella quale gli passavo l'ombrello e le scarpe mentre usciva di casa per una passeggiata. Avevo un vivido ricordo della casa e del suo interno, quindi desideravo visitarla. Dopo molte ricerche trovammo un indirizzo e arrivammo a "Satyalok" che su Internet era indicato come indirizzo per il tempio e luogo del samadhi di Lahiri Mahasaya. Quando entrai non ebbi nostalgia o sensazione di déjà vu. Mi sentii un po' demoralizzata senza l'effervescenza dell'eccitazione. Il posto era vuoto e c'era solo un custode molto gentile che ci fece entrare, era la data inglese del samadhi di Lahiri Mahasayas, non il vero tithi. Il custode tolse il velo da una grande statua bianca di Babaji e ci sedemmo davanti ad essa. Aman e un amico di Bangalore mi avevano accompagnato, Aman mi ha accompagnato in molti dei miei viaggi.

Stavo fissando la statua di Babaji mentre muovevo il mio respiro con il kriya. Quasi scherzosamente vidi il viso di Babaji trasformarsi in un volto femminile e poi di nuovo in maschile. In seguito appresi che il volto femminile era quello di Mataji che è considerata l'aspetto femminile di Babaji. Ma per me in quella rivelazione non erano diversi né avevano aspetti diversi, erano Uno. Guardavo affascinata questo gioco di unità mentre la realizzazione si riversava su di me. Fu un'esperienza molto intensa, la rivelazione della verità profonda di assenza di dualità nel Divino, non maschio né femmina, bensì sia maschio che femmina e tutti gli altri generi tra i due e oltre. Nel divino tutte le polarità di genere diventano indivisibili, inclusive e fuse e purtuttavia non esistenti. Uno ed allo stesso tempo Nessuno, la mia mente si dissolse.

Il tema dei termini e dei comportamenti patriarcali che sono profondamente radicati nelle nostre scritture, nella nostra scultura e nel nostro linguaggio è molto vicino al mio cuore e ho sempre avuto un problema con il riferirsi al Dio con "Lui" da parte di tutti i guru sia maschi che femmine. Una volta protestai con Gurunath che nel fare una dichiarazione faceva riferimento agli uomini, pensando che dovesse invece includere anche le donne.

Mi guardò e disse: "Jyoti sai che la parola uomo deriva dalla parola man. Sapevo che man in sanscrito significa mente e include le emozioni. "Uomo" continuò a spiegare "significa il principio del pensiero e dovrebbe applicarsi allo stesso modo sia agli uomini che alle donne perché al livello della mente sono uguali. Ma gli uomini ad un certo punto si sono utilizzato di questo titolo per loro stessi. Quindi quando dico uomo, il termine include entrambi.

Capii che lo stesso è accaduto con i termini Purusha e Prakriti. Di Purusha, che significa pura coscienza, si sono utilizzato per indicare il maschio cosmico e Prakriti, che significa energia creativa, è diventata 'madre' natura. E quanto è conveniente dire che Prakriti fa tutto il lavoro mentre Purusha è immobile. Bene, possiamo vedere il risultato di questa rappresentazione fallace quando Purusha ozia davanti alla televisione mentre i piatti si accumulano per Prakriti! Ancora più frustrante è il fatto che alcuni studiosi categorizzano tutta la vita animata compreso il maschio biologico come Shakti, mantenendo il maschio Shiva per il divino incontaminato. Ci sono casi di uomini vestiti da gopi che ballano al suono del flauto del dio Krishna e sufi che ballano come Heer per fondersi nel dio maschio simboleggiato da Ranjha. Trovo un malinteso fondamentale in questa percezione e devo ancora decidere se si tratta veramente di una cattiva concezione o del patriarcato portato ad un altro livello.

Per me Shiva e Shakti sono semplicemente gli emisferi destro e sinistro del cervello. A mio avviso dare a uno il titolo di maschio e all'altro di femmina, come nel concetto di Ardhanareshwar, è una presuntuosa generalizzazione. Come la concezione secondo la quale molti uomini sono orientati verso l'emisfero destro e molte donne verso quello sinistro. La rimozione della divisione tra i due emisferi del cervello porta equilibrio e prepara il praticante ad un ulteriore viaggio spirituale. L'unione esterna di uomo e donna non è che un simbolo di questa fusione interiore che risveglia la nuova vita.

Continuando su questo argomento, Gurunath durante un'altra discussione ha spiegato pazientemente: "La differenza più marcata tra uomini e donne è nel corpo fisico. Questo è un requisito biologico per la procreazione della nostra razza. Negli aspetti emotivi, mentali e spirituali sono simili. Non c'è alcuna differenza." Questa spiegazione ha risuonato molto profondamente in me, poiché non ho alcun senso del mio genere non solo quando sono seduta in sadhana, ma anche in altre situazioni. Quando insegno non sono consapevole dei miei studenti come maschi o femmine, né vedo il mio maestro come un maschio; l'essenza del guru, per me, non ha genere e poiché il mio guru per me è divino, neanche il divino ha un genere. "Quando insegni sei un'anima che insegna ad un'anima", Gurunath insegna sempre agli acharya che si imbarcano nel ruolo di insegnanti. La pratica comporta difficoltà e ostacoli simili sia per gli studenti che per gli insegnanti in base ai loro stati mentali ed emotivi, indipendentemente dal genere a cui appartengono.

La visione di quel giorno mi ha aperto a molti livelli, svelando strati di comprensione di questo fenomeno di Purusha e Prakriti nel corso dei secoli. Un bagliore di verità dal labirinto di pregiudizi tradizionali, sociali e culturali imposti, che continua fino ad oggi apparentemente a non essere messo in discussione. La natura richiede sia il maschio che la femmina per l'evoluzione e ho potuto osservare che anche noi, nella pratica del Kriya, abbiamo bisogno di entrambe le polarità di Shiva e Shakti per riuscire a fonderci nella singolarità. In qualche modo sento di essere solo a un filo di distanza dal realizzare questa verità. Questa intuizione ha contribuito notevolmente alla mia pratica dello Shiva Shakti Kriya, migliorando le mie realizzazioni e la mia capacità di comunicare questa comprensione ai miei studenti. So che questo è un pensiero drastico che mette in discussione un vecchio sistema di comprensione e che potrei espormi al ridicolo ed alle controversie trovarmi bombardata da volumi di aneddoti scritturali. Ma questa fu l'essenza fondamentale dell'insegnamento di quel giorno. Non si tratta della filippica di una femminista come molte persone potrebbero scegliere di vederla.

Restammo seduti per oltre un'ora davanti a quella che per me era la statua vivente di Babaji. Ma c'era insoddisfazione nel mio cuore perché continuavo a sentire che questa non era la casa che avevo visto nella visione di Lahiri Baba. Il custode mi portò a fare un giro della casa e al piano di sopra per mostrarmi i sandali di legno di Lahiri Mahasaya. Quando gli raccontai della mia visione e di come pensassi che questa non fosse quella casa, mi sorprese dicendo che sebbene fosse vecchia era una casa ricostituita e non quella dove viveva Lahiri Mahasaya. Poi si offrì di portarci nella casa originale che veniva aperta solo il giorno del Gurupurnima. Camminammo attraverso percorsi familiari e nel momento in cui vidi la porta della casa i ricordi mi travolsero. Dovetti attendere altri quattro anni prima di poter far coincidere la mia visita con Gurupurnima ed entrare così all'interno della casa della mia visione.

Fui sopraffatta dalla nostalgia quando entrai e riconobbi la casa, la scala, il patio e la terrazza. È stato un ritorno a casa importante, ma l'ho lasciata sapendo di essere stata consegnata nelle mani di un maestro vivente in questa vita per continuare il mio discepolato.

Ero così incantata dalla città di Kashi, riconoscendola in molte vite passate lì, che fui travolta dal desiderio di rimanere lì per alcuni mesi. Iniziai a pianificare attivamente il mio spostamento nella mia mente incluso l'affitto di una casa, la sua posizione e così via. Seduta sul mio letto immersa in questo sogno di fronte al Ganga, una luce blu apparve sulla destra sopra la mia testa. La luce era luminosa e pulsante e "sentii" una voce che mi diceva: "Vai in California". La voce non si era espressa in una lingua ma con una vibrazione che comunicava questo breve messaggio criptico. Poi la luce si espanse e mi mostrò una visione di Kashi, le strade piene di morti e gli avvoltoi che si nutrivano di loro, le pareti degli edifici sul ghat brulicanti di topi, sembrava fosse in corso una specie di epidemia, poi lentamente, l'intera città che affondava nel fiume. Anche se la città era sommersa, riuscivo a sentire l'energia del tempio di KashiVishwanath che pulsava fortemente da sott'acqua come se non ne fosse influenzata.

La visione risuonava con ciò che sarebbe accaduto poiché rappresentava il comportamento dei ciarlatani in questa sacra città che derubavano i poveri che venivano da lontano e che stava corrompendo l'intera area. Vestiti con abiti e segni esterni di uomini santi, con i loro atti stavano inquinando il Ganga e la sacra essenza di Kashi. Sebbene non ricevetti spiegazioni in merito a quando questo sarebbe accaduto e come sarei andata in California, in questa vita o nella prossima. Questa luce blu che voglio chiamare divina ma allo stesso tempo molto reale era una presenza. La luce non aveva genere e non riconoscevo alcuna divinità e la "voce", come ho detto sopra, non si era espressa in una lingua, la comunicazione viaggiava dentro una specie di onda.

Esperienze galattiche e planetarie

Durante questa stessa visita a Kashi ci dissero di visitare il famoso tempio di Vishvanath e, soprattutto, di assistere al saptarishi aarti la sera. I saptarishis sono le sette stelle dell'orsa maggiore e nella tradizione indù ogni essere umano sulla terra può tracciare la propria genealogia da uno di loro. La mia famiglia risale a Rishi Angiras e al suo discendente Rishi Bharadwaj, almeno a quanto mi è stato detto da mio padre. Non conoscendo questa cerimonia acquistammo i biglietti, l'unico modo in cui ci sarebbe stato permesso accedere per limitare il numero di persone presenti. Al momento dell'evento arrivammo e ci facemmo strada nel santuario interno del tempio. C'era un bel po' di gente, ma andammo verso l'entrata e ci sedemmo sulla porta con una chiara visione dell'interno, dando una mancia al pundit che ci aveva aiutato a trovare il posto giusto. Il mio amico di Bangalore insistette perché chiedessi a uno dei tanti sacerdoti che stavano presenziando la cerimonia il significato del saptarishi aarti. I sacerdoti erano tutti a petto nudo, indossavano molte file di rudraksha mala e sembravano piuttosto feroci. Scherzando dissi al mio amico che non avrei toccato uno di loro sulla spalla per attirarne l'attenzione non conoscendo la loro politica riguardo alle donne che li toccavano, meglio aspettare e vedere.

Il canto dello Shiva mantra iniziò sul serio, molto potente, tutti i sacerdoti cantavano all'unisono con il timbro e la cadenza tradizionali. C'erano tante lampade quanti sacerdoti e questi iniziarono ad agitarle mentre i canti si facevano più forti e più potenti. Ero seduta abbastanza rilassata quando per caso guardai verso l'alto il tetto del Sanctum Sanctorum che era buio e cavernoso. Immaginate la mia sorpresa quando vidi il cielo aperto e le formazioni stellari al posto del soffitto, come se il tetto stesso si fosse aperto. Poi, mentre continuavo a guardare, vidi i sette rishi dell'orsa maggiore scendere per ricevere il consueto aarti di Kashi Vishwanath, proprio come fanno i devoti. Ogni rishi scese, il più antico per primo, e sebbene potessi vederne il volto vecchio come una pergamena, non vi era alcun corpo attaccato ad esso. In aggiunta ero consapevole che sapevano che potevo vederli. Tutto il mio corpo rabbrividì, avevo la pelle d'oca e dovetti chinare la testa in segno di riverenza. Capii che durante saptarishi aarti i rishi scendono sulla terra per rendere riverenza a questo shivaling. Perciò mi chiesi cosa fosse questo shivaling, che non era nemmeno quello originale, sradicato e gettato in un pozzo da un imperatore del Mughal che saccheggiò il tempio nel 1669 d.C.

Mi chiedo spesso perché io sia testimone di tali manifestazioni essendo la mia natura così irriverente. Non sono pia, devota o religiosa e ho un atteggiamento umoristico nei confronti degli eventi epici. Non sento mai il desiderio di difendere le figure mitologiche della religione in cui sono nata o di simpatizzare o scusare ciò che presumibilmente hanno fatto, tipo giocare d'azzardo con le mogli, farle passare attraverso il fuoco per dimostrare la loro purezza, abbandonarle sulla base di pettegolezzi o della ricerca egoista di trovare la "verità," adottare tattiche di guerra ingiuste, rubare vestiti di donne ecc. ecc. Eppure ho avuto visioni di tutti loro – di Ram nella veste di Ramachandra con la luna sulla fronte mentre salivo fino a Tunganath, di Krishna in un sogno molto intimo che mi ha trasportato fisicamente in quasi ventiquattro ore a Gokul, di Vrindavan, manifestazione di Shiva e Babaji e di Hanuman – che si avvicinavano a me con compassione, immenso amore e con rivelazioni significative.

Una notte terminai tardi la meditazione, verso le tre del mattino, e mi ero appena sdraiata per riposare quando fui sopraffatta dal grande desiderio di salire sulla mia terrazza. Seppur volendolo, non riuscii a resistere a questa necessità di uscire. Perciò mi avvicinai al tetto e, mentre salivo, vidi una stella lucente brillare nel cielo. Era insolitamente vicina, così vicina che pensavo di poter stendere le braccia e afferrarla. Ero così affascinata che continuavo a camminare guardando la stella e finii dritta in una rete metallica che avevo messo per proteggere il mio havan-kund, lo spazio dedicato ai riti di fuoco. Inciampai e caddi su una bacchetta di ferro arrugginito della maglia che penetrò in profondità nella mia coscia. L'intero processo - dall'alzarmi dal letto alla caduta - durò appena pochi minuti.

Quando alzai lo sguardo la stella si era ritirata come se il suo lavoro fosse terminato e mi chiesi con sguardo lamentoso perché ero stata attirata fuori quando stavo andando a dormire come una brava ragazza. Ovviamente in seguito capii che si trattava del pianeta Saturno e che la verga di ferro e la ferita alla gamba avevano un senso. Erano tutti segni di Saturno, sembra che si sia sciolto un grande nodo karmico, pensai con sollievo. Con l'arrivo del mattino la profonda ferita era miracolosamente guarita.

Le esperienze con Saturno risalgono al periodo del 2006, quando stavo conducendo una grande agitazione contadina contro l'acquisizione della loro terra da parte dell'amministrazione locale. Stavo facendo molti progressi e, più in genere, stavo creando problemi a molte potenti lobby. Alcune settimane dopo questo episodio fui arrestata con un'accusa criminale del tutto inventata, non fui incarcerata, ma rilasciata su cauzione lo stesso giorno. Il caso è andato avanti per sette anni fino a quando non sono stata assolta con formula piena. Alcune settimane dopo il mio arresto stavo facendo la mia pratica mattutina quando sentii una voce molto chiara che riconobbi come Saturno che mi diceva di andare a comprare due zaffiri blu e di tenerli nell'armadio. L'istruzione era così autorevole che non ebbi altra scelta che andare a spendere del denaro che non potevo permettermi in quel momento. Quindi mi recai da un gioielliere che conoscevo che aveva gemme autentiche. I due zaffiri in un certo senso si fecero strada nel mio palmo, li riconobbi come una coppia che emetteva distintamente vibrazioni maschili e femminili. Come da istruzioni, li avvolsi in un panno morbido e li tenni nella mia credenza. Sono passati sette anni, il mio caso giudiziario si è risolto a mio favore e, nel 2013, iniziai a sentire un desiderio interno di montare gli zaffiri su un anello. Non sono una fan dei gioielli sotto forma di anelli perché li trovo molto irritanti, ma le circostanze hanno mostrato così tanti segni che alla fine li ho fatti montare su un anello che indossavo sempre. Sì, l'ho ancora, anche se oggi lo indosso in modo più intuitivo e non ogni giorno. Ho percepito cambiamenti tangibili nella mia vita nel corso degli anni da quando li ho acquistati, una liberazione da debiti karmici, in modo da potermi spostare più liberamente verso il mio destino spirituale, compreso il mio divorzio che vedo come una grazia che mi ha liberato dalla schiavitù. Per me Saturno è uno dei pianeti più compassionevoli in quanto fornisce il karma che ha bisogno di essere elaborato se vogliamo progredire.

"Tempo fa il sole camminava su questa terra" diceva spesso Gurunath mentre ci insegnava le potenti pratiche solari. Mi sono sempre chiesta come ciò fosse logicamente possibile, fino a quando non ha spiegato come la nostra coscienza limitata sia contenuta nel nostro corpo fisico limitato. Ma con le pratiche meditative, con l'evoluzione della nostra coscienza e l'estensione della nostra influenza per rendere il nostro servizio, la massa del corpo che deve contenere questa coscienza espansa diventa proporzionalmente più grande. Secondo lui il sole, i pianeti e le stelle nei sistemi galattici sono uffici per la coscienza in espansione, ciascuno occupato per un certo tempo fino a quando la coscienza non si evolve ed un altro prende il suo posto. Mi sono chiesta se abbiano anche un dipartimento per la caccia di talenti ed il loro collocamento!

"L'universo brulica di vita", disse una volta Gurunath rispondendo ad una domanda sull'esistenza di altre forme di vita nella galassia. "Non siate arroganti pensando di essere l'apice dell'evoluzione. L'evoluzione non si ferma al livello umano, continua verso esseri più sottili che condividono questo universo con noi".

Krishna dà un compito

Una prima mattina d'estate del 2006 ero sveglia ma a riposo a letto, in quello stato di veglia ma non ancora sveglia. In stato onirico vidi un giovane Krishna, di circa dodici anni, che vendeva gelato in un vecchio chiosco come quelli che abbiamo in India, solo un frigorifero inscatolato con una tenda da sole sopra. La topografia era quella di un'area polverosa e fangosa con alberi bassi che crescevano poco. Riconobbi il ragazzo come Krishna anche se non sfoggiava il solito segno della piuma di pavone o il flauto. In effetti era vestito con abiti piuttosto sporchi, un dhoti e una fascia gialla sbiadita intorno alla vita. Era in piedi vicino alla sua instabile scatola di gelato su due ruote disallineate e la tenda da sole montata sopra era inclinata di lato. Sulla tenda era scritto a mano Gelato Gokul. Non è un'immagine molto carina per il Signore dell'Universo. Mi guardava chiedendomi di aiutarlo a pubblicizzare il suo gelato. Nella visione iniziai, così come è mia abitudine, a pianificare una campagna pubblicitaria per lui. Pensai di chiedere a Rukmani - una grafica che contribuiva alla creazione dei poster per Gurunath per i nostri eventi a Chandigarh - di aiutarmi. Iniziai a visualizzare i colori da utilizzare, lo slogan e i media sui quali fare pubblicità. Poi all'improvviso mi resi conto che tutto ciò sarebbe costato denaro, quindi riferii questo a Krishna che mi fece segno di aspettare strisciando dentro una piccola casa fatta di fango e paglia ed uscendone con una mazzetta di denaro. Mentre mi consegnava questa enorme quantità di denaro pensai, cosa fa vende droga? Da dove vengono tutti questi soldi? In quel momento il mio sogno si interruppe e mi trovai completamente sveglia. Non mi stupì il messaggio del sogno, mi resi conto che si trattava di un messaggio che mi esortava a continuare il lavoro per il mio maestro condividendo il Kriya Yoga, il gelato, che non avrei dovuto preoccuparmi dei soldi e che avrebbero avuto cura di me. Forse avevo qualche inconscio timore riguardo alle finanze necessarie a continuare il lavoro del guru, poiché la maggior parte dei fondi per organizzare eventi proveniva da me, sottratti al reddito agricolo.

Ma quello non fu tutto, più tardi la stessa mattina Jujhar venne da me dicendomi che aveva del lavoro da fare in banca e che doveva andare ad Agra e, poiché suo fratello che si trovava nell'esercito stazionava a Mathura, aveva in programma di rimanere lì. A questo punto cancellai subito tutte le mie lezioni e salii in macchina con lui. Così nel giro di un giorno dal sogno, ero a Gokul, Mathura e Brindavan a visitare i luoghi in cui Krishna viveva e che amava.

Il messaggio di Giuda

Un anno dopo la consacrazione del nostro tempio della pace sulla terra, una mattina Gurunath chiese a tutti i discepoli, eravamo allora pochissimi nell'ashram, di andare al tempio e pregare per ciò che desideravamo. A me sembrava più di una semplice istruzione come quella data dai sacerdoti nei luoghi religiosi per chiedere benedizioni materiali, denaro, salute e altri strumenti di felicità. Salii al tempio e mi sedetti di fronte allo shivalinga di mercurio. Mi chiedevo cosa desiderassi di più. Mi resi conto di aver irritato e turbato molto il mio maestro, quindi pregavo per essere una discepola migliore. Mentre i miei pensieri si stavano formando vidi una figura incombere in cima allo shivaling e lo riconobbi come Giuda, non chiedetemi come, ma lo sapevo. Unito alla sua schiena, quasi come se fosse l'altro lato della medaglia, c'era Gesù, sembravano gemelli. A quel punto Giuda guardandomi in modo penetrante disse con autorevolezza: "Sarai discepola di Gurunath come lo ero io di Gesù". Successivamente entrambe le figure si sciolsero lentamente e scomparvero. "Sono completamente impazzita" pensai, poiché tutti conosciamo la storia di Giuda e di come abbia tradito Gesù. Scesi dal tempio con le labbra serrate, la mente in subbuglio, mi chiedevo come avrei tradito il mio maestro. Avevo anche sentito una stretta connessione di Gurunath con entrambi.

Quando Gurunath ci chiese della meditazione al tempio, dissi solo dolcemente di aver visto uno degli apostoli di Gesù. Ovviamente nulla è nascosto al maestro, come ora ho imparato. Quindi all'ora di pranzo mentre stavo rimuginando mangiando il mio cibo, Gurunath mi guardò direttamente e disse: "Sai che Giuda era il discepolo più vicino a Gesù?" Alzai lo sguardo sorpresa ma interessata allo stesso tempo. "Gesù gli chiese di fare ciò che sapeva che nessuno dei suoi altri discepoli avrebbe fatto, specialmente per i posteri che lo avrebbero visto come l'archetipo del tradimento". Pensavo che Gurunath, nella sua compassione, lo stava dicendo per farmi sentire meglio perché le sue parole portavano conforto al mio cuore. Questo mi fece iniziare una ricerca per sapere di più su Giuda e, un giorno, navigando su Internet, trovai un collegamento ad una pagina del National Geographic chiamata "Il Vangelo di Giuda", un manoscritto perduto, un vangelo scritto dai cristiani gnostici. Datato nel secondo secolo, includeva conversazioni tra Giuda Iscariota e Gesù di Nazareth. Perso per mille e settecento anni, era stato scoperto di recente ed era in corso di restauro. I manoscritti, in breve, rivelavano ciò che Gurunath mi aveva detto quella mattina all'ashram, che Giuda stava agendo sulla richiesta di Gesù di tradirlo. Acquistai una copia di questo manoscritto e del DVD che lo accompagnava e lo diedi in offerta al mio guru per il gurupurnima quell'anno nel 2008, fortunata a trovarmi negli Stati Uniti per parteciparvi.

Il mio secondo incontro con Giuda e Gesù avvenne alcuni mesi dopo in occasione della visita a mia figlia a Londra. Una notte feci un sogno molto lucido, io e un gruppo di altre dieci persone eravamo in piedi con una persona che riconobbi essere Giuda. Aspettavamo sulla riva del mare su una spiaggia deserta con un faro. Vidi una nave avvicinarsi e Gesù che scendeva dalla nave. Gesù era vestito come un re, indossava abiti fluenti di un materiale squisito ed era adornato con gioielli e una corona. Sceso, Giuda e lui si incontrarono calorosamente e, fianco a fianco, entrarono nel faro. Ero in piedi con il gruppo all'esterno e guardavo la porta del faro quando questo si trasformò in una croce fiammeggiante che si estendeva in cielo e tutti noi in piedi fummo trascinati nella croce. I miei occhi si spalancarono e mi svegliai con una sensazione che non riesco descrivere a parole, tutto il mio corpo era inondato di luce. Più tardi, quando chiesi a Gurunath, mi disse che la croce era il Christos in cui ci eravamo fusi.

Non è mia intenzione creare polemiche o confutare ideologie e sistemi di credenze nel raccontare i suddetti episodi su Giuda, solo quella di raccontare gli eventi come mi sono accaduti. Non mi sento in conflitto con nessuno che creda altrimenti, essendo fermamente convinta che ognuno debba imparare dalle proprie rivelazioni.

Come dopo ogni evento simile, mi trovai travolta da un senso di euforia e con un supplemento di energia che sembrava fluire in me, come diretta conseguenza. L'unico modo in cui posso spiegarlo è che come la fissazione dell'azoto durante i fulmini, questo flusso di energia sembrava infondermi nutrienti essenziali che animavano i sottili nervi del mio corpo e del cervello. In poche parole, le esperienze spirituali sembravano svolgere l'attività di nadi shodan, una liberazione dei nervi psichici che prepara il corpo al flusso di energia divina in arrivo ogni volta che giunge. Mi rendo conto che c'è una stretta connessione tra le due, l'energia divina dentro di noi che rispecchia l'energia divina che ci circonda e la loro unione non può avvenire se il nostro corpo non è veramente pronto. Per corpo intendo tutti e cinque i kosha. La risultante sensazione di tutte queste esperienze, fu una inspiegabile sensazione di gioia e felicità come se ogni cellula del corpo fosse viva.

CAPITOLO 5

IL PELLEGRINAGGIO DEL DISCEPOLO

Viaggiare con il maestro è una parte importante del processo di apprendimento per il discepolo. Il dialogo e l'interazione continui, la comprensione di ogni parola e gesto del maestro, possono essere molto gratificanti per un allievo attento. Durante i nostri viaggi, Gurunath ci insegna e ci guida costantemente. Costruisce la nostra autostima, fiducia e concentrazione e se l'ego alza la testa in un discepolo, sa come ucciderlo delicatamente. Lo studente coscienzioso è colui che non spreca energia in modo frivolo e ottiene il massimo dalla stretta associazione con il guru. Questa è vera educazione.

"Movimento mantra e meditazione sono le tre" M "dello yogi praticante" direbbe Gurunath. Gli yogi viaggiano molto per non essere attaccati alle comodità di un determinato luogo, come di solito accade quando si vive nello stesso posto per lungo tempo. Ovviamente, il capofamiglia che pratica non può muoversi molto poiché responsabilità ed impegni nella famiglia e nella società devono essere seguiti. Tuttavia, il sadhak capofamiglia praticante dovrebbe vivere all'interno della famiglia e della società senza attaccamento alle comodità da loro fornite. I condizionatori d'aria e le lavatrici, la macchina, i viaggi aerei, il letto accogliente e la trapunta calda, i domestici a nostra disposizione, il sistema di supporto familiare, tutte queste possono diventare abitudini difficili da spezzare quando arriva il momento della sadhana rigorosa. Persino soffermarsi sui dolori e sulle abitudini acquisite di autopunizione può essere un impedimento. Gurunath non ci consiglia di evitare le comodità della vita moderna, ma dice che, come Janak, dovremmo essere in grado di allontanarci da tutto su istruzione del guru. Janak era un re e un padre leggendario ma anche un saggio e un filosofo. La leggenda narra che avrebbe potuto attraversare tutto il suo regno le tentazioni, le ricchezze della sua corte e le seducenti ragazze danzanti pocovestite trasportando una ciotola d'olio colma fino all'orlo e senza versarne una goccia. È l'esempio spesso citato nelle Scritture per simboleggiare il totale distacco dei sensi dagli oggetti del desiderio.

"Mantra" è ogni gesto e parola del maestro che ci aiuta nel nostro viaggio spirituale e "Meditazione" è la disciplina yogica da lui insegnata. Solo seguendo le tre M, implicitamente ci muoviamo controcorrente verso la sorgente da cui proveniamo, l'obiettivo finale della pratica yoga.

Sperimentare il Dreamweaver per la prima volta

Nel 2003 Gurunath non aveva ancora dato un nome al Dreamweaver. Si tratta di una esperienza veramente unica dei ritiri con Gurunath, nella quale entra nel sogno dei discepoli e risolve una parte del loro karma, correggendo la struttura del loro DNA e tessendo perfettamente l'arazzo, senza errore. In questi momenti il discepolo può essere o meno coscientemente consapevole della guarigione. A Delhi ad un ritiro di un fine settimana, Gurunath ci disse che avrebbe lavorato su di noi quella notte e che avremmo dovuto ricordare ogni sogno che avessimo fatto. Andai a letto entusiasta di questa nuova esperienza che ci sarebbe stata donata.

Il sogno di quella notte fu così reale che lo percepii come realtà. La camera di Gurunath si trovava al secondo piano mentre la mia era al piano terra. Passai tutta la notte a riempire d'acqua una ciotola di ottone dal rubinetto fuori dalla mia camera portandola nella stanza di Gurunath. Ma sull'uscio della porta della sua stanza notavo che l'acqua era sporca e, quindi, tornavo giù per le scale a sciacquare la ciotola e riempirla di nuovo; ma raggiunta di nuovo la stanza di Gurunath trovavo nuovamente l'acqua sporca e facevo di nuovo il giro per sciacquare e riempire il contenitore. Questo andò avanti per tutta la notte e verso le cinque del mattino salii di nuovo dopo non so quanti viaggi su e giù. L'acqua finalmente era limpida e passai la ciotola a Gurunath che era in piedi davanti alla porta aperta della sua stanza. Nel momento in cui prese l'acqua sentii come se entrambe le mani fino al gomito fossero state spinte in una pira ardente, ma senza la sensazione di bruciore. La pelle su entrambe le braccia fino al gomito si squarciò e si staccò come un guanto. Mi svegliai ricordando molto chiaramente ogni dettaglio del sogno e sentendo un gran dolore alle gambe come se avessi corso su e giù per le scale per tutta la notte. Quando raccontai il sogno a Gurunath la mattina successiva mi disse semplicemente che avevo elaborato molto Karma nei suoi confronti quella notte e che, adesso, mi ero liberata.

Esperienze a Jwalaji e Gorakh Tibba

All'inizio della mia affiliazione a Gurunath, lo accompagnai in pellegrinaggio a Jwalaji, nell'Himachal Pradesh. Un tempo roccaforte dei Nath yogi, oggi il tempio della Divina Madre Jwaladevi è più famoso tra i pellegrini di quello di Gorakh Tibba, il santuario dedicato a Gorakshanath. Fu il mio primo incontro ravvicinato con i Nath yogi, asceti dell'ordine dei Nath, devoti di Guru Gorakshanath e seguaci di una forte tradizione guru-discepolo.

L'aarti, il tradizionale sventolio di lampade al Gorakh Tibba, è condotto da questi yogi ed accompagnato dai battiti ritmici di tamburi e trombe particolari. L'intero complesso del tempio riverbera con il suono. Mentre partecipavamo a questa funzione, Gurunath sottolineò come il battito della batteria ed il suono delle trombe facilitino il risveglio dei chakra. Ci chiese di chiudere gli occhi e di ascoltare i riverberi della musica nei vari chakra, con un ritmo sistematico. Persa in questa esperienza, sentii il mio corpo diventare uno strumento che ricambiava la musica all'esterno.

Prima di partire per questo viaggio, seguendo le istruzioni di Gurunath secondo cui i discepoli devono avere un proprio tappetino su cui meditare, da non condividere con gli altri, avevo acquistato con entusiasmo un costoso asan di design per impersonare al meglio il mio nuovo ruolo di yogi! Gli yogi credono che il tappetino personale assorba le vibrazioni positive del sadhak, rendendo più facile il flusso della meditazione ogni volta che il praticante si siede su di esso. Portavo il mio ovunque, non sapendo dove sarebbe potuto sorgere il desiderio di meditare. L'atto di sedersi in modo importante per la meditazione era, per me, più emozionante del tempo effettivamente trascorso in meditazione.

Arrivammo nel sancta sanctorum benedetto all'interno di Gorakh Tibba di sera e, prima che iniziassero i rituali, Gurunath spiegò qualcosa sulla storia del luogo. Nella mia eccitazione di sentirlo, lasciai il tappetino dove l'avevo steso. Mentre la folla continuava ad aumentare, iniziai a preoccuparmi per il mio bellissimo tappetino nuovo. Facendo a malapena attenzione a Gurunath, i miei pensieri si diressero ossessivamente verso il mio asan smarrito. Ad un certo punto Gurunath interruppe il suo discorso per guardarmi, dicendo severamente: "Ora smetti di pensare al tuo asan. Quello che sto dicendo è importante quindi ascoltami e, comunque, sappi che il tuo tappeto è al sicuro! Quel Baba l'ha messo da parte." Uno dei sacerdoti aveva raccolto con cura il mio tappeto e lo aveva messo in salvo vicino ai piedi dell'idolo.

Anche se questo è stato un episodio normale, ha avuto un profondo impatto su di me. Sentii con quanta facilità sprecassi tutta la mia vita per cose insignificanti come il mio bellissimo asan che è solo un mezzo per ottenere obiettivi più elevati. Oggi, ogni volta che la mia mente combatte con i piccoli travagli della vita quotidiana mi dico "Smetti di pensare all'asan e lascialo ai piedi del Signore!"

Durante questo primo viaggio con Gurunath a Jwalaji, mi disse che quando avessi raggiunto una fase particolare della mia pratica avrei dovuto fare un po' di meditazione nel tempio di Taradevi, in cima alla collina adiacente. Leggendo la mia mente, con la quale avevo immediatamente iniziato a pianificare una tabella di marcia, mi fece subito notare che avrei impiegato un po' di tempo per raggiungere il punto nel quale avrei potuto ricevere tutta la grazia potenziale del luogo e della sua divinità, Tara.

Ciò che non è molto noto è che il tempio di Taradevi era in origine il tempio di Taranath, un Nath Yogi che aveva ingoiato le fiamme di Jwalaji durante un duello con la Devi. Le storie sui Nath yogi sono piene di episodi in cui si presume che lo Yogi abbia soggiogato una potente divinità femminile. Questo è anche un simbolo di addomesticamento della Kundalini Shakti femminile.

Il racconto di episodi legati alla conquista del femminile può trovare le sue radici nel patriarcato, è certamente una possibilità, sebbene l'origine potrebbe anche essere relativa all'acquisizione dell'abilità spirituale. In ogni caso, il tempio è oggi dedicato a Taradevi, una dea venerata sia nell'induismo che nel buddismo, ove rappresenta uno dei dieci aspetti dei dasa mahavidyas. Quando visitai di nuovo Jwalaji con Gurunath dopo un paio d'anni, mi ricordai delle sue precedenti indicazioni e pensai che avrei tentato di meditare per un po' di tempo al tempio, se ve ne fosse stata occasione.

Durante il viaggio i discepoli avevano assillato Gurunath per condurre una meditazione a mezzanotte nel tempio esoterico di Taradevi. Sebbene inizialmente fosse d'accordo, all'avvicinarsi della città disse che poteva sentire la presenza di uno spirito molto forte che avrebbe danneggiato i maschi tra noi e che, pertanto, non avrebbe messo a repentaglio la vita dei suoi discepoli. I tre giorni a Jwalaji furono meravigliosi, con noi che meditavamo fino a tarda notte. Alloggiammo in un lodge economico per i viaggiatori gestito da un gruppo di Nath yogi, la maggior parte di noi si sentiva parte di questa setta antica e sentiva familiari il loro umorismo rustico e le loro maniere dirette. Riconobbero Gurunath come un satguru riservandogli il dovuto rispetto come discepolo di Guru Gorakshanath. Era il nostro ultimo giorno lì e dopo aver meditato nel tempio di Jwalaji, non riuscivo a vedere Gurunath da nessuna parte. Quindi, io e Aman, pensando che dovesse essere al tempio di Taradevi, ci affrettammo su per la collina senza informare nessuno. Essendo mio studente e altrettanto avventuroso, Aman non espresse scrupoli a unirsi a me in questa impresa. Nella mia ansia di stare con il guru, trascurai l'avvertimento di Gurunath di non andarci. Erano le dodici, il sole splendeva sul sentiero roccioso e dopo essermi tolta le scarpe all'ingresso del tempio nel piano inferiore, camminai lungo il sentiero roccioso, bruciandomi i piedi nudi. Non vi era traccia di Gurunath al tempio, ma decidemmo di meditare lì per un po'. Dopo circa quaranta minuti, sentii che la qualità della meditazione non era abbastanza profonda e divenni irrequieta. Vedendo uno stretto sentiero di fango che portava sulla collina, chiedemmo al prete dove conduceva e lui ci disse che conduceva ad un vecchio tempio di Bhairon.

Quindi, Aman e io ci avviammo coraggiosamente lungo il sentiero. Dopo essere salita di qualche metro, udimmo il rumore di qualcosa che veniva trascinato o fatto rotolare giù per la collina. Aman si fermò dov'era, pronto a fuggire giù lungo il sentiero. Gli assicurai che probabilmente c'era qualcuno che lavorava sul fianco della collina o forse un langur, e che dovevamo continuare. Dopo qualche altro metro, il suono si ripetette e mi divertii a vedere la faccia di Aman perdere colore e divenire completamente bianca. Ancora una volta, ignorai le sue paure, spingendolo a proseguire nella salita. Devo aver fatto solo un altro passo quando pensai di aver sentito la voce di Gurunath che mi urlava di tornare. Mi fermai e il comando fu ripetuto, questa volta molto chiaramente. Informai Aman che ora sembrava desideroso di tornare. Dopodiché, scendemmo di corsa giù per la collina come bambini cattivi desiderosi di obbedire dopo una sculacciata.

Quando entrammo nel lodge, Gurunath era seduto con gli altri discepoli in cerchio attorno a lui, imbarazzati. Guardandomi severamente, disse senza alcun preambolo: "Non ti avevo detto di non andarci?" Come ti aspetti che io faccia dell'importante lavoro spirituale se devo tenere d'occhio costantemente i discepoli disubbidienti?" Poi il suo viso si ammorbidì mentre sorrideva e diceva: "Jyoti, sei una birichina. Quando crescerai? " Gurunath spiegò che un aspetto di una dea ancora in evoluzione abitava la collina su cui eravamo saliti, fioriva sull'energia maschile e non avrebbe esitato ad attirare Aman. Nel mio egoismo di cercare Gurunath, avevo inavvertitamente messo in pericolo Aman, disobbedendo ad un ordine diretto del guru.

Ogni volta che ho visitato Jwalaji con Gurunath, ci sono sempre stati dei momenti magici a riaffermare la mia convinzione in merito ad una mia connessione antica con questo luogo. Il nome Jwalaji deriva dalla parola jwalamukhi che significa letteralmente "bocca del fuoco" o vulcano; la collina su cui è situato il tempio emette fiamme e, da qui, il nome Jwalaji. La città del tempio è situata ai piedi del monte Shivalik. Si ritiene che durante la leggendaria danza di Shiva con il corpo di Sati, fatto successivamente a pezzi da Vishnu per fermare la distruzione delle galassie da parte di uno Shiva infuriato, la lingua della Devi cadde qui e da allora è divenuto un centro di potere cosmico - una Shakti Peeth. Le persone vengono qui a pregare e chiedere che i propri desideri vengano esauditi dalla Devi. La mia comprensione è che questi centri di potere sono luoghi in cui sono cadute delle grandi meteore, incorporate in profondità nella crosta terrestre la quale emette una vibrazione che ci collega all'origine della nostra fonte. Come spesso dice Gurunath "Non siete altro che polvere cosmica". Pertanto, quando ci sediamo in profonda meditazione in questi punti, la nostra coscienza risuona con quella dell'universo e molti segreti vengono rivelati a coloro che sono sensibili.

Una sera, eravamo al tempio per l'aarti serale, un rituale esaltante durante il quale la divinità viene adorata con il canto di mantra sacri e ritmi di tamburi e l'intera atmosfera viene purificata dalle lampade oscillanti. Stavamo camminando in fila accanto alle fiamme, emergendo dalla collina. Ero proprio dietro Gurunath quando toccò leggermente una delle fiamme, che immediatamente si divise in tre con quella centrale che divenne blu elettrico - il mistico colore di Gorakshanath e Shiva. Gurunath si voltò per vedere se l'avessi visto. Era felice come un bambino. Con un riflesso veloce, misi il dito sulla fiamma blu e lo strofinai sul mio terzo occhio tra le sopracciglia. Poi mi voltai eccitata per richiamare l'attenzione degli altri discepoli su questo fenomeno, ma quando guardarono la fiamma si era completamente spenta. Aman proprio dietro di me riuscì a vederlo.

Nel tempio di Brahma a Pushkar

Un altro viaggio con Gurunath ci portò a Pushkar, situata nel territorio desertico del Rajasthan. Trascinai con me le mie figlie adolescenti, promettendo loro alloggio in tende svizzere con l'aria condizionata, dove pensavo erroneamente che avremmo soggiornato. Promisi loro anche l'uso di una piscina che sembrava di un blue incantevole nella brochure ma che si rivelò verde e stagnante quando arrivammo lì. La temperatura era prossima ai quarantacinque gradi, con la sabbia che soffiava ovunque. Faceva così caldo che se avessi sbucciato un'arancia si sarebbe disidratata prima di metterla in bocca. Le mie ragazze ovviamente, cominciarono subito a tenere il broncio e smisero di parlarmi. Feci la cosa migliore possibile ignorandole. Ma, personalmente lo adorai. Da sempre una persona estiva, il caldo sembrava prosciugare tutto il catarro in me. Alcune delle altre persone che erano venute con noi abbandonarono il campo per stare in un resort climatizzato nelle vicinanze.

Il gruppo di noi che rimase si rinfrescò sdraiato sull'erba umida nel caldo afoso del pomeriggio, mangiando molta cipolla cruda durante i pasti che secondo l'ayurveda è molto rinfrescante. Entrambe le mie figlie si limitarono a stare nella loro tenda facendo i propri piani per il giorno successivo. Dato che noi saremmo andati al tempio di Brahma in città, loro decisero di salire al tempio di Savitri in cima ad una collina adiacente. Si organizzarono per prendere un passaggio alla base della ripida collina e sarebbero dovute partire prima di noi la mattina.

Come sempre, quando arrivammo al tempio di Brahma, Gurunath per prima cosa ci parlò della storia del tempio e dei suoi miti. Quando Gurunath parla è come se fosse stato presente nel momento in cui gli eventi si sono effettivamente verificati. Lui non parla per conoscenza acquisita ma per esperienza diretta. Tra l'altro ci raccontò che Brahma, per umiliare l'ego di sua moglie Savitri che aveva fatto arrogantemente attendere il suo arrivo per una cerimonia di buon auspicio alla presenza degli Dei , l'aveva maledetta ponendo la condizione che prima di entrare nel tempio dedicato a lei in cima alla collina, sarebbe stato imperativo che i devoti si recassero al suo tempio per rendergli omaggio. Dopo aver trascorso una splendida mattinata meditando al tempio e successivamente a girovagare nel bazar, tornammo al campo.

Qui ritrovai le ragazze già tornate e un pò infastidite. Saltò fuori la storia che avevano raggiunto la cima della collina isolata di Savitri e che stavano per entrare nel tempio deserto quando avevano scorto un uomo totalmente nudo seduto sui gradini del tempio principale. Totalmente imbarazzate entrambe erano fuggite giù per la collina ed erano arrivate poco prima di noi. Poi, ridendo, raccontai loro della maledizione di Brahma su sua moglie e che avrebbero dovuto recarsi al suo tempio prima di andare all'altro. Quale modo migliore per fermare due giovani ragazze determinate ad entrare nel tempio che un uomo nudo sdraiato sulle scale? A questo punto entrambe le ragazze scoppiarono a ridere un po' isteriche per gli eventi della giornata.

Pellegrinaggio in Himalaya

I miei tour più memorabili con Gurunath sono stati in Himalaya. Nel marzo del 2001 ho partecipato all'organizzazione del primo tour himalayano e anche se in seguito ho accompagnato gruppi e fatto parte dell'organizzazione di molti altri tour, questo primo viaggio è rimasto impresso nella mia memoria. Mi sentivo fortunata ad essere una dei trenta discepoli che hanno fatto parte di quel primo viaggio, alcuni venuti da lontano: America, Svezia, Svizzera ed Inghilterra. Avremmo visitato alcuni dei luoghi che rappresentano una parte importante della ricerca spirituale di Gurunath. Il tour ha avuto inizio con l'arrivo dei discepoli a Chandigarh e una visita al potente tempio Jwalaji in Himachal.

La tappa successiva del tour ci ha portato a Rishikesh da dove abbiamo cominciato la salita in Himalaya. Abbiamo speso la giornata a Rishikesh girando per i mercati con Gurunath e Ayi e, la sera, abbiamo visto l'incantevole Ganga aarti e le diyas fluttuanti, le lampade di terracotta con olio e fiori offerte per esaudire i nostri desideri. Così bella era la vista dei diyas portati via dalla corrente che dimenticai di esprimere un desiderio. Meditando quella notte mi sentivo come se fossi seduta immersa nelle fresche acque correnti del Gange che mi avvolgevano in un abbraccio affettuoso, anche se eravamo a qualche chilometro di distanza dalla riva. Tale era il potere del suo amore. Era per caso una previsione dei tempi a venire, quando quindici anni più tardi sarei stata inviata dal mio guru come insegnante visitante regolare in un ashram accanto al sacro fiume?

La nostra tappa successiva fu la confluenza dei fiumi sacri Mandakini e Alaknanda a Rudraprayag, dove Gurunath ha avuto una profonda e personale esperienza con Mahavatar Shiv Gorakshanath Babaji. Le parole non possono spiegare i sentimenti che provai nell'osservare il punto sulla confluenza dove Gurunath vide Babaji che faceva il bagno. Ero ipnotizzata e potevo percepire palpabilmente la magia. Tutti noi avevamo stanze che si affacciavano sulla confluenza e, di notte, eravamo sagome che meditavano. Con il suono della confluenza che scorreva nelle mie orecchie, il cielo stellato sopra e le montagne intorno a me, capii che il vero significato del pellegrinaggio era il collegamento ad un luogo di particolare importanza nel viaggio spirituale del maestro.

La mattina dopo eravamo eccitati perché Gurunath ci avrebbe portati in un luogo segreto che era solito visitare. Camminammo lungo un sentiero e giungemmo alla grotta dei serpenti di Koteshwar, una grotta preistorica che mi riportò immediatamente indietro al tempo dei mammut e dei fiumi di fuoco. Ma niente mi aveva preparato per la visione della spiaggia di sabbia bianca sotto di noi dove scorreva il maestoso Alakhnanda. Con un urlo e un grido di gioia abbiamo corso fino alla spiaggia come bambini, esplorando e arrampicandoci sopra gli enormi massi che giacevano sparsi come da un gigante che gioca a biglie. Praticando il Surya upasana in quel punto, inspirai profondamente tutte le vibrazioni tenute in vita da innumerevoli yogi altruisti che si fermano, riposano e meditano caricando l'ambiente con le loro benedizioni. Il Vivar, una meditazione vorticosa insegnata da Gurunath divenne il vortice del cosmo e ci furono molti scontri tra titani mentre i corpi cadevano senza controllo sulla sabbia e l'uno sull'altro. Questo fu seguito da un tuffo nelle gelide acque del tumultuoso Alakhananda.

Il giorno successivo abbiamo visitato l'antica città del tempio di Ukhimath che prende il nome da Usha, figlia di Banasur, che sposò Aniruddha, nipote di Krishna. Il tempio originale però, che si crede abbia almeno diecimila anni è Onkareshwar, dove il grande e leggendario re Mahandata eseguì un'austera penitenza. Rimasto in piedi immobile su una gamba sola per dodici anni, la sua totale devozione piacque a Shiva, che apparve nella forma dell'omkara per benedirlo. Si crede che il re Mahandata esplose dal petto di suo padre al momento della nascita e questa intera area è stata chiamata Mahandati Kshetra – il regno di Mahandata. L'aneddoto della nascita di Mahandata mi appariva come una consegna extraterrestre e mi chiedevo se tali storie non fossero veri e propri eventi galattici trasformati in interessanti racconti dagli antichi saggi per noi umani alle prime armi. Proprio come noi spieghiamo ai bambini principi scientifici complessi attraverso racconti semplici.

Il tempio è la dimora invernale del signore Shiva di Kedarnath che è adorato qui quando ogni anno in inverno il tempio innevato nei tratti più alti dell'Himalaya diventa inaccessibile per i pellegrini.

Il prete ci informò che eravamo fortunati a visitarlo perché Lord Kedarnath era presente e potevamo ricevere la sua grazia. Il complesso del tempio qui ospita anche la sala dei matrimoni dove, circa cinquemila anni fa, Usha sposò Aniruddha.

Dopo che tutti si ritirarono per la notte, tre di noi discepoli decidemmo di continuare a meditare intorno al fuoco ancora un po'. Sentii le vette silenziose di Neelkanth, Tungnath e Chandrashila osservare imperturbabili i nostri sforzi. Riempita dal silenzio della notte, improvvisamente, percepii una presenza e aprii gli occhi per vedere chi c'era intorno. Rimasi stupita nel vedere uno yogi in piedi in silenzio a poca distanza dal fuoco come se ci controllasse. Non l'avevo sentito avvicinarsi, le foglie secche sul sentiero avrebbero dovuto tradire il suo arrivo, sembrava essersi materializzato dal nulla. Era magro e molto scuro, tutto vestito di nero e con molte rudraksha intorno al collo e alle braccia. Indossava un enorme turbante in testa. Non si accorse di me mentre si avvicinava al fuoco. Nella luce del fuoco capii che non si trattava di un turbante ma erano i suoi dreadlocks che si avvolgevano in modo tale da dare l'impressione di un colossale copricapo. Il suo movimento era fluido e sembrava fluttuare verso il fuoco. Si sedette in silenzio accanto al fuoco per qualche istante per scaldarsi e poi sparì, mentre continuavo a guardarlo affascinata. In seguito Gurunath ci spiegò come le catene himalayane siano vive con la presenza di molti yogi che vagano indisturbati dalle leggi della fisica e la maggior parte dei viaggiatori ignari del loro passaggio. Il giorno successivo andammo a Duggalbitta, dove Gurunath aveva pianificato di acquisire un terreno per la realizzazione di un ashram himalayano. La valle era una dolce ondulazione dopo una ripida salita. Ci fermammo per strada per fare una battaglia sulla neve, lanciandoci palle di neve con gioia ed anche Gurunath vi partecipò, unendosi a noi come un bambino nell'allegria. Guardando i dolci pendii di Dugalbitta gli occhi di Gurunath si addolcirono mentre ricordava nostalgicamente "Quando da giovane yogi arrivai qui dopo un arduo viaggio, questo posto era accogliente come le braccia di una madre. Mi sono riposato qui per un po' prima di spostarmi più in alto a Kedarnath e poi Badrinath.

I discepoli vengono scoraggiati a fare fotografie di Gurunath mentre si siede o medita, poiché distrae gli altri e lui. Durante quella visita a Duggalbitta, mentre Gurunath sedeva da solo a meditare, una giovane discepola molto stupidamente andò da lui e fece alcuni scatti sorprendendolo con il flash della macchina fotografica. Gurunath aprì gli occhi e la guardò fisso. La ragazza spaventata scappò via. Più tardi, le spiegò gentilmente perché è importante seguire le istruzioni, non essere discoli e non dare fastidio. Spiegò che il satguru, mentre è in meditazione profonda, può essere in comunicazione con altri esseri oppure a lavoro su altri piani astrali e che i discepoli devono rispettare le istruzioni per la privacy in tali momenti. Gurunath ribadisce spesso l'importanza di prestare attenzione alle dirette istruzioni del maestro e di seguirle pedissequamente. Quando la ragazza venne a Chandigarh e sviluppò le immagini, c'erano tutte le foto eccetto quelle di Gurunath che meditava. I fotogrammi con lui che meditava erano vuoti.

 Quando lasciammo Dugalbitta una tempesta era in arrivo ed alcuni dei discepoli americani erano notevolmente scossi. Indicarono gli pneumatici lisci del nostro autobus traballante e le strade scivolose ricoperte di ghiaccio sottile e mostrarono la loro ansia di affrettarsi a tornare. Alcuni di loro indossavano orologi costosi che potevano leggere l'altitudine, la temperatura e la velocità del vento. Gurunath successivamente ci insegnò un semplice trucco, ci disse che quando gli yogi percorrono l'Himalaya per accertarsi se una tempesta si stia dirigendo verso di loro, si leccano semplicemente il dito e lo tengono in alto, e da qualunque parte il vento soffi - a sinistra o destra - anche la tempesta sarebbe passata in quella direzione. Ci si doveva solo preoccupare se il vento fosse nel centro! Questo racconto fece leccare a tutti il dito e poi, alzandoli in aria, dichiarammo che la tempesta sicuramente non si stava dirigendo verso di noi.

 Il viaggio stava per concludersi, l'ultima fermata era Haridwar dove visitammo la grotta vecchia venticinquemila anni, dove meditava Raja Bhartaharinath. Gurunath mi scoraggiò dall'acquistare una statua di Gorakhnath dalla quale ero stranamente attratta, dicendo che avevo ancora doveri mondani da concludere. Sei anni dopo mi chiese espressamente di andare a prendere lo stesso idolo per il mio nuovo centro yoga, dicendo con le sue benedizioni che potevo metterlo lì.

Alla scoperta di un'antica grotta di Babaji

Agendo in base al desiderio di Gurunath di stabilire un ashram himalayano ad un'altezza comoda, un discepolo di Delhi aveva perlustrato l'area intorno a Kedarnath, Duggalbitta e Gupt Kashi. Subito dopo un ritiro a Chandigarh, ricevetti un messaggio da lui che mi riferiva di aver individuato un terreno e mi chiedeva se potevo salire in macchina con Gurunath per controllare la posizione, così che l'affare avrebbe potrebbe essere concluso. Non avevo bisogno di ulteriori sollecitazioni ed Aman ed io ci alternammo alla guida portando Gurunath sul posto. Arrivammo a Rudraprayag in serata dopo un viaggio di nove ore. Il viaggio andò come pianificato e trascorremmo una settimana viaggiando in montagna con lunghi periodi di meditazione al mattino e alla sera.

Aman ed io ci siamo spesso chieste quale buon karma avessimo dovuto accumulare per poter passare questi dieci giorni sull'Himalaya praticamente da sole con Gurunath, percorrendo i sentieri con lui, meditando seduti intorno al fuoco, di notte, a Okimath.

Avevo preso una copia della guida turistica dell'Uttarakhand e sfogliandola pigramente, trovai per caso il riferimento ad un'antica grotta di Babaji a Srinagar, che si trova lungo il percorso da Rudraprayag a Rishikesh. Non so cosa abbia fatto scattare questo desiderio ma mi venne una grande voglia di visitare questa grotta. Come una bambina desiderosa di qualcosa, continuai a pensare costantemente a questa grotta ripetendo continuamente a Gurunath che ci potevamo fermare in questo santuario sulla via del ritorno. Gurunath mi fece notare che Nath yogi celibi gestiscono molti di questi santuari i quali non consentono alle donne di entrare nel sancta sanctorum. Questo mi fece scattare e dire indignata che, considerando che gli uomini richiedono le donne per tutte le altre attività e dal momento che cucinavo e mi prendevo cura di Gurunath come un vero discepolo da una settimana, avrei voluto vedere chi avrebbe potuto tenermi fuori dal tempio!

Al ritorno, fui infastidita dal fatto che Gurunath sembrasse ignorare dove eravamo, apparentemente indifferente al fatto che che stavamo attraversando il paese con la grotta. Esasperata, dissi ad Aman di fermarsi e informarsi sulla posizione della grotta. Potete credere che nessuno sapesse dov'era? La città sembrava essere popolata di persone che sapevano dove si trovasse ogni altro il tempio tranne questo. Tuttavia, continuammo ad andare avanti e indietro, essendo determinata a non andare oltre senza localizzare questa enigmatica grotta di Babaji.

Gurunath, ridendo maliziosamente, disse; "Penso che Babaji stia giocando a nascondino con Jyoti. Ha innalzato tutta la caverna in un'altra dimensione ".

Alla fine arrivammo presso un tempio accanto al fiume e mentre Gurunath andava a fare una passeggiata lungo il fiume, entrai nel tempio. Mentre mi chinavo a prostrarmi davanti all'idolo, una vecchia signora avvizzita uscì da una stanza vicina. Il suo viso era gentile e luminoso. Quasi in lacrime ormai le chiesi se sapeva dov'era la caverna di Babaji, perché nessuno in città sembrava saperlo. Sorrise e mi disse: "Se vai alla ricerca di Dio, come potresti non trovarlo? Io conosco la strada per la grotta".

Mentre seguivamo le sue indicazioni, ci arrivò aiuto anche tramite altre persone ed infine, una ragazzina che giocava per strada, ci scortò alla bocca di questa grotta. Non c'era nessuno di guardia all'ingresso e strisciai felicemente dietro Gurunath, perché il tetto era molto basso. Rimanemmo seduti tutti e tre a meditare. La grotta era fresca anche se piccola e con il tetto basso. Seduta con Gurunath mi sentivo importante, come una bambina che accompagnava il suo genitore ad un incontro con un altro membro eminente della famiglia. Un incontro dove i bambini devono tacere mentre gli adulti parlano di argomenti importanti.

La lezione di questo sforzo non mi sfuggì. Sentivo che mi mostrava cosa può fare la determinazione quando devi raggiungere un obiettivo. In effetti l'intera impresa a posteriori sembrò un piccolo gioco, giocato su di me, per testare la mia grinta.

Raja Bhagirath a Kedar Ganga

I tour himalayani a cadenza annuale furono avviati sul serio un paio d'anni dopo questo, intorno al 2007. Successivamente ogni anno a Mahashivaratri un gruppo di discepoli provenienti da ogni parte del globo si sarebbe fatta strada su queste montagne con Gurunath. Sono stata uno dei primi organizzatori ed i racconti di questi viaggi sono sempre pieni di esperienze meravigliose per i discepoli e cosparsi di eventi divertenti, lungo la pericolosa autostrada himalayana.

Negli anni il numero di discepoli nel gruppo lentamente è aumentato a mano a mano che la base dei discepoli di Gurunath è cresciuta. Un anno eravamo in centocinquanta persone per quel viaggio, tre bus pieni e numerosi mezzi privati.

In uno di questi tour Gurunath organizzò per noi una sosta per fare un tuffo in una cascata le cui acque del fiume - chiamato Kedar Ganga - provengono da Kedarnath. Dato che Gurunath ora viaggiava in un veicolo privato, l'autobus con i discepoli sarebbe partito presto e lo avremmo aspettato in una data destinazione. Arrivammo presso questa scenografica cascata: questa era potente e in lontananza enormi massi punteggiavano il ruscello formando pozze di acqua fredda e limpida. Come era consuetudine, come organizzatori, ordinammo ai discepoli di non entrare in acqua fino all'arrivo di Gurunath. Seduta a rilassarmi dopo una mattinata di attività frenetica per l'organizzazione del gruppo, mi resi conto di una figura, uno yogi molto antico, che galleggiava sopra la montagna da dove la cascata scorreva. I suoi occhi erano molto penetranti, aveva una fluente barba bianca e indossava un turbante, pensavo fosse un khshetrapal, un guardiano di quella zona, che era venuto a sorvegliare il gruppo. Gurunath arrivò dopo un pò e prese il suo posto su uno dei massi. Immaginate la mia sorpresa quando la figura rapidamente si spostò verso il basso e ricevette le benedizioni da Gurunath prostrandosi ai suoi piedi. Anche Gurunath lo riconobbe benedicendolo. Ero in preda all'eccitazione e volevo interrogare Gurunath su quanto accaduto per condividerlo con gli altri discepoli. Dovetti attendere il falò serale per farlo perché in quel momento ci stavamo preparando a prendere il nostro posto sotto la cascata ed a bagnarci nelle acque gelide.

Quella sera, quando raccontai la mia esperienza della giornata, un altro discepolo scozzese disse di aver visto la stessa scena ma con gli occhi chiusi. Gurunath disse molto casualmente che lo yogi era Raja Bhagirathi. Mi meravigliò il fatto che la persona che era stata determinante nel portare il Ganga sulla terra fosse venuto per essere benedetto dal mio guru; chi era il mio guru?

Dopo un po' smisi di interrogarmi su questi momenti magici e mi sentii semplicemente e umilmente incredula per essere stata toccata dalla grazia di tutto ciò.

Al vortice di Kalimath

I tour himalayani erano sempre pieni di enigmatiche esperienze per me, come se le montagne stesse fossero pronte ad impartire la loro saggezza al ricercatore. Una volta andammo in visita alla città del tempio di Kalimath, un centro molto potente dove Shakti nella veste del suo avatar Kali aveva sconfitto il demone Raktabeej il quale aveva ricevuto in dono un vantaggio in guerra in quanto quando una goccia del suo sangue cadeva a terra un altro Raktabeej germogliava da esso. Quindi, naturalmente, il suo potere non conosceva limiti e come sempre accade, ottenendo il potere assoluto divenne invincibile e un pericolo per tutti. Così imbattutosi nella madre nella sua manifestazione come Kali, nel confronto in battaglia, prima che una goccia di sangue potesse cadere a terra, Kali la leccò con la lingua e il demone fu finalmente sopraffatto. Per me fin dall'infanzia queste storie rappresentavano eventi cosmici di proporzioni epiche che, a mio avviso, erano state inserite in racconti per le limitate menti umane. Eravamo davvero un grande gruppo di discepoli quell'anno, sfioravamo le centocinquanta persone. Quando raggiungemmo il tempio c'erano grandi cartelli che proibivano le fotografie. La maggior parte dei discepoli proveniva dall'estero con solo un manipolo di persone di origine indiana tra loro. Mentre osservavo il comportamento dei preti iniziai a sentirmi disgustata, adulavano i "bianchi" permettendo loro di fermarsi per tutto il tempo che volevano davanti al swayambhu, divinità auto-manifestata, mettendo fretta al popolo "marrone" a malapena dando loro il tempo di guardare l'idolo. In effetti sentivo che se i preti ne avessero avuto la possibilità, si sarebbero allontanati dalla statua della madre per mettere delle ghirlande e fare aarti ai discepoli stranieri. La loro agitazione discriminatoria ed il loro servilismo erano per me insopportabili e la mia pazienza terminò quando li vidi consentire a certi discepoli di scattare allegramente fotografie, pur essendo sgarbati con gli altri. Mi disgustò tanto il loro comportamento che rivolsi la mia rabbia verso la divinità e mi sedetti sbuffando, rifiutando di prendere il darshan o fare il giro del resto del tempio. Aspettai che tutti finissero e si avviassero verso gli autobus parcheggiati a poca distanza. Assicurandomi che tutti fossero presenti fui l'ultima ad allontanarmi dal tempio. All'improvviso sentii che mi strattonavano il braccio e vidi un giovane sacerdote che mi tirava la mano, quindi mi fermai e guardai verso di lui, quando mi infilò qualcosa nel palmo della mano dicendomi in hindi: "Didi, questo è per te". Prima che potessi reagire era scappato. Rimasi sorpresa dal gesto improvviso di un prete arrogante nel mandarmi questo ragazzo con il prasad. Quando aprii il palmo della mano per vedere cosa c'era dentro iniziai a ridere. Nella mia mano c'era un piccolo pacchetto di incenso e sulla copertina c'era scritto shiv mahima, che significa il gioco divino di Shiva. Capii che si trattava di un messaggio scherzoso dal divino alla mia rabbia infantile, che tutto ciò che accade è un gioco divino.

Nel 2013 in Uttarakhand, nella zona del nostro soggiorno himalayano, ci fu la grande e tragica alluvione che all'improvviso ha spazzato via la maggior parte delle strade su cui avremmo viaggiato in Himalaya. Un esempio di come gli esseri umani possono inquinare e mettere in pericolo il delicato ecosistema di luoghi fragili, queste inondazioni hanno aperto gli occhi a molti.

Un tempo solo i più sinceri, spesso a piedi, risalivano l'insidioso Himalaya per raggiungere destinazioni sorvegliate da alte montagne, neve e giungle. Oggi i turisti che vogliono tutto il comfort della loro casa hanno sostituito gli umili pellegrini e l'avidità ha superato la virtù.

Lavori di costruzione dilaganti, servizi di elicotteri per una benedizione veloce e la pressione della popolazione umana sono culminati in una tragedia in cui molti uomini e animali hanno perso la vita. Questo ha posto fine ai nostri viaggi nelle regioni più alte e il tour himalayano al momento della stesura di questo articolo è limitato a Haridwar e Rishikesh. Non partecipo più ai frenetici compiti organizzativi del tour himalayano, che ora è stato affidato ai discepoli più giovani di Gurunath.

Due anni fa Gurunath mi ha incaricato di iniziare a dare delle lezioni a Rishikesh, chiamata la capitale mondiale dello yoga. Ricercatori da tutto il mondo si affollano qui per imparare, rubare, divorare informazioni e disinformazione su questa antica tecnica yogica, molti sinceramente e molti per moda, per promuovere le loro carriere a casa nelle palestre e negli studi di yoga ed altri ancora per andare avanti sulla via della spiritualità. Molti sono lì solo per una pausa dalla loro vita monotona a casa e altri per provare la droga come liberazione. È un crogiolo di tutte le forme di guru e discepoli veri e non così veri. Ma sempre un luogo dove, con chiarezza, si può trovare la vera gnosi. Quindi eccomi tornata di nuovo ad una attività di avviamento, che mi piace molto, mettendo i miei volantini negli studi di yoga amichevoli.

Anche qui la fortuna è stata al mio fianco quando il Parmarth Niketan Ashram, sulle rive del Gange, ha aperto le porte del loro ashram a Gurunath e alle mie classi senza riserve. Un ashram determinante nell'ospitare il famoso Festival Internazionale di Yoga era il luogo ideale per il lavoro affidatomi da Gurunath.

Sono stata un visitatore abituale, insegnando lezioni di Kriya Yoga ed altre pratiche formulate da Gurunath e lì abbiamo tenuto due satsang pubblici e iniziazioni di Gurunath, a cui hanno partecipato migliaia di ricercatori indiani e internazionali.

In concomitanza con l'International Yoga Fest è un grande evento di sensibilizzazione dove vari tipi di ricercatori riescono ad incontrare il maestro. Dal momento che i satsang sono gratuiti, aperti e di facile accesso, avemmo un successo senza precedenti nell'introdurre Gurunath in una diaspora di ricercatori in ricerca. Quest'anno inizierò con seminari di due giorni nello stesso luogo. Percepisco un passo evolutivo che fiorisce nella mia responsabilità come insegnante. Trovarmi in questo spazio interagendo con volontari ed organizzatori che accolgono tutti come se fosse casa loro, mi ha dato grandi lezioni e spunti su come orientarmi e liberarmi da strette restrizioni e pregiudizi verso altri percorsi yoga e guru. Questa è stata una lezione importante da imparare e sarò per sempre grata a Gurunath per aver creato miriadi di opportunità - ad una discepola ribelle - di imparare delle lezioni di vita.

Spesso quando sono nel nostro ashram a Pune mi sento così grata per questa opportunità di trovarmi così vicina ad un maestro vivente. Seduta con Gurunath sotto la capanna di paglia mi sento come se avessi fatto questo in molte vite e mi vengono in mente i gurukul dei tempi antichi.

Può sembrare che io abbia passato molti mesi con Gurunath nel suo ashram in quegli anni tra il 2000 e il 2005. Tuttavia, se conto il numero di giorni che trascorro in sua compagnia ogni anno, non saranno più di venti o venticinque giorni. Ciò include alcuni giorni durante un tour, un paio di giorni all'ashram, alcuni nei ritiri a Delhi o Chandigarh ed i giorni del Mahashivratri all'ashram che mi assicuro di non perdere mai, spinta da qualche intuizione interiore che comprende le iniziazioni superiori che hanno luogo in tempi così propizi.

Nell'ashram non abbiamo un orario fisso per meditare, mangiare, dormire e così via. Gurunath crede nella rottura dei rigidi modelli di pensiero lineare dei suoi discepoli. Non desidera che diveniamo degli schiavi senza cervello della sadhana che, secondo lui, deve essere gioiosa, libera e spontanea. Liberandoci come dice da lui dalle scadenze (deadlines), dice ironicamente: "Scadenza, scadenza, scadenza, scadenza " poi, dopo una drammatica pausa, continua, "Morte"(Dead).

"Fermi nell'obiettivo e flessibili nel metodo" è ciò che ci raccomanda Gurunath. Quindi, in ashram, prendendo spunto dal guru, i discepoli possono fluire in continuità dal trovarsi seduti a parlare con lui alla meditazione. Oppure può accadere che a notte fonda vengano svegliati all'improvviso per una meditazione mattutina, anche dopo essere rimasti svegli fino a mezzanotte inoltrata.

In una di queste occasioni ero all'ashram il giorno dopo Mahashivaratri. La maggior parte dei discepoli se n'erano già andati ed era anche il mio ultimo giorno. Gurunath aveva appena ripreso un discepolo per aver mancato una sessione di meditazione per andare fuori a passeggiare con la sua ragazza dicendogli che se anche Dio gli avesse chiesto di andare a fare una passeggiata con lui avrebbe dovuto dire "No, il mio guru mi chiama per la meditazione." Mentre mi sedevo accanto a Gurunath, meditando con lui, mi sentivo come se lui fosse un grande fiamma e io stessi accendendo una lampada dentro di me da questa luce più grande e stessi portando questo faro dentro di me. Da quel giorno, capii di essere un raggio del mio guru e che ogni mio momento sarebbe stato dedicato al suo lavoro.

CAPITOLO 6

IL FIUME CHE SCORRE DELLA VITA

Ero una bambina di sei anni, arrabbiata con mia madre per avermi lasciato a casa per andare a fare una commissione e avevo preso a calci una lunga vetrata, impresa che venne premiata con un grosso taglio sul tendine d'Achille. Il dottore, troppo zelante, dal momento che continuavo a camminare senza sosta ed a strapparmi le suture su un punto delicato della caviglia, aveva peggiorato la situazione tenendo ingessata la gamba di una bambina in crescita per molte settimane. Questo mi ha lasciato con una delle gambe leggermente più corta dell'altra, cosa che mi fa ancora zoppicare. A scuola ricordo di essermi sentita ferita quando qualcuno mi faceva notare questo "difetto".

Di solito succedeva ogni volta che c'era era una lite e avevo la meglio sulla discussione. L'avversario mi colpiva verbalmente, con un insulto, nel mio punto più vulnerabile letteralmente il mio tendine d'Achille. Devo aver risentito fortemente di questa deformità e ne fui a lungo imbarazzata, per poi stipare tutto in un oscuro recesso della mente.

Poiché la liberazione dai pesi del passato fa parte del processo di purificazione della sadhana yoga attraverso le pratiche prescritte, il ricordo di una vita passata sorse in superficie per rivelare il motivo del mio handicap. Tornai ad un'epoca passata nell'antica India e mi vidi come un giovane di circa ventidue anni che scalciava e abusava di un santo gentile seduto sui gradini della cisterna dell'acqua di un tempio. Mi scagliavo contro di lui con la gamba destra, prendendolo a calci sui gradini che conducevano ad un bacino d'acqua. Mentre rivivevo questa esperienza, potevo vedere chiaramente gli occhi dell'uomo anziano, pieni di compassione per me anche se lo maledicevo colpendolo con rabbia sfrenata. Poi un gruppo di persone mi prendeva e mi picchiava fino a coprirmi di lividi lasciandomi sanguinante. Poi mentre gli altri mi tenevano, un uomo si è fatto avanti e, con il colpo di una lunga spada, mi ha tagliato completamente la gamba. Successivamente seppi che si trattava del Tempio del Sole a Modhera, Gujarat. È interessante come ottenni questa informazione: uno dei miei studenti che vive ad Ahmedabad, aveva visitato questo tempio e aveva portato con sé a Chandigarh alcune fotografie della sua visita. Mentre guardavo le immagini, ho sentito un forte senso di déjà vu. Più tardi, mentre continuavo a ricordare guardando i dettagli della fotografia ero infastidita dal fatto che mi apparisse incompleta. Ricorreva la visione di una pagoda. I miei sforzi per ignorare tutto ciò relegandolo a frutto dell'immaginazione non aiutavano, così mi collegai ad internet e cercai questo posto. Immaginate il mio stupore quando la pagina si aprì rivelando l'esatta replica dell'immagine della pagoda del tempio nella mia mente. Le fotografie scattate dalla mia studentessa provenivano da un'angolazione diversa e non mostravano questa struttura. Potevo individuare l'esatta posizione in cui mi trovavo, sovrastando bellicosamente quell'anima gentile.

Questa esperienza fu la prima di una serie di ricordi di come quell'atto di colpire una persona indifesa mi avesse portato a rimanere senza una gamba in molte vite passate. Successivamente, mi vidi soldato nella prima guerra mondiale, di nuovo senza gamba destra. Ero rimasta con una gamba sola in molte delle mie vite passate, tutto a causa di quell'azione. Probabilmente fu grazie agli atti più umani posti in essere in altre vite in cui l'odio e la rabbia erano stati diluiti che in questa avevo entrambe le gambe, cavandomela con un colpo minore. Sentii salire agli occhi lacrime di perdono e compassione per me stessa che lavarono via tutto il dolore accumulato in tante vite passate. Dopo queste esperienze, per alcuni giorni me andai in giro sentendo la mancanza di sensibilità nell'area della gamba destra dovendomela continuamente toccare per rassicurarmi della sua presenza.

Ho avuto visioni di molte delle mie vite passate provocate dalla pratica datami dal guru. La pratica sembrava aprire canali nel mio cervello, permettendo a questi ricordi di emergere. Mi ha sicuramente aiutato ad avere una diversa prospettiva in merito alla mia vita attuale. Le esperienze non seguivano alcuna routine tipica, potevano arrivare in qualsiasi momento, guidando, cucinando, in piedi sotto la doccia o nel bel mezzo del fare l'amore, meditando o subito dopo. Per me non è mai stato necessario trovarmi in una trance profonda per ricordare episodi delle vite passate. Non so come la memoria venga attivata, generalmente una visione semplicemente sorge, prende forma e porta l'intera rivelazione. Direi che è come vedere in una pozza d'acqua, guardando lentamente la visione che inizialmente distorta o poco chiara, diventa successivamente cristallina. Come potevo essere certa che fosse una scena della mia vita passata e non un volo di fantasia? Non posso davvero dirlo, tranne che sentivo una familiarità con quel momento, una conoscenza chiara dell'evento che si svolgeva innanzi al mio occhio interiore, il riconoscere i personaggi dello stesso, anche se sembravano diversi e a volte erano di un genere diverso.

Oggi molti credono che la regressione alle vite passate detenga la chiave per risolvere tutti i problemi, dai rapporti personali ai problemi economici e comportamentali. Dalle mie esperienze personali ho realizzato che una volta aperta la porta di questa parte del cervello possono sorgere anche ricordi che non sono correlati al problema principale. Se a questo punto il ricercatore non ha un sistema di supporto può essere spinto sull'orlo della follia, in quanto la linea che divide il passato dal presente può fondersi e sovrapporsi, disorientandolo. Quindi se si sperimenta la regressione penso sia fondamentale la guida di un maestro e l'avere una pratica di supporto per assistere le persone nell'affrontare le rivelazioni che arrivano.

Evoluzione dell'anima

Negli ultimi anni ho sperimentato forti ricordi di molte delle mie vite passate. Anche se non arrivati in modo sequenziale, posso raccontarli per mostrare l'evoluzione di questa singola anima: masso di pietra, animale, individuo bestiale che prende a calci un vecchio, guerriero nativo americano che lotta per la sua terra, devoto sufi che sperimenta l'amore e così via.

Comincio con il raccontare la seguente esperienza perché sento sia l'inizio. L'episodio risale al 1997, poco prima che partissi per l'Australia e pochi mesi prima che incontrassi Gurunath. In questo periodo ero in una fase di scrittura di poesie e parte di una poesia scritta a quel tempo è riportata sul retro di questo libro. Seduta in silenzio in meditazione, sentii tutto il mio essere diventare denso e compatto. Sentivo l'acqua fresca che scorreva intorno a me ed un intenso senso di profondità, mi vedevo come un enorme masso in fondo a quello che io percepivo un immenso corpo d'acqua. La sensazione era di affacciarmi sull'immenso corpo d'acqua. Seduta immobile, riuscivo a "vedere" i pesci che nuotavano intorno a me. Il movimento dell'acqua sembrava pesante contro il mio corpo.

Un giorno, mentre mi occupavo delle faccende quotidiane, la visione del mio occhio destro si offuscò come se fosse rivestito da una leggera pellicola. Sfregamento e lavaggio dell'occhio non aiutarono. Fui disturbata ulteriormente dopo alcuni giorni, in quanto anche l'occhio sinistro venne coperto da questa pellicola, distorcendo completamente la mia vista. A poco a poco, l'ambiente circostante cambiò, guardavo attraverso quelli che sembravano occhi non umani e più vicini alla terra. C'era una foresta fitta intorno a me e attraverso gli alberi e gli arbusti percepivo una capanna o una stanza con una lampada tremolante. Tuttavia, non assomigliava a nulla di visto attraverso gli occhi umani. La visione della scena era in qualche modo allungata ed in cornici più piccole, come se guardassi attraverso una lente diversa. Il riconoscimento è arrivato solo da una consapevolezza a lungo dimenticata. Ero consapevole di un ringhio basso che proveniva dal mio profondo. Sentii un dolore lancinante e il lato destro del mio viso come se fosse in fiamme. Mi ci volle del tempo per capire che ero una pantera nera che si aggirava in una fitta giungla, con il lato destro del muso marcio e mangiato dai vermi. La visione del mio occhio destro rimase sfocata ancora per qualche giorno per poi, magicamente, scomparire. In quella visione, anche se sopraffatta dal dolore, stavo cercando di avvicinarmi alla capanna con la fiamma di una lampada piuttosto che allontanarmi da essa.

Amore e romanticismo

Rivivere le esperienze delle vite passate mi ha sicuramente aiutato a capire e riconoscere i legami che hanno attraversato molte vite, connettendomi alle persone con le quali ho una relazione in questa vita.

Come ho accennato in precedenza, ho avuto molta angoscia ed affrontato molteplici difficoltà nel mio matrimonio, divenuto alla fine così logorante da portarmi a separarmi dalle mie figlie per un po' e a trasferirmi in Australia per quattro mesi. Ma successivamente, nel vedere quanto lunghi e vari erano stati i legami con mio marito una vita dopo l'altra, i guai che sorgevano in questa non sembravano più così importanti nello schema più ampio delle cose. Lo riconobbi come mio cugino quando entrambi eravamo degli uomini nativi americani, come mio amico nella prima guerra mondiale e anche come mio figlio in un'altra vita. Quindi, per me, la consapevolezza delle mie connessioni con lui nelle vite passate ha portato un grande senso di profondità e maturità nella mia relazione con lui in questa, derivato dal riconoscere il legame formatosi attraverso vite precedenti. Non ho ancora la conoscenza di rapporti con le mie figlie nelle mie vite precedenti ed è interessante notare che, sebbene ci abbia provato, non sono stata in grado di vedere i rapporti con alcuni dei miei amici e studenti più cari in vite passate perciò mi chiedo se la ragione di ciò che deve e non deve essere rivelato si trovi altrove.

Ci incontriamo ripetutamente in diversi tipi di relazioni per elaborare le nostre emozioni residue e gli attaccamenti gli uni agli altri. Questo si rivelò particolarmente vero per una particolare relazione, che mi aveva lasciato una ferita profonda. In effetti, la separazione con questa persona mi aveva lasciato a pezzi, finché non vidi eventi di molte vite passate nelle quali avevo incontrato questa persona con lo stesso risultato. Avevo dei ricordi vividi di un paese che riconoscevo come l'area ora confinante con l'Afghanistan e l'Iran. Potevo sentire il sole avvolgere il paesaggio spoglio e sentire il desiderio nell'aspettare il mio amante. Nella visione, in seguito, andava a combattere in qualche lontana terra straniera, partendo e non tornando più, lasciandomi struggere per lui.

L'intero dramma si ripeté di nuovo in un'altra vita, questa volta da qualche parte in Europa dove viaggiavamo in una carrozza trainata da cavalli. All'improvviso, un gruppo di persone a cavallo fermavano la carrozza e lo trascinavano fuori, separandoci e lasciandomi con il dolore della separazione. Poiché il seme del desiderio l'uno per l'altro era rimasto incorporato in entrambi i nostri corpi sottili, continuavamo ad incontrarci e a separarci a causa del contesto sociale o di altri impulsi. Questo accadeva da qualche vita, l'altalena di incontro e separazione, dolore e gioia, lutto ed euforia…Quando si dice comportamento compulsivo! In entrambe le vite ero una donna. Questi ricordi si verificarono in un periodo della mia vita nel quale stavo rivivendo involontariamente il dolore della separazione. Era come se i ricordi stessero tornando alla superficie, per rivelare un legame compulsivo ripetuto in più vite, finché questo non avesse perso la sua presa.

Ho capito che le lezioni apprese da un amore ardente in seguito si sono trasferite alla mia ricerca spirituale. Ho capito profondamente cosa intendono i sufi quando parlano di ishq-e-majazi, passione fisica, che si trasforma in ishq-e-haqiqi, amore divino. La nostalgia dell'amato, la sensazione di completamento momentaneo, lo scioglimento e la fusione sono tutti duplicati all'infinito per il divino. Queste esperienze del passato sono servite per aprire percorsi nella mia coscienza che mi hanno aiutato ad accettare con grazia i molteplici doni dell'amore e della magia ricevuti una volta che ho messo piede sul sentiero spirituale. Lentamente, ho potuto sentire il nodo allentarsi, liberandomi dalla schiavitù di questo ricordo, passato e presente. La prova della vera sadhana è la facilità con cui ci stacchiamo da tutti questi intrecci e ci muoviamo con fermezza sul sentiero indicato dal maestro.

Nativi americani, Sufi e altri ruoli

L'acquisto intuitivo del quadro di Toro Seduto, lo Sciamano Guerriero Nativo Americano, durante l'anno sabbatico autoimpostomi in Australia, fu un debole riflesso di un ricordo che mi è stato rivelato per intero solo in seguito. Prove di questo collegamento sono il mio interesse per i riti sciamanici dei nativi americani, la visita della coppia di lupi di cui ho raccontato e la mia familiarità con i rituali durante la partecipazione al seminario di Sally Perry, durante i quali mi sentivo naturalmente parte dei riti da lei eseguiti; ed infatti, alla fine del seminario, mi aveva invitata ad entrare a far parte del gruppo essendo rimasta colpita dalla mia familiarità e dalla semplicità del modo in cui fluivo nella cerimonia. Ho intuito che anche la mia associazione con i cristalli proviene da quest'epoca.

Ebbi un'ulteriore conferma di ciò da una visione di me e mio marito come guerrieri che cavalcavano e combattevano insieme per Toro Seduto. Il ricordo che apparve fu di noi ad un incontro di guerrieri, avevamo entrambi tra i diciotto e i vent'anni. Lo scenario era in gran parte di una pianura ma con alcuni massi sparsi. Vidi Jujhar seduto su uno di questi massi, affilando ciò che sembrava una freccia o la punta di una lancia. Io ero seduta all'estremità opposta del cerchio.

Le nostre caratteristiche fisiche erano diverse ma ho riconosciuto senza dubbio l'anima. Anche ora scene e suoni di quell'epoca appaiono nel mio occhio interiore – lo scorcio di un villaggio, il suono di cani che abbaiano, l'osservare formazioni stellari aliene nei cieli notturni. Un terra sconosciuta ma stranamente familiare!

Ho capito di essere stata un uomo in molte delle mie vite passate. Quindi, quando vengono segnalate le mie mancanze come casalinga (le mie capacità di cucito e pulizia non sono così eccezionali), dico sempre: "Per favore, dacci un taglio - non ho fatto molta pratica nell'essere una donna". Mi chiedo se la mia visione di Babaji / Mataji in Kashi non sia una prova di essere stata in qualche piccolo modo scelta per portare alla luce questa ingiustificata divisione di genere e la sua fallace adozione da parte della società. Aspetterò che ciò avvenga.

In visita al mio villaggio natale con mio padre in Kerala nel 2013, mi trovavo nella nostra vecchia casa di famiglia quando ebbi una serie di rivelazioni: mi vidi come uno dei miei antenati, un patriarca della famiglia, scuro, alto ed imponente. In quel momento mi fu anche rivelata l'esistenza di una maledizione sulla famiglia lanciata dall'anima torturata di una donna molto soggiogata e sfruttata da un uomo della mia famiglia. La sua maledizione era stata indirizzata alle figlie della famiglia, che avrebbero sofferto nelle mani di altri uomini. Quando ripenso ai miei parenti stretti, questo è veramente accaduto, tutte le figlie hanno avuto vite tristi, vedovanza precoce, perdita di proprietà, sfruttamento da parte dei parenti, maltrattamenti da parte dei coniugi e spesso, povertà assoluta. Le nuore invece se la cavavano bene. In quella rivelazione mi fu detto che con la pratica e dedizione al mio maestro in qualche modo avrei aiutato a spezzare quella maledizione.

Sebbene io sia sempre stata attratta dalla musica e dallo stile di vita sufi, il mio interesse crebbe quando iniziai a vedere scritte in persiano o arabo mentre meditavo. Le frasi scorrevano in qualche modo familiare come se dovessi essere in grado di leggere e capire il testo. In questo periodo un volto che si era sovrapposto a quello di Gurunath durante le trasmissioni di Shivapat continuava ad apparirmi in meditazione. Descrissi con entusiasmo le sue caratteristiche a Gurunath e lui lo indentificò. Seppi che Gurunath era stato un santo sufi nel tredicesimo secolo - il cui dargah esiste ancora oggi a Delhi e che come Rumi, anche Gurunath era collegato al maestro derviscio Shams-i-Tabrizi. Come appresi molto più tardi, la loro connessione era molto più stretta. Anch'io ero stata un membro di quell'ordine all'epoca ed il volto che vedevo era quello di Gurunath con le sembianze assunte in quella vita.

Durante le trasmissioni vedevo prevalentemente due volti di Gurunath, uno dei quali era quello di questo santo sufi. Gurunath stesso chiarì il mistero della seconda persona che vedevo. Rivelò che l'avevo incontrato nel 30 a.C. quando era un santo guerriero.

Continuando a parlare delle nostre connessioni passate, Gurunath una volta mi rivelò che mi aveva anche dato un'iniziazione spirituale, a Ranikhet nell'attuale Uttarakhand, nel 740 d.C. Mi disse che provenivo da una rinomata famiglia del sud dell'India ma avevo sposato un principe contro il volere della mia famiglia ed ero stata bandita quindi ero scappata con lui nel suo regno in Kashmir, dove avevo iniziato a praticare lo shivaismo del Kashmir. Istruita alla danza classica era sopraggiunto un problema alle gambe e fui guidata da Gurunath che mi iniziò ad una pratica spirituale.

Capii allora come eravamo collegati da diverse vite e perché il nostro legame fosse oggi così forte. Mi chiesi se il satguru dopo averlo iniziato, diventi responsabile del progresso spirituale del discepolo che pratica fedelmente. È per questo che spesso il maestro e il discepolo si muovono insieme da una vita all'altra?

A volte mi infastidiva che nonostante Gurunath fosse così liberamente accessibile, le persone passassero oltre senza rimanere colpite da lui e gli chiesi cosa potevo fare per aiutarli di più. Molto gentilmente, Gurunath mi rispose: "Jyoti, tu concentrati sulla tua sadhana, siamo qui per cercarli. Così come ti abbiamo trovato, anche loro saranno trovati." Mi disse che le opportunità arrivano per tutti, alcuni ne approfittano, altri invece sopraffatti dallo tsunami della vita, le lasciano passare. Ma l'opportunità continuerà a ripresentarsi e ad un certo punto l'anima farà il salto, in questa vita o nella successiva, fino ad allora stanno elaborando il loro karma. Non c'è niente di cui preoccuparsi, mi disse.

In un certo periodo, la mia connessione islamica ha predominato i ricordi delle mie vite passate, risultando nel mio primo tour all'estero a Dubai, negli Emirati Arabi Uniti. Durante la mia visita, mentre stavo frequentando un corso, ebbi una vivida visione di uno degli studenti di nazionalità tedesca come mia sorella. Nella visione, entrambe eravamo fedeli islamici e ci trovavamo nel bel mezzo di una scena di caos. C'erano grida di guerra tutt'intorno a noi, lei era una mia sorella minore che stavo cercando di proteggere invano. Alla fine della lezione, lo raccontai alla studentessa, pensando che essendo anche lei sul percorso spirituale, avrebbe potuto essere in grado di apprezzare tali connessioni. Ma si spaventò, poiché probabilmente pensò che stavo facendo uno sforzo per forgiare una relazione basata sul passato, ed è da allora che non la sento. Ho incontrato molti fratelli e sorelle e anche una figlia del mio passato, ma non sempre lo condivido con loro. Quanto a me, non ho voglia di rinnovare vecchi legami, poiché l'intera idea della sadhana yogica è liberarsi dalla schiavitù esistente, non crearne una nuova dal passato.

L'Australia un paese di origine

La mia associazione passata con l'Australia è innegabile, quando sono lì mi sento sempre come una bambina in visita alla casa dei suoi avi. Quando vi tornai nel 2011 inviata da Gurunath per aiutare a piantare i semi delle pratiche del Siddhanath Yoga, cominciai a vedere gli anziani nativi del popolo originale del paese. Erano alti come alberi e grazie a una precedente esperienza in India, capii che si trattava dei custodi della terra. Continuavano a indicarmi l'oriente dicendomi di visitare il centro di questa terra, Uluru era dunque il luogo dove dovevo andare. Durante quella visita ebbi anche l'opportunità di visitare luoghi antichi non accessibili ai turisti. Ho potuto immergermi in corsi d'acqua sacri e in piscine dove le mamme davano alla luce i loro figli in isolamento. Seduta in una di queste piscine, sentii una profonda connessione con lo swadhishthan chakra, il chakra dell'utero, come se fossi connessa profondamente a questa terra per nascita. È difficile spiegare a parole le sfumature di queste esperienze che hanno penetrato molti strati di comprensione, con la fioritura delle informazioni che spesso è avvenuta solo in seguito.

Io e il mio amico arrivammo al piccolo aeroporto di Ayers Rock, come Uluru era stato ribattezzato, un altro tentativo degli esploratori e dei pionieri di marcare il territorio. Attraversammo un paesaggio incantevole per raggiungere il nostro hotel. Quella notte mi sedetti sentendomi abbastanza a mio agio, come una bambina in pigiama a letto. Dopo mezzanotte io e il mio amico facemmo un giro e parcheggiammo l'auto con le luci spente per ammirare il vasto panorama del cielo, milioni di stelle così vicine alla terra, un orizzonte che si estendeva da un capo all'altro in un silenzio dolce. Al rientro il mio amico andò a dormire ma io ero vigile, con i sensi in uno stato amplificato. Mentre entravo in uno stato profondo vidi scendere sulla terra una figura ardente, come una meteora, una figura maschile e femminile fusa, una, e tuttavia due. Nelle loro braccia comuni stavano portando - stringendole a loro - ciò che sembravano braci e che "riconobbi" come uova di anime, scintille di intelligenza per popolare la nostra terra. Non c'erano riferimenti temporali, l'immagine sembrava una scena uscita da una pre-era, milioni di anni fa, quando i pianeti erano globi di fuoco fusi. È interessante notare che la topografia di Uluru è rosso fuoco, come se un grande fuoco avesse bruciato sulla terra lasciandola fusa, la sua firma indelebile per i posteri. Aggirandomi tra le antiche formazioni rocciose vedevo nomi inscritti come Kalawati, nomi che sono ancora usati in India. Ci sono molte storie da sogno attribuite a Uluru, ne ricordai una che parlava di un serpente che proteggeva le sue uova. Durante questa visita mi fu anche detto che sarei stata determinante nel colmare la vecchia saggezza con la moderna, perché gran parte delle informazioni degli anziani erano andate perse senza essere trasmesse. In merito al quando, se in questa vita o in una successiva, non ne avevo idea.

    Sono tornata a Sydney, l'ultima tappa del mio viaggio, per concludere le lezioni che conducevo. Il giorno prima di tornare, avevamo organizzato un evento sulla spiaggia di Bondi, la mia vecchia zona. Si trattava del Siddhanath Surya, la pratica solare creata da Gurunath. Parteciparono in molti, anche la madre di uno degli studenti che lo aveva accompagnato. Durante una chiacchierata più tardi, le raccontai della mia visita a Uluru. Era abbastanza sorpresa quando sentì delle esperienze vissute lì e mi invitò a casa sua poiché lavorava a stretto contatto con gli aborigeni e la loro arte. Vista la vicinanza della sua casa con il luogo ove ci trovavamo, feci una deviazione accompagnata da Altaf, insegnante e organizzatore principale degli eventi australiani per Gurunath. Non appena entrata a casa sua rimasi incantata da un grande dipinto che adornava il muro in cima alle scale dell'ingresso. Lo stavo guardando quando mi spiegò che era un dipinto della costellazione delle Pleiadi. Secondo una leggenda aborigena, le sette stelle delle Pleiadi rappresentano sette donne che nutrirono e protessero un essere divino radioso a Uluru ed il dipinto ne era una rappresentazione. Questa leggenda risuonava incredibilmente con la nostra leggenda indù delle sei mogli della costellazione della Krittika (Pleiadi) che avevano nutrito Kartikeya, figlio di Shiva, nato come un tizzone ardente dalle austerità dei suoi genitori. Secondo la mitologia indù, le sei stelle della costellazione di Krittika sono le mogli dei sei rishi del grande carro. La settima moglie di Vasisht, Arundhati, essendo rimasta con il marito, può essere vista al suo fianco nelle notti terse. Inoltre, sono nata sotto la Krittika nakshatra, un sistema seguito dagli astrologi indiani. Troppe coincidenze sovrapposte per essere solo coincidenze.

Piena di tutte queste informazioni mi chiedevo come avrei fatto a ricordarle tutte per parlarne a Gurunath che avrei incontrato solo dopo un paio di mesi, al rientro dalla sua tournée all'estero. Cercai consapevolmente di archiviarle tutte nel mio cervello, come in una cartella di uno schedario, in modo che Gurunath potesse tirarlo fuori al nostro incontro. Poco prima di imbarcarmi sul volo, però, venni a conoscenza che il padre di Gurunath era morto e che, dunque, avrebbe abbreviato il suo tour in Europa per essere presente agli ultimi riti per suo padre. Per la prima volta in tanti anni avremmo celebrato il Gurupurnima all'ashram in sua presenza. Quindi eccomi qua, pochi giorni dopo il mio rientro in India, alla presenza del mio maestro, eccitata dal condividere con lui ogni frammento di informazione assunta. Gurunath disse ridendo: "Sai Jyoti, verrà il tempo nel quale non avremo bisogno di questa forma di comunicazione, sarà possibile proiettare le informazioni dallo shivanetra e gli altri potranno prenderne conoscenza ovunque si trovino ". Che meravigliosa scena creò nella mia immaginazione.

Un giorno l'anno scorso mi trovavo a Rishikesh ed avevo appena concluso le mie iniziazioni al Kriya, seduta in riva al Gange, un grande premio nelle mie visite in questa città.

Il famoso Gange aarti a Parmarth Niketan era appena cominciato e stavo scattando alcune foto per il materiale promozionale dell'imminente satsang di Gurunath nella stessa sede. Guardai in alto per vedere la luna e pensai che la cupola del tempio con la luna sarebbe stata un'ottima foto. Era ancora giorno, il sole non era ancora tramontato e feci un paio  di scatti. Non stavo usando una macchina fotografica eccezionale, scattavo le foto con il mio umile telefono. Quando guardai da vicino la foto vidi quello che sembrava un gruppo di puntini ed alzai subito gli occhi per vedere se c'era qualcosa li su ma non riuscii a vedere nulla. Immaginate la mia meraviglia quando riconobbi il gruppo di punti come la costellazione delle Pleiadi. Sorpresa da tale benedizione, lo considerai senza dubbio un darshan di Krittika.

Guidata dall'intuizione e dalle visioni ad occhi aperti degli anziani, feci molti viaggi brevi e più lunghi verso destinazioni che oltre a mostrarmi questo bel paese mi hanno anche fatto sentire completa. In una di queste gite visitai il Monte Wollumbin. Stavo conducendo lezioni a Byron Bay e sentii il desiderio di visitare questa montagna il cui nome significa acchiappa-nuvole. Mi accompagnò il nostro insegnante locale dell'epoca che non è più con noi, avendo successivamente intrapreso un percorso alternativo. Non avevo alcun desiderio di scalarla per sconfiggerla o conquistarla, volevo solo restare ai piedi di quella montagna sacra e vedere i primi raggi di sole accarezzarne la cima. Arrivammo in serata e ci sistemammo nella nostra piccola residenza, un caravan. Decisi di occupare la più piccola delle stanze, scarsamente arredata rispetto alla più accogliente camera da letto grande. C'era un'atmosfera magica in tutto il luogo con un sottofondo mistico. Meditai durante la notte percependo un calore e una protezione tipiche di un santuario sicuro. Ero molto sveglia ma mi sdraiai per rilassarmi e, tranquillizzandomi, vidi degli esseri apparentemente fatti di luce prendere posizione intorno a me e, mentre li guardavo incredula, questi iniziarono ad estrarre ogni organo del mio corpo, pulendolo e rimettendolo a posto delicatamente. Tutta la procedura era piena di amore e mi sentivo completamente al sicuro, con nessuna paura. Al mattino mi sentivo fresca come una bambina come l'insegnante che mi aveva accompagnato notò. Guardandomi esclamò: "Jyoti, cosa ti è successo? Sembri dieci anni più giovane". Sentii una gioia ed euforia oltre ogni parola.

Collegamento alla terra del Punjab

In realtà questa parte dovrebbe rientrare nella sezione relativa alle mie esperienze spirituali, ma la racconto qui perché mi ha portato a potenti ricordi di vite passate che mi hanno mostrato il collegamento a questa terra, a questa area ed a queste persone. Un giorno di marzo 2003, meditando a Panchvati prima della sua demolizione, vidi quattro figure slanciate, tra i cinquanta e i settanta piedi di altezza che vegliavano dalla foresta. Quando chiesi di loro a Gurunath mi disse che erano i Kshetrapals o i guardiani di questa terra. Mi rivelò il mio collegamento di una vita passata a quest'area suggerendomi di eseguire alcuni semplici atti di puja per placarli.

Un anno dopo, una mattina presto prima dell'alba, stavo meditando di fronte alla luna piena e rilassandomi potevo sentire la dolce carezza curativa dei raggi di luna sul mio corpo. Sorridendo serenamente, aprii gli occhi per guardare la luna e fui sorpresa di vedere apparire un volto su di essa. Lo riconobbi, era Yogi Sri Chandra, Baba Siri Chand come è conosciuto in Punjab, figlio di Guru Nanak e fondatore degli Udaseen Sampradaya. Si dice anche che sia un raggio di Babaji e, secondo Gurunath, lavora a stretto contatto con lui sull'Himalaya. La visione mi comunicò che voleva che io visitassi il suo akhada quello stesso giorno. Mi agitai un po', in quanto tutto il giorno era già stato programmato, quindi chiesi se potevo andare il giorno successivo. A questo punto il viso si dissolse e si fuse di nuovo nella luna. Uscita dalla meditazione chiamai la signora Chand, mia amica e grande devota di Yogi Sri Chandra. Era scioccata dal fatto che non stessi pianificando di andare immediatamente e che volessi rimandare la visita al giorno successivo. Non poteva credere che dopo una simile rivelazione potessi essere abbastanza arrogante da chiedere di andare un altro giorno e non immediatamente. Al sentirlo sottolineato in questo modo, mi stupii anche io della mia condotta. Mi recai a Kiratpur quello stesso giorno e visitai il Gurudwara che mi sembrò molto ordinario e rimasi delusa dal fatto che non ebbi alcuna grande rivelazione.

 Molti mesi dopo questo episodio, quella stessa amica mi chiese di accompagnarla ad una Gurudwara a Chandigarh. Non essendo una grande visitatrice di luoghi religiosi cercai di divincolarmi, ma alla fine andai con lei perché si era rotta un braccio e aveva bisogno che la guidassi. L'energia era molto potente e potevo sentire il mio corpo vibrare con le frequenze del luogo.

Guidata da un'intuizione, visitai ancora una volta il luogo in un giorno di luna piena per posizionare una roomala sull'altare. Quel giorno, la meditazione fu ancora più potente. A tarda notte, mentre ero seduta a meditare a casa, fui assalita dalle visioni di un campo dove stavano ferrando i cavalli e c'erano dei guerrieri sikh che pulivano le loro armi, percependo nelle miei narici un forte profumo di legna emanato dal fuoco. Potevo sentire i cavalli sbuffare e galoppare e le capre belare, il mio senso dell'olfatto era acuito. Riuscivo a vedere enormi calderoni di cibo in preparazione per un gran numero di persone. Il sito era la Gurudwara che avevo visitato: vidi un pozzo da cui si attingeva l'acqua per i cavalli e per la cucina comunitaria. L'intera scena sembrava l'accampamento di un esercito. Successivamente, ebbi conferma che questa era stata la strada intrapresa dall'esercito guerrigliero dei guru in viaggio per combattere l'oppressione dei governanti musulmani. Guru Gobind Singh aveva visitato questo posto e Baba Siri Chand vi aveva trascorso molti anni di profonda penitenza. Molti dei guru successivi lo avevano visitato per ricevere le sue benedizioni e Guru Gobind Singh si accampò spesso qui durante la guerra.

Tuttavia la mia eccitazione non conobbe limiti quando trovai il vecchio pozzo, riempito e chiuso con degli assi molti anni prima. Spiegava perché una ragazza di Palakkad fosse dovuta venire fin qui per sposare un ragazzo Sikh e diventare tutt'uno con la gente di qui! È una coincidenza che oggi partecipo attivamente ad un'organizzazione dedicata ai diritti degli agricoltori in città? Il gruppo Azione per i Contadini di Chandigarh è stato formato per lottare per la protezione dei diritti fondiari e dei mezzi di sussistenza degli agricoltori in città e proteggere gli agricoltori da leggi arbitrarie sull'acquisizione. Capii più tardi che era un ritorno al passato di quella vita di lotta per la terra con il guru. Molti udasi risposero alla chiamata dei guru Sikh in quell'epoca per una lotta concertata contro gli sforzi dei Mughal al potere di convertire forzatamente le masse all'Islam.

Portai con entusiasmo Gurunath in questo posto a Chandigarh quando si trovò a passare in occasione di un satsang e fui stupita di vedere il volto di Yogi Sri Chandra che si sovrapponeva al suo mentre meditavamo lì. Con quella visione, anche questa connessione a Yogi Sri Chandra scivolò via mentre mi liberavo dal ricordo di quella vita passata e il mio attuale guru si rivelava essere la mia unica guida. Sentivo di aver sviluppato un attaccamento al passato e, con questa rivelazione, percepii un fulmine immenso, come se fosse scivolato via un ingombro. Ogni volta che Gurunath visitava Chandigarh, andava sempre in questo posto. Durante una di queste visite Gurunath, che stava ancora progettando la costruzione del tempio della pace sulla terra nell'ashram, era seduto in meditazione qui. Poco prima aveva espresso il desiderio di aiutare a costruire un tempio per Shri Chandra in quel luogo con la sua statua. Uscito dalla meditazione ridacchiò e disse di aver visto Yogi Sri Chandra che gli aveva detto: "Tu occupati della realizzazione del tuo tempio, io mi occuperò di questo". Alla successiva visita di Gurunath al Gurudwara, fu realizzata la cupola e completato il parikrama, il corridoio esterno.

Il passato come ragione del presente

All'inizio, i ricordi non avevano alcuna relazione a problemi o circostanze in corso ma, ultimamente sono diventati più immediati e specifici. Quando cerco risposte alle situazioni della mia vita, spesso portano ad episodi derivanti da vite passate. Molte volte sono venuta anche a conoscenza involontariamente di informazioni sulle vite passate di altre persone. Una tra i miei amici era molto turbata da sua suocera, sempre assillante ed esigente. La mia amica era esaurita. Alla fine la vecchia signora morì e tutti i riti funebri furono eseguiti secondo le usanze. Più tardi, mentre meditavo a casa della mia amica, mi si rivelò che sua suocera era la figlia da lei abbandonata in una vita precedente. La figlia era rinata per essere sua suocera, chiedendo le attenzioni mai avute come figlia. In realtà si era comportata come una bambina irritabile ma, anche se la mia amica era stata molto gentile con lei verso la fine della sua vita, qualche vecchio residuo di debito karmico continuava a rimanere. Sapevo che sarebbe nata di nuovo nella stessa famiglia come un nipote, per completare quella relazione. È così che completiamo i nostri obblighi di vite passate attraverso le nostre relazioni attuali.

Qualche tempo fa Chand, che cerca regolarmente di testare le mie "abilità" e mi chiede sempre di pregare per qualcuno, mi ha chiamata per dire che il suo guru era stato ricoverato in terapia intensiva e se potevo pregare per lui. Più tardi, quando mi sono seduta per meditare, fui sbalordita dalla visione del suo guru in ospedale circondato da molte figure astrali, tra le quali riconobbi Shirdi Sai Baba e Gesù. Stavano tutti trasmettendo dell'energia di colore oro e bianco al suo corpo prono sul letto d'ospedale. Ho capito che il guru di Chands era associato a tutti questi maestri ed essi erano lì per dare le loro benedizioni. E sopra tutti, torreggiando immensamente e riempiendo il cielo stesso si trovava la figura di Yogi Sri Chand, distaccato e pieno di compassione. Nei giorni successivi, mi sono stati dati alcuni messaggi per il suo guru, un devoto di Yogi Sri Chand, che gli sono stati comunicati. Quando Gurunath fece visita, ripetette quei messaggi, facendomi sentire più sicura della mia intuizione.

Pur se eccitata quando mi fu detto che tali esperienze non erano ordinarie, io ero confusa, poiché non avevo una grandiosa opinione delle mie conquiste spirituali. Quindi, appena ne ebbi la possibilità chiesi a Gurunath di spiegarle, perché sicuramente non mentivo a tale proposito.

Sorridendo dolcemente, Gurunath spiegò: "Con la grazia del Satguru e influenzato dalle sue parole un discepolo può avere visioni di eventi delle sue vite passate, ma deve ricordare che questo è puramente dovuto alla sua grazia e non deve lasciare che il suo ego si gonfi. Inoltre è sempre meglio mettere la nostra vita e dedizione nella pratica e non lasciarsi distrarre da tali fenomeni, in quanto possono essere reali o il prodotto di una fervida immaginazione."

Ho sempre sostenuto che il solo conoscere il passato non abbia significato. Ma quando il passato si rivela come una parte naturale della sadhana, ha un significato più grande man mano che si svela e aiuta a rimuovere gli ostacoli nel proprio progresso spirituale. Il cervello memorizza ogni gesto, pensiero, parola o azione e questo è la base della teoria del karma. Quando il mistero del cervello sarà finalmente risolto, potrà chiarire il modo in cui l'anima porta con sè il residuo di questi desideri e rinasce più e più volte per soddisfarli. Gurunath dice che i semi del karma sono incorporati nel DNA e pertanto esprime se stesso in questa vita. Una prospettiva complessiva del passato ci aiuta a capire e a comportarci meglio nel presente. Quando il cuore si apre con amore e compassione per tutta l'umanità senza condizioni, confini o limiti, la pace in terra e l'evoluzione diventano possibili.

Raccogliendo ciò che ho seminato, ricordo costantemente a me stessa il mio libero arbitrio nello scegliere oggi le mie azioni. Il presente è il risultato del passato ma il futuro sarà il risultato delle azioni presenti. Tentare di agire con piena consapevolezza delle conseguenze delle mie azioni, mi offre un modo per porre fine ai modelli di comportamento ripetitivi trasportati da una vita all'altra. Pertanto, sono molto sollevata dal fatto che grazie alla pratica del Kriya Yoga oggi posso sperare di bruciare i semi di desideri incorporati nella mia memoria, impedendogli di germogliare di nuovo. Il respiro del Kriya Yoga si infrange come le onde sulla roccia dei desideri e finalmente inizia un processo di allentamento e dissoluzione della vecchia schiavitù karmica. Questo scrollarsi di dosso le catene secolari alla fine porta alla liberazione.

CAPITOLO 7

LA CASA DEGLI HAMSAS

L'aura dell'ashram aumentava in modo palpabile man mano che ci avvicinavamo a Khadakvasla nella periferia di Pune. Potevo sentire il potere e la forza del luogo attirarmi come un magnete, sebbene l'ashram fosse ancora a venti chilometri di distanza. Accompagnata da mio padre e da Aman, ero arrivata a Pune all'inizio di quell'anno, nel 2005, per aiutare Ayi con i preparativi per il ritiro di Mahashivaratri. L'ashram della foresta è ambientato nel contesto idilliaco della valle di Sitamai. Per gli ultimi due chilometri non c'è strada carrabile, solo un percorso sterrato che conduce ad essa. All'avvicinarci al semplice cancello di ferro, la sensazione era di entrare in una dimensione ultraterrena di una diversa frequenza vibratoria. L'ashram sembrava scintillare come un miraggio. Non c'era nessuno in giro poiché l'aiuto quotidiano dal villaggio doveva ancora arrivare, così ci sedemmo in un recinto di paglia vicino all'ingresso per aspettare Hanumanta, il vecchio custode fidato dell'ashram che doveva arrivare con le chiavi. Il silenzio era profondo e scivolai facilmente in una trance meditativa. Il respiro divenne calmo, lungo e profondo, gli occhi si chiusero concentrati verso l'alto e il tempo sembrò fermarsi.

È molto difficile spiegare l'atmosfera dell'ashram. Per farlo occorre immaginare i Gurukul dei rishi di un tempo. L'ashram è incastonato nella valle, come se si trovasse tra le braccia della stessa Sitamai, punteggiato di alberi piantati e curati da Ayi, negli anni si è trasformato in un santuario ombreggiato per diverse varietà di uccelli. Una coppia di corvi che nidificano qui si avvicinarono a noi senza paura all'ora dei pasti, gracchiando educatamente fino a che la loro richiesta di cibo non fu soddisfatta. Perfino il loro gracchiare sembrava essere ammorbidito nell'ambiente dolce e incantevole dell'ashram.

A differenza del terreno circostante che è asciutto e disseminato di robusti alberi Kikar, l'ashram ha un lussureggiante frutteto di mango con casette adagiate in mezzo. Ayi ha scelto con cura il design dell'ashram che è tutto di fango e paglia. Il pavimento nella zona soggiorno e pranzo è di terra ed è intonacato giornalmente con sterco di vacca fresco. Il profumo di fiori di mango e fiori selvatici pervade l'ambiente in modo rinfrescante. Quando visitai l'ashram per la prima volta nel 1999 gli edifici erano pochi, solo due che ospitavano un massimo di quindici persone, e gli alberi di mango non erano completamente sviluppati. Quest'anno sono stati realizzati alcuni cottage, gli alloggi per i discepoli sono aumentati a trenta ed ad oggi la struttura dell'ashram è cresciuta considerevolmente con il numero di persone che possono restare contemporaneamente arrivato a cento.

Il passato come ragione del presente

Nei tempi antichi, quando i bambini venivano mandati a gurukuls per studiare e ricevere la conoscenza, il guru e sua moglie - che era chiamata con riverenza Gurumata - risiedevano lì e gli studenti ricevevano un'educazione olistica, che andava dallo spirituale al professionale, per prepararli al viaggio della vita. Quando ho incontrato la moglie di Gurunath, Shivangini, per la prima volta, non ero a conoscenza della corretta etichetta da seguire e del rispetto accordato alla moglie del guru in un ashram.

Ricordo solo di essere stata avvolta da un inspiegabile aura d'amore quando mi accolse nei dintorni dell'ashram con un sorriso gentile. Ma, gradualmente, ogni volta che visitavo l'ashram durante l'anno ed ero testimone dell'interazione tra lei e Gurunath, ho capito il ruolo centrale che ha svolto nell'integrazione dello spirituale con il materiale. "È solo grazie a lei che avete questo bellissimo santuario, il Siddhanath Forest Ashram", diceva spesso Gurunath, interrompendo un satsang al passaggio di Ayi. "Ero uno yogi pazzo, totalmente impegnato nella mia sadhana yogica priva di qualsiasi desiderio e necessità; lasciato da solo avrei potuto bruciarmi nel calore generato dall'intensità della mia tapa. È la vostra Ayi che ha gestito l'organizzazione dell'ashram e ha letteralmente rischiato la sua vita per costruirlo mattone per mattone." A sentire ciò Ayi arrossiva e con finta disapprovazione chiedeva a Gurunath di continuare con il satsang invece di lodarla. "Dai, i tuoi studenti non sono venuti qui per ascoltare questo", lo ammoniva. Poi Gurunath, con gli occhi che brillavano maliziosamente, continuava: "Ma non dimenticare che sono stato io a portare bijli e paani, elettricità e la conduttura dell'acqua ", traduceva per discepoli che non parlavano hindi. Questa forma di scambio d'amore tra Guru e Gurumata è comune nella vita in stile gurukul, dove i discepoli possono vedere scorci della vita personale e delle relazioni del Satguru nella loro vita quotidiana in ashram.

Entrambi, sebbene immersi nella sadhana spirituale, ritornano alla praticità quando è richiesto. Un esempio che balza alla mia memoria è la costruzione della strada per l'ashram. Anche se in possesso dell'autorizzazione del tribunale per poter accedere all'ashram, Gurunath e Ayi stavano affrontando il forte dissenso di un vicino che non voleva lasciar passare la strada attraverso parte del suo terreno. Gurunath cercò di dialogare con lui ma, fallito ogni tentativo, un giorno chiamò un bulldozer e in poche ore la strada fu segnata, la vegetazione appiattita ed il percorso tracciato!

Ayi appartiene alla famiglia Bhonsle dell'illustre Chatrapati Shivaji e a volte siamo esposti alle sue qualità guerriere quando con gli occhi lampeggianti impartisce ordini ai lavoratori per portare a termine un lavoro o castiga un discepolo per una birichinata. Abbiamo ascoltato con stupore le storie di come trent'anni prima camminasse sul sentiero nel bosco da sola con i suoi due figli, armata di spada e fucile per proteggerli dai pericoli della giungla che circonda ancora oggi l'ashram.

Solitamente reticente, Ayi parla raramente delle sue conquiste spirituali, contenta di lasciare che sia Gurunath, che è anche il suo Satguru, a prendere l'iniziativa. Ma ascolta divertita quando noi, i discepoli, discutiamo con entusiasmo le nostre "esperienze spirituali" e "visioni". Il suo silenzio rivela la maturità e la profondità della sua sadhana personale. Gurunath la descrive come la quintessenza "dell'essere perfezionato" con le sue radici profonde nelle viscere di samsara e le sue ali in volo fulmineo verso il Samadhi.

Assestarsi nella vita gurukul

Mentre mio padre era impegnato con le sue preghiere quotidiane, Aman ed io organizzammo le stanze, assicurandoci che ognuna avesse materassi, zanzariere, lenzuola e coperte. Creammo uno schema di assegnazione delle stanze e dei letti nei dormitori per i discepoli - uomini, donne e bambini. L'ashram è rustico e dispone di beni di prima necessità, senza fronzoli extra come televisione o telefono. Seguendo la nostra lista di controlli, ci assicurammo che tutti i servizi igienici fossero puliti e verificammo il funzionamento degli sciacquoni. Ogni toilette e doccia dovevano essere dotate di secchi e tazze, spazzole e detergente per WC. Questo mi ricordò di una proposta ricevuta qualche tempo prima di includere il nostro ashram all'interno di un programma di turismo spirituale all'interno del quale principalmente turisti stranieri e persone del posto benestanti potevano essere portati, come parte della loro ricerca per il nirvana. Quando gli organizzatori chiesero un elenco dei comfort che potevamo fornire, scherzammo sul fatto che ci fosse solo un comodino in stile occidentale. Inutile dire che non ricevemmo nessuna ulteriore richiesta di entrare a fare parte di quel tour.

Una volta all'ashram, la maggior parte dei discepoli si adatta facilmente all'ordinario e semplice stile di vita osservato qui, dimenticando tutte le comodità che nella vita quotidiana sembrano essenziali. Ma nel corso degli anni l'ashram è divenuto un ambiente più lussuoso, con servizi più moderni, una palestra, personale di catering per un aiuto extra in cucina e, quest'anno, una piscina sacra, amorevolmente costruita dal nostro maestro. Gurunath è un nuotatore provetto e per molto tempo aveva immaginato una piscina per nuotare all'ashram. Quest'anno l'abbiamo vista prendere forma ad un ritmo veloce con la supervisione personale di Gurunath. in ogni fase L'immersione nella piscina lilla, con le tre cime e il tempio della pace terrestre che si affacciano su di essa, è un regalo divino.

Quel giorno, però, iniziammo presto con le faccende di casa nella cucina, controllando gli oggetti immagazzinati e gli elenchi degli ingredienti che erano arrivati dalla città. La settimana seguente sarebbero state presenti quasi cinquanta persone residenti in ashram e ci sarebbe stato un Bhandara, o pranzo della comunità, in occasione di Mahashivratri, alla presenza di centinaia di abitanti dei villaggi locali e dei loro figli che ricevono lezioni regolari di pratica yogica all'ashram. Per evitare confusione, Ayi aveva deciso il menu per ogni giorno, insieme agli ordini di acquisto giornaliero di articoli deperibili come latte e verdure. Alle dieci del mattino avevamo già portato a termine la maggior parte del lavoro assegnatoci con l'aiuto dei lavoratori assunti. Ayi era ancora in città a fare acquisti dell'ultima ora per l'ashram e Gurunath era atteso a tarda notte. Come regalo per il buon lavoro svolto, raccolsi un mucchio di cenere fredda dall'havan-kund, dove Gurunath esegue i rituali del fuoco sacro e mi diressi verso la collina dove il pittoresco tempio di Shiva domina l'ashram. Una volta li, comportandomi come un vero yogi, prima bagnai lo Shivalinga con acqua, poi lo spalmai con la cenere per poi spalmarla anche sul mio corpo e sui miei capelli. A quel punto mi sedetti sotto il sole ardente, nella corretta tradizione di Nath, per la pratica del Surya Yoga, una forma di adorazione solare creata e insegnata da Gurunath per assorbirne l'energia vitale finché ogni atomo e molecola nel corpo non sia satura di splendore solare. Questo implica l'accesso e l'applicazione dell'essenza solare stessa sul nostro corpo formando uno scudo protettivo, per allontanare le negatività.

Gurunath racconta spesso come una volta questa pratica l'abbia salvato, quando una folla di teppisti arrabbiati lo attaccò con manganelli di legno e bottiglie di soda. Lo scudo di energia solare aveva deviato i "missili" prima che potessero raggiungerlo. Questo accadde a Gwalior nel 1975, ove Gurunath si era recato per aiutare alcuni amici ad evacuare gli occupanti abusivi del loro caseggiato, occupato con la forza. Gli abusivi si rifiutavano di andarsene persino dopo aver ricevuto una notifica legale del tribunale. Questo episodio fu pubblicato sul giornale locale il giorno successivo, il quale riportò come nessuna delle tante bottiglie lanciate lo avesse colpito tranne una che aveva preso in mano e bevuta sorridendo ed un'altra, che invece di gettare contro i suoi avversari per rappresaglia, aveva fatto delicatamente rotolare indietro!

Ero come una bambina che imita un adulto, ma allo stesso

tempo soddisfacevo un desiderio interiore e mi sentivo molto speciale per essere in grado di seguire tali tradizioni secolari di sublimi yogi. Gurunath ci ha insegnato che arrendendoci al sole quale nostro Padre ed alla terra come nostra Madre, impariamo a connetterci al bambino universale interiore, la cui natura è quella di gioia e beatitudine eterne, non corrotta dai condizionamenti esterni. Questo è il dono di Gurunath a quelli tra i suoi discepoli, che sono malconci, maltrattati o alienati provenendo da famiglie disturbate. Quando si connettono all'energia primordiale del sole e della terra, il dolore interiore è guarito e il desiderio per l'amore dei genitori è più che soddisfatto.

All'ora di pranzo arrivarono alcuni discepoli d'oltremare e l'ashram era in piena attività. Le donne del villaggio avevano cucinato un semplice pasto a base di riso, dal, bajra, jowar rotis e verdure. Ayi si era a lungo impegnata a preparare una gran varietà di condimenti per accompagnarlo: sottaceti e chutney, arachidi pestate, cocco e miscele di foglie di curry, tutti piatti tradizionali del Maharashtra. Il cibo, preparato su un fuoco di legna nel modo tradizionale, aveva un sapore divino.

La cucina dell'ashram è fornita di utensili vecchi di secoli; questi evocano ricordi degli ashram dell'antichità, in cui i discepoli trascorrevano anni a vivere con il guru e sua moglie, acquisendo importanti competenze. Ogni discepolo lí giunto se ne andava con quanto a lui dovuto, ed è così anche nel nostro ashram. Gurunath concede liberamente le sue trasmissioni, il suo amore, la sua saggezza, così come guarigione e rimproveri. Più ricettivo e aperto è il discepolo, più veloce è l'apprendimento e la sua trasformazione.

La vita dell'ashram ruota attorno al guru: i discepoli spendono più tempo possibile con lui, assorbendo le sue parole, le sue trasmissioni e la sua stessa essenza. L'atmosfera è informale, senza una routine fissa per la veglia, il sonno e la meditazione. In effetti, ogni momento è meditazione mentre si è in presenza del maestro. Normalmente la mattina, i discepoli sono impegnati con la pratica del Surya Yoga. Ma se Gurunath è seduto fuori con la sua tazza di tè mattutina, i discepoli tendono a raggrupparsi intorno a lui, desiderosi di condividere il dialogo con lui, rimandando la pratica a dopo. Non c'è enfasi sulla colazione e molti di noi la perdono del tutto.

È solo quando Gurunath si apparta per la sua sadhana mattutina che anche i discepoli si disperdono per fare il bagno, praticare la propria sadhana o filare dritti verso il tavolo da pranzo per la colazione.

Normalmente, Gurunath riemerge dalla sua meditazione intorno a mezzogiorno. Ha l'abitudine di soffiare la conchiglia, chiamandoci per una meditazione di gruppo nel tempio. I discepoli, sparsi per tutto il terreno dell'ashram, meditano con un orecchio sempre sintonizzato sul suono della conchiglia. Anche se questa sessione è una meditazione di gruppo, ogni sadhak sente come se fosse solo a praticare la sadhana personale alla presenza del maestro. Dopo questa potente sadhana, vengono discusse le attività organizzative dei vari centri, i loro problemi da affrontare, i risultati raggiunti ed i piani futuri. Al momento Gurunath ha stabilito tre centri in India: Pune, Delhi e Chandigarh. Questi centri offrono lezioni, organizzano satsang durante le visite regolari di Gurunath e svolgono il compito di diffondere il messaggio di Gurunath attraverso la pratica dell'Hamsa Yoga e del Mahavatar Babaji Kriya Yoga. Questi incontri in ashram sono generalmente condotti nella capanna circolare di paglia, all'aria aperta. A volte, le riunioni possono diventare rumorose e sgradevoli con accuse che volano numerose e veloci fra i discepoli. Le voci di dissenso sulle varie politiche possono divenire forti e correnti sotterranee di malumori possono venite allo scoperto. Gurunath resta ovviamente totalmente impassibile ma è in grado di portare ordine abbastanza velocemente; altre volte è invece felice di contribuire alla mischia in corso tra i discepoli. Queste sono le nostre sessioni di brainstorming e di solito, alla fine, i discepoli stilano un piano realizzabile e tutti sentono di esser stati ascoltati.

Il tocco curativo del guru

Il suolo stesso dell'ashram ha acquisito proprietà curative, saturo delle vibrazioni rarefatte di anni della rigorosa tapa di Gurunath. Ci viene chiesto di camminare a piedi nudi qui, ma molti discepoli cresciuti in città lo trovano molto doloroso. Eppure, quelli che lo fanno sono ricompensati con guarigioni miracolose di malattie croniche. Nell'anno 2002 uno dei miei studenti visitò l'ashram per la prima volta, visita preceduta da una settimana di gozzovigli a Goa, abusando di corpo e mente con droghe ed altri eccessi con la scusa di festeggiare il capodanno! Incontrava Gurunath per la prima volta. Quando arrivò il momento della cerimonia dell'iniziazione, Gurunath lo guardò e disse: "Lui non sta bene, come posso iniziarlo?" Sentendo questo, il giovane fece una faccia triste, perché era un ragazzo sincero e non vedeva l'ora di ricevere l'iniziazione. Gurunath lo guardò intensamente, come se vedesse oltre l'ovvio, e gli chiese di partecipare alla cerimonia di iniziazione.

La prima iniziazione è un rito in cui il satguru attiva l'energia Kundalini del discepolo a salire verso l'alto, suscitando il lungo processo di evoluzione spirituale. Nel corso degli anni, il discepolo viene guidato attraverso molti livelli di iniziazione e di responsabilizzazione per dimostrare l'integrità, la fiducia e la lealtà riposta dal discepolo nel satguru, come segno di resa totale. Spesso i maestri fanno dei test per controllare la fermezza dei discepoli.

Dopo che Gurunath iniziò lo studente che era venuto successivamente ai festeggiamenti di Goa, il suo occhio destro iniziò a lacrimare. Entro pochi minuti il liquido incolore che trasudava dal suo occhio era diventato cremoso, poi giallo e poi verde, in putrefazione. Molti partecipanti al ritiro voleva portarlo dal dottore, preoccupati che avrebbe perso la vista. Ma Gurunath, affatto preoccupato, con nonchalance gli consigliò di camminare a piedi nudi nell'ashram e di raccogliere e rimuovere eventuali pietre o detriti che gli facevano male ai piedi. Sebbene il suo occhio continuasse a lacrimare in maniera continua, questo ragazzo perseverò a camminare scalzo, gridando quando una spina o una roccia appuntita gli facevano male ma nel frattempo raccogliendole e mettendole da parte. Al terzo giorno fu completamente purificato, l'occhio limpido e le tossine eliminate. Nel corso delle mie lezioni avevo visto questo discepolo in una vita passata nelle vesti di un cacciatore tribale Bhil. Lui è lo stesso ragazzo che riceveva un colpetto in testa quando era in dubbio sul guru.

Molti discepoli, dopo la prima notte all'ashram, riportano la miracolosa scomparsa di ricorrenti dolori lancinanti o irritazioni cutanee. Questo ha rafforzato la mia certezza che gli stessi dintorni dell'ashram possiedono proprietà curative miracolose che curano i visitatori anche senza il loro desiderio cosciente o la loro partecipazione attiva.

Come ho già detto, il nostro gruppo è composto da molti guaritori appartenenti alla "new -age e Gurunath cerca sempre di distrarli dal corpo, indirizzandoli verso l'anima e lo spirito. Per fargli comprendere questo, a volte tiene sessioni di guarigione durante le quali fa... assolutamente nulla. "La stessa presenza di un maestro è guarigione", dice, "Un satguru non perde tempo a guarire il corpo. La guarigione avviene solo quando il discepolo è con lui in uno stato d'animo ricettivo".

Durante una di queste sessioni straordinarie all'ashram, ad un certo punto stavo seduta sul pavimento di terra della capanna in uno stato d'animo rilassato mentre Gurunath riposava, quando sentii il mio corpo perdere lentamente la sua forma ed iniziare a sciogliersi. Poi ad uno ad uno ciascun chakra cominciò a ruotare vorticosamente, partendo dal più basso e muovendosi in alto, fino a che tutto il mio essere salì in una spirale verso l'alto e mi staccai dal corpo. Riuscivo a guardare l'intera scena sotto di me, Gurunath sdraiato sul suo asan con gli occhi chiusi, gli altri discepoli in varie posizioni ed io accasciata come una bambola di pezza. Potevo anche vedere le mucche pascolare nei campi vicini e sulle colline a distanza di miglia. Pensai, è così che si sente la vera guarigione, il sé che separato dal corpo come un uccello e liberato da una gabbia costrittiva, conosce la piena libertà; più tardi provai una sensazione di rinnovamento come se fossi nata di nuovo. Durante tutta questa strana esperienza fuori dal corpo, Gurunath continuò a riposare pacificamente schiacciando un pisolino prima di pranzo.

Che le vie dei maestri sono imprevedibili l'ho imparato in innumerevoli modi. Una volta, senza alcun apparente motivo, Gurunath mi rimproverò davanti ad altri discepoli per qualcosa che sentivo non essere affatto colpa mia. Sentendomi molto ferita e offesa piansi apertamente ma Gurunath non mostrò pietà e mantenne la sua censura. Piangendo andai da Ayi, lamentandomi di come fosse tutto ingiusto. Mentre ero seduta lì, entrò Gurunath agendo come se nulla fosse accaduto. Quando Gurumata a sua volta lo interrogò, mi guardò con compassione e disse distrattamente: "Oh, stava sviluppando dei tumori, quindi li ho rimossi!" Attraverso le lacrime iniziai a ridere perché ora dovevo ringraziarlo per avermi fatto piangere così.

L'energia dell'ashram, satura com'è nell'aura delle trasmissioni del guru, è un luogo ideale per la guarigione olistica. Negli anni in cui sono stata attivamente coinvolta nell'organizzazione dell'ashram, quasi quindici anni, soffrii di un insolito disturbo che solo in seguito misi a fuoco come un avvenimento regolare. All'imbarco per il volo in viaggio verso l'ashram mi si gonfiavano entrambe le gambe, come se avessero accumulato liquidi. Durante tutto il mio soggiorno all'ashram questo sintomo fastidioso persisteva ma non appena era ora di andarsene il gonfiore si riduceva notevolmente scomparendo miracolosamente raggiunto l'aeroporto per imbarcarmi sul volo di ritorno. Viaggiatrice incallita, volavo per lunghi periodi – fino a quattordici ore – per incontrare la mia famiglia all'estero o per il lavoro del Guru in Australia e non soffrivo di questo gonfiore su nessuno dei questi voli. Dopo un paio d'anni mi accorsi che questo succedeva solo durante i miei viaggi verso l'ashram. Sembrava che nel mio caso avvenisse una guarigione inversa, perché di solito la guarigione avveniva in ashram e invece i miei sintomi si verificavano quando ero lì, il suolo dell'ashram tirava fuori il mio stress psicologico per poi scomparire al rientro. Nel momento in cui ho smesso di organizzare attivamente gli eventi all'ashram il sintomo è scomparso ed ora, durante la mia permanenza in ashram, le mie caviglie restano naturalmente magre, qualunque fosse lo stress sembra essere guarito del tutto.

L'anno 2007 ha visto la consacrazione del Tempio della Pace in Terra all'ashram: Gurunath, essendo uno yogi del lignaggio Nath, aveva sempre parlato del suo desiderio di fondare un tempio per dhyan con uno shivaling di mercurio solidificato come punto centrale. Il tempio per me è un simbolo di ciò che fa il maestro per il discepolo. "La mente quando non è sintonizzata è come il mercurio liquido", disse una volta Gurunath. "È distratta, e quando provi a prenderla fugge proprio come il mercurio liquido sfugge alla cattura ed è velenosa come lui. Il discepolo, per grazia del satguru e con la pratica data, sintonizza e doma la mente per fluire in un modo disciplinato e la stessa mente velenosa si trasforma in nettare, proprio come il mercurio solidificato".

Una volta, seduta di fronte a Gurunath, lo vidi trasformarsi in forma cosmica, con tutte le galassie ed il sistema solare che ruotavano pigramente nel suo corpo e vidi la stessa formazione anche nello shivaling di mercurio solidificato nel tempio della pace terrestre. Mi resi conto allora che Gurunath e lo Shivaling erano una cosa sola. Per me non c'è distinzione tra i due.

Nel 2013 mi slogai entrambe le ginocchia ed essendo testarda, non andai da un dottore facendo di testa mia per curarle. Nonostante il molto dolore ed il fatto che fossi a malapena in grado di camminare,  continuai a fare il mio lavoro all'ashram. Il dolore alle ginocchia e la strana postura avevano iniziato a mettere a dura prova anche la mia colonna vertebrale, peggiorando nel tempo e causando una flessione delle vertebre. Riuscivo a malapena a salire i gradini del tempio, ma la mattina molto presto, prima che iniziassero le faccende dell'ashram, mi arrampicavo zoppicando con la spina dorsale contorta.

Questa è sempre stata mia abitudine all'ashram, infilare la mia pratica tra le faccende che finivano a tarda notte e iniziavano presto la mattina dopo, senza interruzioni durante il giorno.

Un giorno, entrata nel tempio, mi sedetti di lato stendendo una gamba, dato che non potevo piegarle entrambe insieme, facendo attenzione a non puntare il piede verso il guru nella forma dello shivaling. Benché la meditazione fluisse regolarmente dovevo continuare a cambiare gamba per stare a mio agio e l'irritazione dovuta a questo aumentava progressivamente. Non mi stavo lamentando e nemmeno chiedendo sollievo o guarigione, ero solo infastidita dal disagio. Ad un tratto sentii un crepitio come quello che si sente da un chiropratico e la colonna vertebrale miracolosamente si raddrizzò, con la scomparsa totale di ogni pressione su di essa. Testai la colonna vertebrale muovendomi per essere certa che non fosse solo un sollievo momentaneo, ma l'affaticamento era sparito! Compresi il tocco curativo del guru che era arrivato dalla sua forma di shivaling.

Anche se la pressione dalla colonna vertebrale sparì e tornò al suo stato di buona salute originale, il dolore alle ginocchia era ancora presente. Ovviamente avevo condiviso la mia guarigione al tempio con Gurunath, che sentì che la guarigione era avvenuta perché non ve ne era stato il desiderio. Quel pomeriggio, ero seduta nella piccola sala da pranzo nella residenza di Gurunath nell'ashram ad annotare alcuni conti. Gurunath, che stava riposando, uscendo mi disse: "Jyoti, è successo qualcosa ai miei piedi ti dispiace massaggiarli un po' per raddrizzarli?" Ero piuttosto euforica per questo compito, poiché di solito sono i ragazzi che riescono a massaggiare i suoi piedi. Non l'avevo mai fatto prima. Quindi, malgrado mi facessero male le ginocchia, mi sedetti sul pavimento di fronte a lui preparandomi per massaggiargli il piede, quando lo sollevò e lo mise sul mio ginocchio. Ad ogni momento che passava la pressione del suo piede diventava più pesante e un dolore lancinante attraversava il mio ginocchio. Ma perseverai completando il massaggio di entrambi i piedi che aveva messo così dolorosamente su entrambe le mie ginocchia. Poi... guarda un po', quando iniziai ad alzarmi, notai che il dolore ad entrambe le mie ginocchia era svanito, mentre massaggiavo con attenzione i piedi del maestro, lui mi stava guarendo. Vedendomi alzare con facilità rise e disse: "Jyoti hai la guarigione nelle tue mani".

Sentii immediatamente un moto di amore e devozione per un tale essere che si prende cura di alleviare la sofferenza dei discepoli in modo così premuroso.

Queste esperienze non sono solo mie, molti dei ragazzi che massaggiano i piedi di Gurunath hanno condiviso che al tocco di qualche punto riflessologico sui suoi piedi ... sentivano una corrispondente guarigione dei loro organi.

Ma questa non è la fine della storia del mio dolore alle ginocchia. Qualche tempo dopo, stavo discutendo della mia visione di lui come essere cosmico ed il fatto che lo stesso modello del cosmo fosse apparso nello shivaling perché erano la stessa cosa, quando Gurunath si intromise nella discussione con umorismo, "Quale essere cosmico Jyoti, eccomi qui con acciacchi e dolori dappertutto, mi fa male la schiena e i medici ritengono che le ginocchia necessitino di un intervento chirurgico e di una sostituzione". Io in maniera molto disinvolta respingevo sue lamentele, dicendo egoisticamente che se noi possiamo guarire noi stessi non riuscivo credere che lui non potesse, lo stava facendo apposta. Quella notte, mentre dormivo, tutto il mio corpo si contorse dal dolore, tutte le mie articolazioni dolevano insopportabilmente. Mi resi conto in quell'istante che era il dolore collettivo dei discepoli che il guru sopporta senza lamentarsi solo a causa del suo amore per noi.

Con le mani giunte chiesi di sopportare da sola le mie sofferenze da quel giorno in poi, sinceramente non volevo mettere il peso del mio dolore sul mio maestro. Alla consapevolezza sopraggiunta, il dolore scomparve. Le ginocchia di Gurunath, per le quali i medici consigliavano un intervento chirurgico e la loro sostituzione, sono guarite senza alcun intervento. Davvero magiche sono le vie del guru e le loro lezioni.

Sperimentando ShivaShakti

Dopo il mio esperimento della meditazione cosparsa di cenere il giorno del mio arrivo, iniziai ad immaginare uno Shivalinga colossale come lo stesso monte Kailash, a volte ricoperto di neve, a volte di granito nero, oro o mercurio ma sempre prepotentemente enorme. Una grande fame e un grande desiderio di dissolvermi in loro, evocava una sensazione erotica ma purificante. Mi sentivo come se fossi seduta in cima a una pira funeraria ardente e mi fondessi in essa. Eppure, la sensazione era piacevolmente fresca. Il desiderio di rimuovere tutti i miei vestiti e togliere i pochi gioielli che indossavo era forte, come se fosse il preludio dello spaccarsi in due del mio corpo per far cadere la carcassa.

Lo confessai ad Ayi, perché sentivo il bisogno della rassicurazione materna che non facessi nulla di male facendo abluzioni allo Shivalinga e ungendolo con la cenere. Lei sorrise dolcemente mentre ripetevo senza fiato le mie esperienze e proprio quel sorriso mi diceva che non c'era niente di cui preoccuparsi. Come una bambina con un segreto svelato, mi sentii subito meglio.

Quell'anno Ayi mi regalò il tradizionale braccialetto d'oro con ventuno monetine, ognuno con la figura di Devi in rilievo.

"Indossalo sulla mano sinistra", mi ordinò gentilmente. "Questo è per bilanciare Shiva e Shakti, l'energia maschile e femminile in te, Jyoti, hai ancora molte responsabilità nei confronti della tua famiglia e devono passare molti anni prima della completa rinuncia e vairagya." Gurunath fu più diretto e succinto, "Oltre a spargere la cenere devi badare alla casa e al focolare ragazza", disse. Gurunath, essendo uno yogi capofamiglia, consiglia sempre ai discepoli di completare la loro educazione e di non derogare ai loro doveri verso la società e la famiglia. Quando giovani discepoli vengano a gironzolare all'ashram con il pretesto di essere yogi duri e puri, Gurunath dice loro: "Ti darò il primo Kriya: trovati un lavoro!"

Questo braccialetto bilanciava bene quello che indossavo sulla mano destra – un braccialetto Om Namah Shivaya donatomi da Gurunath qualche anno prima. "Shiva e Shakti nel mio stesso corpo, l'Ardhanareshwar? Mhmm, speriamo che il mio seno destro non si appiattisca", non potei fare a meno di commentare con frivolezza, facendogli scuotere la testa di fronte alla mia immaginazione iperattiva. "Conosco qualcuno che non ne sarebbe troppo felice", continuai nella stessa vena. Dovevo essere rimasta piuttosto stordita da tutti gli eventi per dirlo ad alta voce.

Potevano essere state visioni della fusione finale con Shiva quelle che avevo vissuto? O era solo un desiderio profondo in me che si manifestava in una visione? Non avevo ben capito la potenza dell'atto intenzionale di spalmarmi il corpo con la cenere nel sacro tempio in cima alla collina, imbevuta di potere com'era. L'atto sembrava aver portato alla germinazione di un vecchio seme di rinuncia latente in me. Come ho già detto in precedenza, ho vissuto molte vite come sadhak maschio in passato. Indulgendo in questo atto avevo inconsapevolmente avviato un percorso che mi avrebbe portato lontano dai miei impegni con la famiglia come madre, moglie e figlia? Queste domande mi sconcertarono nei giorni successivi.

Qualunque cosa possa essere stato, l'intervento di Ayi e Gurunath era stato tempestivo e necessario. Capii che i tempi non erano ancora maturi perché la mia vita culminasse in rinuncia ascetica. Rimasi profondamente toccata da questo dono di Gurunath e Ayi, nei miei sentimenti più intimi. Avendo perso mia madre un anno prima, ciò ha soddisfatto un mio profondo bisogno di nutrimento e compresi l'importanza ed il valore della preoccupazione familiare. Oggi ho capito che il distacco non è indifferenza voltarsi dall'altra parte o evitare qualsiasi cosa ma assenza di attaccamento e che c'è amore inimmaginabile per tutti. Non cerco una grotta solitaria ma seduta nel mio letto di casa ho il massimo della realizzazione spirituale grazie alle lezioni impartite dal mio maestro.

Mahashivratri – la grande notte di Shiva al vecchio tempio

Mentre il giorno di Mahashivratri si avvicinava, tutti noi discepoli ci stabilimmo nella routine dell'ashram, come se non avessimo conosciuto altro, la sua energia calmava i nostri disturbi e la pratica costante affinava la nostra sensibilità. La casa a Chandigarh sembrava lontana come se facesse parte di un'altra vita, cinque giorni all'ashram erano più reali di tutto il trambusto della vita cittadina. Le notti trascorrevano intorno al fuoco ascoltando Gurunath, domande non poste trovavano risposte.

Nessuna sessione intorno al falò è completa in India senza l'inimitabile gioco di antakshari, una forma di canto a catena, dove due gruppi competono tra di loro. Un gruppo deve iniziare con il testo di una canzone che l'altro deve terminare, oppure saltare un turno. Partecipano anche alcuni discepoli stranieri dopo ripetuti anni di visite, riportandoli all'ovile di quella che è diventata una consuetudine indiana per eccellenza. Mi ricordo che un discepolo americano rimase abbastanza sbalordito dal testo di una canzone hindi appena uscita - "bheegey honth tere… kabhi mere saath koi raat guzar, tujhe subah tak main karoon pyaar…" che parla esplicitamente di "passare la notte insieme, facendo l'amore fino all'alba" come gli fu spiegato. Non riusciva a credere che gli indiani potessero essere così sfacciati, credendo che fossero evasivi e timidi su tali questioni! E questo nonostante portasse un Kama Sutra in miniatura per una pronta consultazione nel suo portafoglio, come scoprimmo per caso!

Nel 2001, il giorno prima di Mahashivaratri, il sole era appena tramontato e ci sedemmo in cerchio intorno a Gurunath. Scivolando in uno stato di meditazione più profondo sentivo il mio respiro diventare più fine profondo e lungo. Godendo di questo momento, i miei occhi si aprirono leggermente e immaginate la mia sorpresa quando sulla sedia, al posto di Gurunath, vidi un cobra d'oro. Chiusi e aprii gli occhi di nuovo per assicurarmi di non avere avuto un'allucinazione, ma era ancora lì. Bello nella sua maestà, arrotolato con la testa dritta dove avrebbe dovuto essere la testa di Gurunath. Continuando a scrutare potevo vedere la figura dorata di Gurunath e questo serpente sovrapporsi uno all'altro. Mi venne la pelle d'oca e una sensazione di euforia percorse il mio corpo. Poi, lentamente, la figura di Gurunath si cristallizzò e mi guardò dritto negli occhi mentre concludeva la meditazione. Quando chiesi la sua interpretazione di questa magnifica visione, disse che era la visione della Kundalini Shakti risvegliata del guru. Mio Dio, pensai tra me e me, come faccio a capire qualcosa di profondo come questo? Per un momento mi sentii impotente, incapace di assorbire questa rivelazione di Gurunath, poi la mente sembrò espandersi e riempirsi di luce, calmandomi.

Il giorno di Mahashivratri viene speso in preparazione per la grande notte di Shiva. Molti digiunano e altri mangiano cibi leggeri, mantenendo il sistema libero per l'ondata di energia che fluirà al momento propizio, normalmente intorno a mezzanotte. I discepoli locali di solito iniziano a arrivare all'ora di pranzo ed il loro numero cresce man mano che si avvicina la sera. In tarda serata, l'ashram risuona dei canti di Shiva provenienti da diversi raduni di discepoli, uniti nell'amore e devozione per quella figura mistica. Il tempio è decorato con rangoli e lampade a olio brillano in tutti gli angoli dell'ashram.

Verso mezzanotte, i discepoli si dirigono verso il Tempio di Shiva in cima alla collina, figure silenziose che si muovono in fila nella notte oscura su per i gradini ruvidi. Sentivo i canti vibrare dentro di me, tutt'uno con il mio respiro e il battito cardiaco. Ci disponemmo in cerchio intorno al tempio, lasciando un percorso per far salire Gurunath dopo le sue speciali preparazioni yogiche. L'aria stessa si percepisce raffinata e rarefatta, tutta la natura ferma come in attesa, senza fiato, di Mahashiva. La leggenda narra che in questo giorno di buon auspicio, Shiva e Parvati attraversano la nostra galassia e benedicono in modo speciale tutti coloro che in quel momento sono coinvolti nella pratica dello yoga. Il loro amore per gli yogi praticanti è ben noto. Gurunath le descrive come due galassie che si attraversano con tutti gli esseri senzienti su tutti i pianeti in queste galassie che traggono beneficio dallo scambio.

I canti si fecero frenetici e molti discepoli stavano raggiungendo uno stato di trance quando arrivò Gurunath. Potevo vedere il suo corpo coperto da un alone che irradiava una luce blu soprannaturale. Compì il rito semplice e familiare di bagnare lo Shivalinga ed ungerlo con il bhang mentre cantava il mantra potentemente. I riti yogici sono molto più semplici e diretti di quelli fatti dai preti e così entrammo in meditazione velocemente.

Il significato dell'uso della cannabis per l'unzione, secondo Gurunath, è quello di far provare allo yogi discepolo il più alto stato di Kaivalya, o samahadi ininterrotta, di cui Sadashiva sta godendo. I discepoli partecipano a questo Mahaprasad e meditano per assaporare, nel loro modo limitato, una parte di quel sublime stato usando la sua qualità per spostarsi verso livelli più alti nella sadhana. La parola chiave qui è meditare, perché se dopo l'assunzione dovessero cadere per terra in uno stato di torpore, l'intero esercizio è annullato come dice Gurunath.

L'aria stessa sembrava crepitare di elettricità statica, l'energia del passaggio palpabile per molti. Restando seduta con gli occhi chiusi in attesa, mi chiedevo se fosse la mia immaginazione o se davvero sentissi un'onda fresca di particelle simili alla luce passare attraverso di me, facendo ondeggiare il mio corpo e spingendolo indietro. Non so dirlo con certezza, ma mi rimase la sensazione di essere stata raschiata e pulita dall'interno. Alla fine della meditazione, svolgemmo la tradizionale aarti e scendemmo dopo aver ricevuto individualmente le benedizioni da Gurunath che presiedeva lo Shivaling.

Arrivò il momento, quindi, di bere il tradizionale Mahaprasad. Io insieme ad altri all'inizio della serata avevamo guardato con interesse come la solita squadra - che tradizionalmente si occupa del prasad ogni anno - lo preparava. Avevo guardato affascinata le foglie di cannabis inizialmente macinate diventare un impasto fine mentre la squadra cantava Om Namah Shivaya. Il canto è continuato per tutto il tempo della preparazione mentre l'impasto veniva mescolato nel latte fino a formare una consistenza liquida, al quale poi venivano accuratamente aggiunte le mandorle macinate, seguite da spezie e zucchero. Il prodotto risultante aveva una tonalità verdastra vellutata e un odore di erba appena falciata.

Molte polemiche sono nate in merito a questa abitudine di bere ciò che è visto come una droga sotto forma di prasad ma questa tradizione si svolge in tutto il nostro paese in questo giorno di buon auspicio ed anche i custodi della legge rispettano questa tradizione secolare. Anche le donne indiane tradizionali come mia madre, che non hanno mai assaggiato alcolici o altri intossicanti nel normale corso della loro vita, non esitano a partecipare a questa offerta.

Prima della distribuzione del bhang, Gurunath immerge uno Shivalinga di mercurio solidificato in esso, cantando i mantra in un rituale tramandato nei secoli dagli antichi Nath yogi. Al mercurio viene attribuito il potere dell'alchimia, che trasforma il metallo vile in oro e che, una volta assorbito, libera i nervi psichici aiutando il processo di nadi shodan; è usato anche per il ringiovanimento e il kayakalp dagli yogi. Gurunath, a intervalli, ci offre il tè al mercurio che è una delizia per noi aspiranti yogi e che noi sorseggiamo molto solennemente. Certo, questi rituali devono essere eseguiti in presenza e con la guida di un maestro realizzato perché il mercurio ha altre qualità e può essere fatale se preso senza sorveglianza. Quindi, viene somministrato con un avviso: Per favore, non provarlo a casa.

Gurunath guidava il canto mentre formavamo un cerchio e poi venne data una piccola porzione del prasad a ciascuno. Ci disse che doveva essere bevuto lentamente e spiegò che serve ad abbassare i pregiudizi mentali e la difesa del subconscio del discepolo, così che il maestro possa lavorare più facilmente per rimuovere gli ostacoli che lo intralciano nel suo percorso spirituale verso la realizzazione. A volte certe inibizioni possono trattenere i discepoli dalla realizzazione del loro vero potenziale spirituale. Il rallentamento delle frequenze del pensiero nella coscienza e nella mente subconscia permette al discepolo di muoversi internamente in profondità e tentare di raggiungere nuove vette nella pratica meditativa. Sorseggiare il bhang mi fece sentire sempre più stabile e iniziai a vedere le aure in colori luminosi e abbaglianti intorno tutte le persone riunite in cerchio.

La sensazione fisica era di essere gradualmente compattata, come scolpita nella pietra, immobile ma completamente vigile.

Questo tradizionale rito di assunzione del mahaprasad di cannabis è stato interrotto per vari motivi, uno tra questi è stato che aveva iniziato ad attrarre miriadi di studenti che venivano solo per partecipare all'evento e non per gli insegnamenti ben più preziosi del maestro, contribuendo a creare un'atmosfera non favorevole alle aspirazioni spirituali degli altri.

In uno degli ultimi anni di questa offerta del tradizionale prasad in ashram ero seduta a sorseggiare il prasad lentamente. Era l'anno in cui era stato consacrato il tempio della pace sulla terra e a dire la verità tutti i discepoli, compresa me, avevano un po' esagerato con le meditazioni sul mercurio alchemico. Ci sedevamo per lunghe ore nel tempio della pace in terra, io con il mio personale shivalinga di mercurio sempre accanto. Penso che il risultato di tutto questo aumento di energia sia stato iniziare a sentirmi eccessivamente erotica, sentivo l'energia sessuale accumularsi nel mio chakra swadhishtan fino a quando non fu una pulsazione palpabile, sconcertante ma piacevole. Mi sedetti sorseggiando a piccoli sorsi il prasad mentre partecipavo al canto di gruppo guidato da Gurunath. Mentre andavo più a fondo nella mia meditazione ero consapevole del passaggio delicato dell'essenza del guru intorno al cerchio che liberava i chakra e la psiche dei discepoli, uno per uno. Al passaggio di questa energia in me istintivamente mi trattenni, non so se a causa di un'inibizione intrinseca all'abbandono al maestro o del troppo desiderio di assaporarla. L'energia del guru, tuttavia, passò senza esitazione, liberando i chakra dei discepoli. Dal momento in cui l'energia illuminante fu passata io rimasi piena di rimpianto per essermi trattenuta invece di lasciarmi andare, ma era troppo tardi. Il giorno dopo ero piena di rimorso per il mio atto di repressione, come se avessi perso un'occasione di purificazione o trasformazione.

Ma quella mattina, mentre tutti i discepoli erano riuniti a colazione Gurunath guardò con dolcezza il mio viso addolorato e mi disse: "L'energia accumulata, quando usata nell'atto del sesso viene rilasciata verso l'esterno mentre quella che rimane, sarà trasformata in sacra energia spirituale e rivolta verso l'interno dalla tua pratica. Non c'è bisogno di preoccuparsi." Gurunath spiega le verità spirituali più complesse in modo semplice che anche un bambino può capire.

L'esito dell'assunzione del bhang non può mai essere previsto. Ho partecipato a molti Mahashivratri all'ashram ed ognuno è stato diverso. A volte l'intera scena è divertentissima perché le persone abbandonano le artificiosità e diventano naturali e spontanee. Alcuni sono sconquassati delle risate, mentre altri non sono in grado di controllare il loro pianto. Altri ancora mettono in scena i loro desideri e le loro fantasie latenti. Una sera del genere, il CEO di un'azienda di Delhi insistette per farci una presentazione su un programma software mentre la maggior parte di noi rideva incontrollabilmente senza motivo apparente mentre allo stesso tempo una donna, un'insegnante, insistette per darci lezioni di fisica sebbene fosse un'insegnante di lingue. A dire il vero quello che diceva sembrava così logico che mi ritrovai a prestarle attenzione cercando di capire!

Mi ricordo in particolare un Mahashivratri nel quale sembrò che tutta la notte fosse passata nel tentativo di convincere i discepoli ad andare a letto nelle loro stanze. Ne portavo uno al dormitorio e lo ritrovavo a vagare fuori. Temendo che potessero smarrirsi nella foresta circostante, provavo a blandire e persuadere ciascuno a tornare a letto. Alla fine, esasperata, chiesi a Gurunath se tutti stessero bene. Sorrise gentilmente e disse: "Certo Jyoti, ora puoi riposare". Al che mi sedetti per la mia meditazione e l'aria circostante sembrò immediatamente solidificata e divenuta immobile. Non so per quanto tempo rimasi seduta così, ma quando alla fine andai a letto vi trovai qualcun altro e dovetti dormire fuori sotto l'albero di mango.

Gurunath rimane sempre molto vigile durante questi momenti, i suoi occhi penetranti fissi su di noi mentre procede con il suo lavoro divino su piani più sottili, preparando i suoi discepoli per portare avanti il lavoro di Babaji. Sento sempre che c'è un livello sottile e più alto di consapevolezza che è appena fuori della nostra portata, se solo potessimo attingere a quello stato capiremmo più chiaramente lo scopo per il quale ci sta preparando.

Il giorno dopo il Mahashivaratri, le persone escono lentamente dalle loro stanze. Alcuni sembrano imbarazzati, altri ridono coraggiosamente di sé stessi, altri ancora fingono di non ricordare ed altri sono sinceramente smemorati riguardo gli eventi della notte precedente. Tuttavia la giornata è impegnativa in quanto è il giorno del bhandara. Sono invitati tutti i paesani vicini oltre ai bambini che vengono regolarmente all'ashram ogni domenica per le lezioni di yoga. L'ashram si occupa anche della loro educazione e delle necessità quotidiane. Ayi e i suoi aiutanti servono amorevolmente tutti ed anche noi aiutiamo nel servire le varie pietanze preparate per la festa. Quindi Gurunath, Ayi e le insegnanti visitatrici distribuiscono doni ai bambini che si comportano al meglio, capelli oliati che brillano, puliti perfettamente dalle loro madri per quest'occasione speciale. Il bhandara oggi ha assunto proporzioni epiche, con migliaia di bambini, abitanti del villaggio e ospiti che arrivano per questa grande festa e per la condivisione dei doni.

Nel 2009 durante le celebrazioni di Mahashivaratri, stavo riposando nella mia stanza nel pomeriggio quando sentii un forte muggito. Pensavo fosse un toro fuori sulla strada ma quando guardai fuori dalla finestra non riuscii a vedere niente. Il muggito si ripetette e questa volta, non so spinta da quale forza, corsi in fretta e furia fuori dalla mia stanza, scalza e con i capelli arruffati. Vidi Gurunath e un gruppo di discepoli per lo più maschi in piedi vicino al cancello scaricare una cassa pesante da un camion e guarda un po', quando la cassa fu aperta, ne uscì un bellissimo Nandi in ottone. Suona un po' bizzarro ma sono certa che quello che sentii fu Nandi che annunciava il suo arrivo. Gurunath era così eccitato che nel tirare giù la cassa un chiodo arrugginito lo trafisse e lo fece sanguinare. Dopo molte insistenze il medico locale lo convinse a farsi vaccinare contro il tetano. C'è un motivo se sto raccontando qui questo incidente del chiodo.

Quella stessa sera una discepola che condivideva la stanza con me entrò per mostrarmi un piccolo libro delle Bhagavad Gita rilegato in modo molto artistico, con bordi dorati e un aspetto assai prezioso che Gurunath le aveva donato, preso dalla sua collezione. Era ovviamente molto eccitata e si sentiva speciale. Per un istante sentii una fitta di gelosia mentre pensavo tra me e me, caspita non ho mai ricevuto niente di così speciale da lui. Poi come è mia abitudine scossi la testa e allontanai il pensiero. La mattina dopo vidi Gurunath fuori accanto al Nandi e mi avvicinai per ammirare l'intricato lavoro manuale su questo pezzo di arte tradizionale molto speciale. Improvvisamente Gurunath si chinò a raccogliere qualcosa dal pavimento e porgendomelo disse: "Ecco Jyoti, questo è per te". E se ne andò. Colta di sorpresa guardai il mio palmo per vedere cosa mi aveva consegnato; era un pezzo di chiodo arrugginito. Mi accorsi che la punta era tinta di sangue rappreso. Era il chiodo che lo aveva trafitto il giorno prima. Sentii salire un singhiozzo quando compresi che questa era la risposta alla mia invidia infantile per il regalo donato a qualcun altro. Mi stava dicendo che stava dando la linfa vitale per me mentre io lamentavo un dono dato a qualcun altro. Quanto mi sentii piccola e sciocca per il momentaneo lapsus di fiducia. Ho tenuto questo dono molto prezioso al sicuro come promemoria di cosa il vero maestro fa per noi.

Raccogliendo tesori spirituali da portare via

Alla sera alcuni discepoli si congedano da Ayi e Gurunath mentre i fortunati come me hanno qualche giorno in più prima della partenza. Sono felice e mi vergogno anche un po' di questo sentimento egoistico, perché attendo con ansia questo momento di riposo all'ashram, prima che altri discepoli inizino ad arrivare e dopo che tutti sono andati via. Il giorno successivo si assiste a un commiato ancora maggiore con qualche lacrima per il dover partire e tornare a vite piene di stress. Ayi saluta tutti con regali di vasetti del loro sottaceto preferito o qualche condimento preparato da lei. Il mio preferito è l'aam ras, che significa nettare di mango, preparato dai manghi maturi degli alberi dell'ashram. Come per miracolo lei ricorda ciò che ogni persona ama e apprezza.

Man mano che gli ultimi ritardatari se ne vanno, l'ashram si riassesta in un sereno silenzio anche se rinfrescato da tutta l'attività recente. Si procede con gli ultimi compiti, pagare il negozio di alimentari, l'aiuto temporaneo, pulire i dormitori e portare a compimento altre faccende banali.

In una di queste occasioni, quando la maggior parte dei discepoli erano partiti, ebbi la fortuna di avere ancora qualche giorno di permanenza. A tarda notte, dopo una tazza di tè, Gurunath si ritirò per meditare nel suo rifugio segreto. Ero ben sveglia dal momento che non riesco mai a dormire per più di due o tre ore all'ashram. Chiesi il permesso di rimanere su e meditare nel paran kutir mentre lui meditava sotto il tempio adiacente, nella sua stanza sotterraneo. Mi sedetti totalmente cosciente del mio ambiente e completamente soddisfatta di me stessa in quel momento. Improvvisamente i miei occhi furono attratti da un raggio di luce luminosa che si proiettava nel cielo e proveniva dal seminterrato dove Gurunath era seduto in meditazione. Pensai che forse qualche essere divino stesse entrando nella stanza dove si trovava Gurunath ma poi mi resi conto che si trattava proprio di Gurunath. Avevo sentito parlare dei viaggi astrali yogici, quindi aspettai finché il raggio di luce non tornò dopo quello che sembrò molto tempo. Poi sentii dei rumori di attività provenienti dalla stanza sotto, sentii la porta aprirsi e Gurunath uscì: mi guardò attentamente e si ritirò nella sua stanza, mentre io rimasi seduta con gli occhi sbarrati e la bocca aperta per lo stupore per quello a cui avevo appena assistito.

Nel febbraio 2004, dopo Mahashivratri, mi capitò di rimanere sola all'ashram con Ayi e Gurunath poiché i rimanenti discepoli erano scesi in città. In serata, mi sedetti da sola nella stanza del tempio vicino all'ingresso senza far nulla di particolare solo contemplando quanto ero fortunata. Una grande stampa di Shiva e Parvati dominava la parte anteriore del muro, sopra l'alcova di Babaji. Shiva rappresentato come Adinath era regale e molto mascolino con la sua barba fluente e il corpo muscoloso, mi sembrava personificare le catene himalayane. Quanto a Parvati, come appariva gentile, come il fiume Mandakini. La sua compassione e il suo amore sembravano fluire dolcemente ed avvolgermi. Poi successe qualcosa di strano! Mentre guardavo l'immagine, intravidi il volto di mio marito Jujhar lampeggiare improvvisamente su quello di Shiva. Sbattei forte le palpebre, sorpresa e confusa dalla strana visione. Quindi mi allontanai per andare a cercare Gurunath e chiedergli una spiegazione.

"Sì", mi spiegò, "ogni persona vedrà il volto del suo coniuge riflesso su Shiva o Parvati, poiché si completano l'un l'altro. Questo è il leela di srishti. Ogni uomo personifica Shiva e ogni donna Shakti, a patto di cristallizzare questa natura latente in sé.

Le due energie sono presenti anche in ogni individuo, l'unione esterna dell'uomo e della donna simboleggia l'unione massima delle energie dentro il proprio corpo». Quanto è facile comprendere le profonde verità yogiche quando spiegate così semplicemente dal maestro!

I suoi occhi scintillavano mentre continuava con umorismo, "Come fai a sapere quando tuo marito se ne sta lì a chiedere qualcosa che non sia Shiva stesso?"

"Ti ricordi quando in visita a Jwalaji ti dissi, se guarderai con riverenza all'altare della Madre vedrai il volto di tua madre giustapposto al Divino volto della Madre?" mi rammentò. Poi mi ricordai del volto della Divina Madre che si scioglieva in quello di mia madre per una frazione di secondo. Come avevo potuto dimenticare quella potente esperienza? Mi ero così commossa allora. Immediatamente presi la decisione che una volta rientrata a casa sarei stata più amorevole e premurosa. Ogni volta che divento irascibile, sono turbata o esasperata dal comportamento di Jujhar, ricordo quella sovrapposizione sul viso di Shiva e mi sento istantaneamente alleggerita, sollevata da ogni negatività.

Santuario di Dasamdvar nelle fattorie di Dale

Tornai a casa da quel viaggio nel 2004 molto energizzata e ringiovanita dal soggiorno all'ashram. Un piccolo desiderio era sbocciato in me, quello di creare uno spazio simile l'ashram sul terreno della mia azienda agricola. Sapevo esattamente la posizione giusta  per lui. Da quando Panchvati era stato demolito, avevo sentito il bisogno di una stanza per praticare yoga e dare lezioni. Sarei stata costretta a procedere con cautela poiché i soldi erano pochi.

Quindi feci quello che so fare meglio: essere testarda e insistere per fare a modo mio. Dopo accese discussioni e vivaci scambi di opinioni cosparsi di sottili tattiche emotive ebbi quello che desideravo: una stanza separata sul tetto per la mia meditazione.

Fin dall'inizio tutto è andato liscio, sembrava che fossero i muratori e gli operai a trovare me piuttosto che il contrario. Un amico ha progettato la stanza, portando un artigiano speciale per realizzare un tradizionale tetto a cupola, senza l'uso di ferro o persiane. Mentre lavorava al tetto, sembrava che fosse sorretto dalla pura volontà divina. La stanza dà l'impressione di essere di fango e fieno, con una spolverata di paglia per creare un autentico effetto ashram.

La stanza sembrava benedetta, l'aria carica di energia del guru. Iniziammo a praticare lí regolarmente e quando Gurunath vi fece visita, dopo pochi mesi, l'energia si amplificò con potenti meditazioni e attività di gruppo. Ebbi un regolare flusso di studenti che venivano a meditare qui e la stanza divenne nota come la stanza del tempio. Per puro caso, la stanza ha nove finestre e una porta, le nove finestre a significare le nove aperture nel corpo umano e la decima porta - o dasamdvar - che simboleggia il punto di ingresso di luce spirituale in noi o il punto di uscita per l'anima realizzata per andare oltre. Aperto agli elementi ma protetto da essi, lì ho vissuto meditazioni fantastiche durante potenti temporali con fulmini, nel sole cocente del pomeriggio e nelle notti di luna piena.

Il giorno del Guru Purnima del 2005, ero frustrata perché molti discepoli non ce l'avrebbero fatta a venire. Per me nulla era più importante di questo giorno di luna piena, l'occasione annuale per professare l'amore eterno per il guru. Era tardi quando ci riunimmo per la meditazione della luna piena per la pace in terra. Man mano che i pochi discepoli si radunavano, mi accorsi di una presenza nella stanza e mi spaventai nel vedere una luce scintillare accanto alla fotografia grande di Gurunath sulla parete. La visione lentamente divenne chiara rivelando Ayi. Risplendeva in tutta la sua eleganza, i gioielli che indossava emanavano una luce scintillante.

Gurunath era sfolgorante nella sua nuda essenza, in contrasto con lei eppure completando la sua pienezza con la sua semplicità.

Gurunath menziona nel suo libro "Ali per la Libertà", come una volta dovette combattere una shakti chiamata Yogini Velsa usando armi psichiche alimentate da mantra.

All'epoca era un devoto, uno yogi celibe irritato dal corteggiamento di questa Yogini Shakti, potente yogi femminile, che lo stava mettendo alla prova. Perse la battaglia con lei, ma le piacquero con la sua fermezza e il suo coraggio. La Yogini profetizzò il suo matrimonio con Ayi aggiungendo che, dopo che i loro figli fossero sistemati e con dei figli loro, sua moglie Shivangini si sarebbe unita a lui nella sadhana, in modo che la sua Shakti latente sarebbe completamente sbocciata e l'avrebbe spinta verso grandi altezze spirituali. Poi notai che, per qualche capriccio di ispirazione divina, eravamo seduti in una formazione che Gurunath ci fa adottare durante il nostro potente Kundalini yagna all'ashram, le donne a sinistra in semicerchio partendo da Ayi e gli uomini a destra che completano il cerchio arrivando a Gurunath. Questa è una cerimonia di rito del fuoco particolare che Gurunath celebra solo dopo lunghe preghiere e suppliche da parte nostra e dopo essere andati a chiedere ad Ayi di convincerlo, come dei bambini.

Gurunath prescrive il percorso diretto del Kriya Yoga ai suoi discepoli perché è semplice senza discriminazioni. Quella sera sentii il mio corpo vibrare con i canti che uscivano spontaneamente dalla mia bocca. Tutti noi cantavamo all'unisono, mentre l'energia potente di Shiva e Shakti cominciò a girare intorno al cerchio. Questa trasmissione continuò per più di mezz'ora, dopo di che ci sedemmo a meditare in silenzio.

Ora la stanza del tempio sembra essere più benedetta e completa. Infusa con la Shakti di Ayi, è diventata davvero parte dell'ashram madre a Pune. Da allora, la stanza si è sviluppata gradualmente per diventare sempre più sacra, testimoniando molte iniziazioni di Gurunath durante le sue visite annuali e la presenza di numerosi studenti che vengono per imparare e praticare la loro sadhana. Dall'essere una stanza spoglia lo spazio ha ora acquisito pavimenti in cotto e persiane di colore terra, tutto sembra accadere da solo. È come se il seme da me piantato sia germogliato ed abbia messo radici, diventando un centro per diffondere l'opera di Gurunath.

Quest'anno nonostante il mio allontanamento da Jujhar siamo entrambi in procinto di aggiungere delle stanze, una cucina comunitaria esterna ed altre docce. Avendo degli studenti che vengono da ogni parte per apprendere le pratiche del lignaggio Siddhanath e poiché la nostra comunità a Chandigarh si sta espandendo lentamente, questo spazio sta prendendo forma come un'oasi. L'azienda avicola, ora non più operativa, ci ha fornito le basi della costruzione. Sono rimasta piuttosto stupita perché come tipico della mia natura, non avevo un desiderio o aspettativa che Jujhar prendesse in considerazione la creazione di una tale infrastruttura.

Quando Gurunath ha visitato Chandigarh quest'anno dopo un intervallo di dieci anni, è rimasto piacevolmente sorpreso dal modo in cui questo spazio sta venendo su dicendo che è Guga Chohan a supervisionare questa attività. Guga Chohan era il discepolo di Gorakhnath la cui vibhuti, veniva mescolata e bevuta dalla madre di Gurunath durante il periodo di gestazione, prima della nascita di Gurunath in Gwalior.

Si dà il caso che è anche il Kula guru della famiglia di Jujhar ed anche questo fatto è stato portato alla luce per la prima volta da Gurunath quando seppe che il cognome della famiglia di Jujhar era Bachal e che erano emigrati dal Rajasthan. Ci fu anche l'episodio in cui seppi che in una fotografia di Gorakhnath che conservavo nella stanza di Gurunath quando veniva a trovarci, l'altra figura nella foto non era altri che Guga Chohan. Quando visitai la casa di famiglia dei suoceri per la prima volta immaginate la mia euforia quando trovai alla periferia del loro villaggio il tempio di Guga con le impronte dei piedi di Gorakhnath.

Quanto sono interessanti le vie del destino, essere sposati con qualcuno di una famiglia i cui membri non avevano alcuna conoscenza di tale connessione.

Un altro aneddoto interessante riguarda il nome della nostra azienda agricola e la sua connessione con Gurunath. Dal momento che anche Jujhar aveva studiato allo Sherwood College, chiamò la fattoria Dale Farms in ricordo della scuola in cui era stato capoclasse, Allen-a-Dale. Quando Gurunath ci fece visita la prima volta nel 2000, ci sorprese dicendo che Allen-a-Dale era stata anche casa sua, dicendoci che dunque con certezza anche questo era il suo spazio! Con tutte queste benedizioni e segni non c'è da meravigliarsi che questo spazio stia assumendo una vita propria. Il suo sviluppo avviene come per intercessione divina mentre io me ne resto in disparte, come una spettatrice.

Il mio centro si chiama "Ayu" ed è dedicato all'insegnamento ed alla pratica degli insegnamenti di Gurunath. Sta lentamente guadagnando il riconoscimento in città e nei suoi dintorni con una base molto stabile di forti discepoli di Gurunath. Ogni notte di luna piena ci sediamo nella stanza del tempio per una lunga meditazione silenziosa di quattro ore, profondendo il luogo con la nostra sadhana e prendendo i molti benefici delle trasmissioni di Gurunath. In questa stanza, dove da quindici anni è presente la seduta del maestro, la sua presenza è indiscussa e sentita da tutti coloro che vi meditano.

CAPITOLO 8

INTORNO AL FALÒ

Le goshti del falò sono un'usanza comune nella vita del guru-discepolo in India. Come con altre parole dialettali, non esiste un equivalente inglese per descrivere queste discussioni o sessioni di domande e risposte. Sedersi intono al fuoco è un'antica tradizione del maestro e i suoi discepoli. Queste sessioni possono andare avanti fino a tarda notte, con il canto che lascia il posto al silenzio meditativo ed alle domande dei discepoli che portano il maestro a rimuoverne dubbi e paure. Battute condite con un gergo espressivo non sono inaudite in queste sedute intime. A dire il vero sono riuscita a lasciarmi andare usando rozze parolacce solo dopo essere entrata nel sentiero yogico.

In una di queste sere all'ashram fissavo ipnotizzata il fuoco mentre le braci scoppiettavano e scintillavano. La fragranza del fumo della legna era stranamente nostalgica e il silenzio palpabile mentre aspettavamo che Gurunath si unisse a noi per la nostra meditazione notturna. Spesso Gurunath esce anche dopo essersi ritirato nella sua stanza ed i discepoli veterani che lo sanno aspettano con trepidazione questi momenti molto personali trascorsi con lui intorno al fuoco. L'atmosfera era disinvolta e rilassata, alcuni discepoli meditavano, altri chiacchieravano sottovoce ed altri ancora giacevano sognanti sulle loro stuoie.

    La brezza leggera agitava le fiamme del fuoco che danzavano mentre Shivraj, figlio di Gurunath e discepolo di Gayan Saraswati Kishori Amonkar, interpretava spontaneamente il Nirvanshatak di Adi Shankaracharya su una melodia da lui composta. Shivraj canta solo quando gli viene voglia. Ero commossa dalle parole e dalla melodia "…non sono nato né dal padre né della madre, non sono l'amico o il guru o il discepolo, non sono il cibo o la persona che sazia la fame né la terra, il fuoco o il vento. Non sono nessuna delle emozioni e delle passioni inerenti all'uomo; non sono né la mente né l'intelligenza, né peccatore né artefice di buone azioni... io sono l'immagine esatta di Shiva... io sono l'immagine esatta di Shiva…". La musica mi commosse e i miei occhi si riempirono di lacrime. La musica di Shivraj è di grande ispirazione nelle notti intorno al falò. Il mio essere risuonava con la musica che, accompagnata dall'atmosfera meditativa e rarefatta dell'ashram, mi trasportò in uno stato mentale alterato.

    Il falò gioca un ruolo importante in tutti gli incontri degli Hamsa. Ogni volta che ci ritroviamo insieme, la giornata non è completa senza questo tempo passato intorno al fuoco. Dhuni – tradizionalmente il fuoco dei Nath yogi, havan – rito sacrificale del fuoco, falò, il falò felice, l'attività è chiamata con tutti questi nomi anche se, tradizionalmente e tecnicamente, sono tutti diversi a seconda del suo scopo identificabile dal rito e dai materiali usati. Tuttavia, qui il visitatore può facilmente trovare il falò e l'havan chiamato dhuni. In ashram non abbiamo ancora il dhuni tradizionale comune alle dimore dei Nath. Questo comporta una grande responsabilità, poiché il fuoco nel dhuni deve essere costantemente tenuto in vita e non può essere lasciato spegnere. Alcuni dhuni, come quello di Jwalaji, stanno ardendo da duemila anni. Ma Gurunath ci ha insegnato che tutto ciò che è esterno è interno, è il rito del fuoco nella colonna vertebrale che deve essere mantenuto in vita. Lui chiama il Kriya Yoga il pran apan yagnya.

    Tuttavia, l'havan si tiene spesso nell'ashram. Questo è un

rituale di purificazione condotto da Gurunath accompagnato da Ayi per invocare la Kundalini Shakti. Vengono fatte offerte sacrificali di riso, burro chiarificato e talvolta noci di cocco, lime o il frutto del Bael. La formazione del cerchio è particolare e Gurunath ci indica come sederci. L'energia rilasciata è molto potente e porto dentro me la vibrazione dei mantra cantati per molto tempo dopo essere tornata a casa a Chandigarh.

Seduta accanto al falò divento come una bambina che ascolta i racconti di Gurunath che, come un maestro narratore, può riportarci all'epoca degli eventi narrati. Questi racconti incredibili di santi himalayani mi provocano ogni volta un'ondata di euforia, non importa quante volte li senta. Quando Gurunath descrive questi eventi sento la connessione a questi antichi saggi attraverso di lui. Spesso Gurunath percepisce dei disturbi nella mente del discepolo e offre delle soluzioni non richieste. Altre volte, le domande insistenti di un discepolo possono rimanere ignorate non provocando risposte.

Nella nostra ignoranza guidata dall'ego, rivolgiamo spesso domande frivole al maestro e nonostante ciò la risposta data può essere inaspettata e profonda.

Durante un nostro soggiorno a Jwalaji, eravamo seduti intorno al falò quando un discepolo chiese a Gurunath di dire a ciascuno di noi le nostre debolezze e come avremmo dovuto superarle. Credevo che avrebbe indicato le cattive abitudini come fumare e bere o, forse, la mancanza di forza di volontà o altre limitazioni personali simili. Tuttavia rimasi completamente sconvolta e commossa fino alle lacrime quando rispose semplicemente che era lui la nostra debolezza e che pertanto la nostra debolezza era anche la nostra forza.

Le domande che derivano da un profondo desiderio di sapere sono quelle che più facilmente suscitano una risposta e guai al discepolo che fa una domanda irriverente per mettere in mostra la conoscenza intellettuale personale. Sono una di quelle che contribuiscono meno ai goshti. In qualche modo, alla presenza di Gurunath, non ho domande. Apparentemente incapace di porre dei quesiti intelligenti, spesso mi sento stupida.

Quando Gurunath risponde alle domande sulla pratica yogica profonda ti porta dentro il processo. La voce di un vero maestro trasporta la forza energetica vitale, ogni parola è come un missile diretto che può guarire, illuminare o resuscitare il discepolo. Molti discepoli maturi spesso aspettano tali domande per essere trasportati senza sforzo in un'altra dimensione di coscienza. La mia preferita è una domanda che proviene spesso da persone intellettuali in merito ai vari livelli di samadhi. Ogni volta che Gurunath spiega i vari livelli sperimento gli stati che descrive, quindi, nel momento in cui questa domanda viene posta, mi siedo rapidamente in una modalità ricettiva per ricevere la saggezza e sperimentarla. La mia gioia non conosce limiti quando sento questa magica domanda "Nath, quanti stati di samadhi esistono?"

L'enigma dei Nath yogi

Ho sentito i seguenti racconti, aneddoti e storie molte volte durante innumerevoli notti trascorse accanto al fuoco con Gurunath. Ogni volta è così rinfrescante e divertente ascoltare le leggende di questi antichi esseri, pionieri delle tecniche che pratichiamo.

Una fotografia di Raja Sundernath, un antico Nath yogi seduto a gambe incrociate in stato di samadhi adorna la nostra stanza del tempio all'ashram di Pune. È leggermente piegato sotto il peso della neve caduta su di lui, il gomito appoggiato sul ginocchio e i suoi dreadlocks spolverati di neve che cadono di lato. Secondo Gurunath, questa maestosa figura nella foto incarna l'antichità del nostro paese e la ricchezza spirituale a cui gli yogi della statura di Sundernath stanno silenziosamente contribuendo, per noi.

La maggior parte di noi ha guardato la foto con soggezione, trattandosi di uno dei grandi maestri dei Nath yogi. L'immagine è così realistica che, in modo infantile, mi sono chiesta come mi sarei sentita se lui avesse aperto gli occhi per guardarmi riuscendo a sentire in maniera palpabile la compassione in loro serbata.

A tarda notte, ci trovavamo seduti intorno al fuoco e nessuno che voleva essere il primo ad alzarsi e ritirarsi a letto, spezzando così la magia della serata. I tronchi di legno fumavano e un discepolo aggiunse gentilmente qualche altro ceppo per ravvivare il fuoco. Gurunath stava parlando della sua associazione con Raja Sundernath che aveva incontrato in Himalaya durante i suoi giorni di tapa.

"Sapete che alcune delle sadhana dell'Hamsa Yoga che praticate mi sono state comunicate da lui?" ci chiese, guardando dolcemente intorno. La mia mente era sbalordita al pensiero di quanto fosse tangibile il filo che ci legava a questi maestri himalayani che si dice abbiano centinaia di anni. Con uno sguardo distante negli occhi, come se ricordasse il passato, Gurunath raccontò il seguente episodio, che fu un punto di svolta della tradizione secolare dei Nath di partecipare al Maha Kumbhmela al Prayag di Allahâbâd.

"Erano i Nath yogi che - giustamente – facevano il primo bagno alla confluenza durante il Kumbhmela; questa tradizione era stata stabilita da migliaia di anni", disse. "Ma ogni anno, battibecchi e piccole risse nascevano tra gli akhada di varie sette di yogi su chi sarebbe stato il successivo a fare il bagno. Durante uno di questi Kumbh, mentre Sundernath era seduto e meditava, scoppiò una rissa e nella mischia qualcuno accidentalmente colpì con un'ascia lo yogi che meditava, spaccandogli la testa. A quel punto Raja Sundernath si alzò con calma, incurante del suo cervello che fuoriusciva. Dichiarò che da quel giorno i Nath yogi non avrebbero fatto parte del Kumbh e, ricomponendosi, volò in cielo nel suo corpo fisico e partì per l'Himalaya dove medita tutt'oggi. Quindi anche oggi, in obbedienza a quel diktat, i Nath yogi come gruppo non partecipano al Kumbh. Possono visitarlo in incognito o individualmente ma, come ordine, ne devono stare alla larga".

Volevamo saperne di più, quindi guardammo speranzosi Gurunath pregandolo silenziosamente di continuare. "Ma pensate che lo abbiano lasciato in pace lì?" chiese Gurunath con tono esasperato, come se sentisse l'irritazione di questi saggi himalayani. "No, anche in Himalaya Raja Sundernath non è stato lasciato in pace" continuò Gurunath. "Meditando e rimanendo seduto immobile a Badrinath per molti anni, si ricoprì di neve e sembrava una scultura di pietra. Alcuni bambini, scovando questa figura congelata avvolta nella neve, per curiosità misero un pezzo di carbone ardente sulla sua coscia che affondò profondamente. Così venne disturbato nel suo profondo stato di samadhi ed ora si è spostato più in alto sulle montagne in cerca di solitudine".

Con queste parole la mia immaginazione spiccò il volo e vidi immagini di yogi congelati nella neve che meditavano nelle grotte lungo tutta la catena himalayana. L'improvviso scoppio di un ceppo in scintille interruppe la mia fantasticheria e vidi alcuni discepoli sgranchirsi le gambe prima di trasferirsi nei dormitori per dormire un po' prima dell'alba. Con la pressione incalzante della popolazione, gli yogi vengono spinti ulteriormente nelle zone più alte dell'Himalaya dove meditano per il benessere e la corretta evoluzione del nostro giovane universo. Si dice che Raja Sundernath vaghi per l'Himalaya e che, per evitare disturbi, si trasformi in tigre quando affrontato da gente dei villaggi o da viaggiatori.

Quando Gurunath tornò in questa zona con i registi e la troupe del suo film Ali per la Libertà fu sopraffatto dal desiderio di incontrare il suo mentore Sundernath e mentalmente gli chiese il permesso di andare a rendergli omaggio. Il rifiuto giunse con una parola "No", accompagnata dallo scuotimento di testa e dito. Non voleva essere trovato da una folla, solo se Gurunath fosse andato da solo sarebbe stato il benvenuto. Senza mezzi termini o tentativi di essere educati, i veri Nath yogi sono noti per il loro temperamento focoso e il loro fare pratico e diretto. Sono l'incarnazione della compassione, condividono la loro ricchezza spirituale con gli altri ma non hanno tempo per la socialità. Sebbene Gurunath fosse già in comunicazione con Raja Sundernath sul piano astrale, come un bambino avrebbe voluto incontrarlo fisicamente nella sua dimora nella grotta himalayana ed era profondamente deluso di non poterlo fare.

Questa caratteristica focosa è riscontrabile tutt'oggi nell'ascesi della tradizione dei Nath Yogi.

Durante la visita a Jwalaji con Gurunath, il nostro intero gruppo soggiornava in una pensione fondata e gestita da un gruppo di Nath yogi. Erano robusti praticanti di una sadhana yogica difficile. Uno di questi yogi veniva alla pensione ogni mattina guidando molto velocemente il suo scooter nel freddo glaciale a corpo nudo, portando solo un sottile panno di cotone legato intorno alla vita e con i dreadlocks che volavano nel vento mentre noi ce ne stavamo seduti rannicchiati intorno al fuoco con delle tazze di tè caldo per scaldarci nella fredda mattina d'inverno.

Una delle discepole americane, in un tipico gesto occidentale di carità sentendo pietà di lui, mi chiese di farle da interprete nell'offrirgli un costoso scialle per tenersi caldo. Le rivolse uno sguardo penetrante e mi disse: "Dille che indosso questo panno di cotone a causa sua. Altrimenti, vago nudo nei boschi con la cenere spalmata sul mio corpo". Lui non aveva alcun bisogno della sua simpatia o generosità.

Di notte ci sedevamo intorno alla grande statua a grandezza naturale di Matsyendranath sistemata in una nicchia, al quale gli yogi custodi della pensione sono devoti. La statua era avvolta strettamente fino alla spalla da una stoffa di colore ocra chiaro, il colore caratteristico dei Nath yogi. Su entrambe le spalle di Mastyendranath c'erano due loti rivolti verso l'alto. Fu allora che Gurunath rivelò che i loti simboleggiano universi diversi e che sotto il telo avvolto intorno a Matsyendranath i gambi dei due loti si uniscono davanti l'ombelico, formando un canale che rivela il percorso di un portale segreto che questi grandi esseri intraprendono per viaggiare da un universo all'altro. Come una bambina mi chiedevo come sarebbe stato percorrerlo, che spettacolo sarebbe stato uscire da un universo per emergere in un altro e che meraviglia essere messa a parte di questi segreti condivisi, sussurrati attorno al dhuni che dolcemente ardeva, seduta con un gruppo di asceti.

❋

Gurunath presenta Lalla Jogeswari

"Bhavati, Bhiksham Dehi" è il fervido appello, la voce stentorea degli yogi che chiedono l'elemosina alla porta, disse Gurunath. Secondo lui, la richiesta di un Nath yogi rivolta in questo modo, non è elemosinare ma esercitare il diritto del bhikshu ad ottenere cibo dalla società. È considerato loro diritto perché dedicano la loro vita alla ricerca di Dio e la loro meditazione aiuta l'intera società ad evolversi. I capifamiglia responsabilmente partecipano simbolicamente al viaggio degli yogi facendo loro l'elemosina per renderlo meno faticoso. Secondo le istruzioni del loro guru, questi bhikshu possono rendere questo atto più o meno difficile. Alcuni gridano solo ad una casa, altri a tre o più. Alcuni non usano contenitori accettando solo ciò che possono tenere in entrambe le mani ovvero in un solo palmo. Certo, ci sono ciarlatani truffatori e ladruncoli che approfittano di questa usanza, ma quando ci si trova sulla via si spera di sviluppare la saggezza interiore per distinguere tra loro e agire di conseguenza. Prego per ricevere questa intuizione, perché non mi piace il pensiero di scacciare fedeli dalla mia porta.

Una volta, a Mumbai, un amico menzionò il nome Lalla evocando immediatamente nel mio occhio interiore l'immagine di una asceta nuda di fronte ad un colossale Shivaling. Il potere di quell'immagine lampeggiante mi lasciò momentaneamente stordita. Alla successiva occasione, chiesi di lei a Gurunath. Mi rispose che Lalla era una Shivbhakta, rimasta al di fuori della sfera di regole della società, che vagava nella valle del Kashmir. Non indossava vestiti in quanto – diceva - nessun uomo che conosceva era un "uomo" e non era timida con loro.

Un giorno, mentre partecipava ad un matrimonio in un villaggio, dall'esterno provenne il suono di un mendicante che gridava con voce imperiosa Bhavati, Bhiksham Dehi. Tra lo stupore di tutti i presenti, Lalla corse e saltò nella fornace ardente ove si stava cucinando il pasto. Qualche tempo dopo emerse da esso illesa, vestita con un bel sari, abbellita con fili d'oro e risplendente nei suoi gioielli scintillanti. Coprendosi timidamente la testa, si chinò per toccare i piedi dell'elemosinante che non era altro che il signore Shiva!

Il mio interesse per lo Shivaismo del Kashmir ha un senso di familiarità che non proviene da alcuna connessione in questa vita. Ma ogni volta che leggo testi relativi a quell'epoca sento una pienezza oltre ogni spiegazione. La mia convinzione che i Guru tornano a guidare i discepoli nelle diverse vite è stata riaffermata quando, sfogliando gli Shiva Sutra - un testo importante dello Shivaismo del Kashmir - mi sono resa conto che Gurunath mi aveva già fatto familiarizzare con i suoi precetti senza farvi espresso riferimento. Ma Lalleswari era sempre presente sullo sfondo stuzzicandomi a volte con un assaggio della sua poesia ed altre con delle storie recitate in gruppo.

Quindi quando ebbi la possibilità di andare a Srinagar, come al solito accompagnata da Aman e Babit, fui sopraffatta dal desiderio di trovare il tempio in cui Lalleshwari praticava la sua sadhana.

La ricerca non produsse risultati; ci indicarono unicamente una moschea costruita in suo nome molto più tardi, mentre io sapevo che lei era una shiva bhakt. Quando chiesi ad un'amica che aveva studiato attentamente Lalla, mi disse che il tempio era immerso in un'area infestata di terroristi vicino a Srinagar e che l'esercito non permetteva a nessuno di andarci. Ma ovviamente, come ogni volta che prendo una decisione sentii che l'universo, per grazia del guru, arrivava a sostegno. Convinsi abilmente il nostro autista, un locale rivelatosi avventuroso come me, a portarci lì, Aman e Babit non avevano bisogno di essere convinti erano già entrati in macchina in un lampo.

Fatta eccezione per una direzione generica, non avevamo idea di quanto lontano o quanto in profondità ci saremmo inoltrati nel Kashmir. Ci avviammo con convinzione facendoci strada verso la nostra vaga destinazione.

Il nostro autista si fermava ad ogni deviazione parlando con la gente del posto e talvolta andava in una direzione per poi deviare e seguire un'altra pista avendo ottenuto nuovi input. Durante il viaggio aleggiava una sensazione di euforia senza sconforto e senza alcun dubbio che ce l'avremmo fatta. Finalmente, dopo un paio d'ore, raggiungemmo quella che sembrava una fermata dell'autobus di un villaggio dietro la quale, nascosto, si trovava il tempio di Shiva dove Lalla aveva praticato l'austera penitenza. Il tempio dedicato al suo Guru Siddha Srikanth era fatiscente e chiuso ma il prete del tempio viveva nelle vicinanze per cui ci recammo da lui che ci procurò le chiavi per accedere al tempio. Era talmente felice che dei devoti avessero fatto questo viaggio per andare al tempio che se ne andò lasciandoci lì dicendo che potevamo passarvi tutto il tempo che volevamo ed invitandoci per una tazza di tè a casa sua più tardi.

La nostra euforia non era contenibile mentre ci sedevamo all'interno del tempio a meditare come gli yogi. Per prima cosa lavammo lo shivaling con dell'acqua poi accendemmo delle lampade che il prete ci aveva gentilmente fornito. Fui sopraffatta dal desiderio di togliermi i vestiti e sedermi completamente nuda, come doveva aver fatto Lalla. Il giorno dopo, a Chandigarh, sentii che era esplosa una bomba vicino alla fermata dell'autobus a Pampore, il villaggio che avevamo visitato. Ma durante il nostro viaggio al tempio non ci sentimmo mai minacciate o ansiose.

Gite giornaliere intorno all'ashram

Era una piacevole serata ventilata e stavamo camminando nella foresta che circonda l'ashram. Noi discepoli insieme al maestro eravamo stati invitati a uscire dall'ashram da Ayi che aveva bisogno di un po' di tregua dalle incessanti richieste degli Hamsas in visita. Molti dei discepoli portavano dei dandas, lunghi bastoni di legno che sbattevano a terra mentre camminavano per spaventare gli animali selvatici. Mi sentivo come una vecchia yogini con i capelli che svolazzavano nella brezza, presa dal mio cammino verso la destinazione successiva!

Giunti presso una radura, Gurunath ci fece cenno di sederci e ci disse di rilassarci un po' visto che c'erano ancora alcune ore di luce e l'ashram era vicino. Non avevamo bisogno di essere persuasi così tutti insieme ci abbandonammo a terra; alcuni dei discepoli erano sdraiati a guardare al cielo, altri sedevano con occhi pensierosi guardando le montagne distanti, aleggiava una sensazione di agio e di pace. Gurunath ci stava raccontando di quando lui ed un suo amico si erano arrampicati su una vetta in lontananza che ci indicò. Si erano seduti a meditare fuori dalla bocca di una grotta dopo essersi accertati che fosse vuota. Mentre erano seduti con gli occhi chiusi, l'amico sentì un rumore come di uno sbuffo e credendo che fosse il ringhio di una pantera, iniziò a correre precipitosamente giù per la collina, lasciandosi indietro le scarpe. Quando Gurunath lo ebbe raggiunto maledicendo e imprecando chiedendogli cosa fosse successo, l'amico senza fiato gli spiegò che ebbe sentito la pantera. Gurunath gli rispose che il suono era stato emesso da lui che si schiariva la gola con un pò irritata. Al che entrambi scoppiarono in grasse risate proprio come stavamo facendo noi in quel momento.

Quando la risata si spense, uno dei discepoli fattosi improvvisamente serio, chiese a Gurunath "quanta meditazione è necessaria per raggiungere lo stato di samadhi ed il nirvana?" In risposta Gurunath raccontò l'episodio seguente su Tapasviji Maharaj, con un sorriso malizioso. Tapasviji Maharaj veniva dal Punjab e aveva percorso l'antica India in lungo e in largo. Visse fino all'età di oltre trecento anni. Meditando dalle quindici alle venti ore al giorno, per centinaia di anni, aveva un intenso desiderio di incontrare Shiva. Con questo unico pensiero, scalò il Kailash Parvat nell'Himalaya. Mentre si avvicinava alla cima vide un essere di grande statura che camminava verso di lui. Questa persona alta con capelli arruffati e cenere spalmata sul corpo risplendeva di una divina luce blu. Tapasviji cadde immediatamente ai suoi piedi, non credendo alla sua buona fortuna nel trovarsi faccia a faccia con il suo amato signore. Allora il grande saggio parlò: "Io sono Durvasa" gli disse: "C'è ancora tempo per te per incontrare Shiva, quindi torna indietro e ritorna più tardi." Così Tapasviji tornò nelle pianure. A quanto pare, ebbe la sua esperienza con Shiva negli anni successivi ma il suo corpo fisico non sopravvisse a lungo dopo l'esperienza. Si dice che incontrare questi grandi esseri sia come la spinta di un onda da un milione di volt di corrente elettrica attraverso il corpo. Gurunath descrive lo splendore della divina energia con le seguenti parole: "Se in un luogo all'improvviso, esplodesse il Sole in infiniti soli, tutto ciò mostrerebbe a malapena la tua ombra, Oh Signore, tale è la tua luce?" A questo punto, la mia mente smise di funzionare poiché questa immagine era troppo abbagliante per essere visualizzata o assorbita mentalmente.

I rigori costanti della sadhana yogica preparano lo yogi a sopportare tali incontri. Gurunath ci disse che se avessimo iniziato a meditare dalle quindici alle diciassette ore al giorno, i pezzi grossi avrebbero iniziato a notare noi giovani ed i nostri sforzi. Ciò non significava che il nostro sforzo attuale non avrebbe portato frutti, poiché si trattava di una preparazione a lunghe ore di sadhana. Questo è un percorso in continua evoluzione, ci sono vari livelli da raggiungere che precedono diverse misure di pratica. L'amore di Gurunath e la compassione per i discepoli è sempre evidente, le sue parole incoraggianti ci guidano. Una volta ci stava dicendo che per condurre i discepoli alla luce un vero guru deve essere almeno trecento milioni di anni più evoluto dei discepoli. Davanti alle nostre facce incredule proseguì dicendo: "Ma riesco a sentire tutti voi che mi alitate sul collo, dicendo ehi guru aspettaci. Ti stiamo raggiungendo". Questo, ovviamente, provocò in tutti noi ampi sorrisi.

Poi, mentre le ombre si allungavano al tramonto, ci alzammo per tornare all'ashram. A piedi in silenzio, rinnovai la mia intenzione di continuare la pratica aumentando la mia sadhana. La foresta si era animata con il suono degli insetti intervallato con il lontano richiamo degli sciacalli, mentre ci affrettavamo verso la vista accogliente delle luci scintillanti dell'ashram.

Per rompere la monotonia della vita quotidiana dell'ashram ed anche perché allora non avevamo un generatore e l'ashram rimaneva senza elettricità un giorno determinato della settimana, Ayi a volte organizzava per i discepoli una gita giornaliera con picnic presso gli antichi templi vicini. Molti di questi templi hanno un significato speciale per noi perché Gurunath vi ha praticato un'intensa sadhana. Durante uno di questi tour, eravamo al tempio di Saswad vicino a Pune. Il tempio ha un potente Shivaling e un enorme toro Nandi all'esterno. Eravamo seduti fuori dal tempio dopo una sessione di meditazione mattutina in attesa che che fosse servito il cibo che avevamo portato con noi. Il sole era piacevole nel pomeriggio invernale e l'odore dei pacchetti di cibo che venivano aperti allettante. Fissando il Nandi di guardia, Gurunath sorrise e disse: "Mi credereste se vi dicessi che questo Nandi una volta si è alzato dal suo posto?" Vedendo i nostri sguardi increduli, ci raccontò un aneddoto che fa parte della leggenda del tempio di Saswad.

Accadde, disse Gurunath, quando un gruppo di Nath yogi si trovava accampato qui per la notte. Dopo cena, gli yogi si stavano godendo un chillum accanto al fuoco. Questo attrasse altri devoti in visita al tempio che si radunarono intorno al fuoco per ascoltare gli yogi che si scambiavano storie mentre alcuni di loro tentavano la fortuna per avere un tiro della loro pipa. Eravamo seduti nello stesso posto qualche decennio dopo.

Uno dei devoti presenti aveva iniziato rumorosamente a mettere in dubbio la veridicità degli episodi magici e si lamentava che tali eventi non si verificassero più. Lamentosamente, si lagnava dell'assenza di yogi di grande calibro in questa epoca. A quel punto, uno degli yogi in visita alzò la mano e gli disse "Chup" per farlo tacere nell'inimitabile stile diretto della setta dei Nath e, indicando il toro di pietra, gli comandò di alzarsi. Mentre tutti guardavano con stupore, il toro si alzò dal suo posto. Allora lo yogi ordinò al toro di pascolare sull'erba che circondava il tempio, così se ne andò a passo lento nel prato masticando l'erba con la sua mascella di pietra. Quando ebbe finito, lo yogi ordinò al toro di venire a defecare davanti al devoto sospettoso. Quando il toro evacuò le sue viscere, lo sterco era polvere d'oro pura. Il devoto sospettoso tremava e batteva i denti per la paura mentre cadeva ai piedi dello yogi implorandone il perdono. Il racconto di Gurunath fu così realistico e la mia immaginazione così vivida, che riuscivo a vedere il Nandi scolpito nel gigantesco masso nero alzarsi e fare come lo yogi gli aveva comandato.

Emulando i Nath yogi

Il nostro gruppo è composto da molti che praticano tecniche di guarigione new-age e Gurunath osserva i loro tentativi di guarigione con divertimento. Una volta, vedendo un discepolo che mancava la sadhana per guarire un altro discepolo da un mal di testa, ricordò la storia di un Nath yogi, gloriosamente ubriaco nel suo amore per il divino, che camminava per la strada di un paesino indiano. Un cadavere giaceva fuori dal luogo della cremazione. Quando lo yogi gli passò accanto, la punta del suo piede sfiorò il panno con cui il corpo era coperto e l'uomo balzò in piedi vivo. Ciò nonostante, lo yogi incurante e indifferente a tale miracolo, continuò a camminare. Quanto al guarito, Gurunath sentiva che se avesse utilizzato questa nuova prospettiva di vita per la ricerca del divino, sarebbe stata una vita salvata. Ma, nel caso fosse tornato al suo vecchio modo di vivere nel mondo esterno allora si sarebbe trattato comunque di una vita sprecata. Gli esempi di Gurunath ci guidano in una direzione di allontanamento dal corpo e verso l'anima. Sebbene in sua presenza si siano aperte arterie bloccate, siano svaniti dolori al ginocchio e alle articolazioni e si siano dissolti tumori e calcoli, è uno yogi satguru che attribuisce un ruolo secondario alla guarigione di ciò che chiama il "sé apparente" – il corpo.

Anche gli yogi della tradizione Nath tentano di prolungare la loro vita in un corpo sano, ma solo per perseguire il loro unico scopo di fondersi con Shiva in questa vita. Restando in climi freschi per scoraggiare la decomposizione e il decadimento del corpo, essi praticano rigorosamente con l'unico scopo dell'autorealizzazione. Alcuni, raggiunta un'età debilitante, si ritirano in solitudine ed eseguono la pratica del kayakalp o ringiovanimento. Queste pratiche segrete includono una dieta speciale, dei trattamenti con le erbe, l'assunzione di mercurio e altre sostanze alchemiche e rigorose pratiche yogiche. Il risultato è un'inversione del processo di decadimento del corpo e lo yogi emerge in un corpo più giovane pronto a proseguire la sadhana. Ogni loro azione è volta all'obiettivo dell'autorealizzazione e utilizzano il corpo fisico come veicolo per realizzare questo fine.

Mi sono resa conto che con la guida di Gurunath, tutti noi - suoi discepoli - seguiamo stili di vita che sicuramente ci stanno guidando in questa direzione. Ad esempio, Gurunath monitora costantemente la mia pratica meditativa e la stretta associazione con lui ha influenzato le mie abitudini alimentari. Ora mangio principalmente prodotti coltivati biologicamente, mantenendo lo stomaco pulito con cibo facilmente digeribile e sono consapevole delle esigenze corporee di nutrienti, guidata non da referti medici ma da un senso interiore di equilibrio. Per molti di noi, le pratiche di Hatha Yoga sono una parte della routine quotidiana insieme alle meditazioni solari. Le trasmissioni del maestro e l'introduzione all'uso del mercurio sotto la sua stretta supervisione, lavorano per invertire il processo di invecchiamento del corpo. Stiamo replicando nella nostra vita la condotta degli antichi yogi del nostro paese. La maggior parte di noi sta gradualmente diventando impavida nelle opinioni e comporta menti e soprattutto sta acquisendo distacco dal risultato di tutte queste attività. Nel mio caso, la preoccupazione per l'ambiente mi fa seguire una vita naturale organica; la
resistenza ai mali della società si traduce in lotta per i diritti degli agricoltori.

Queste abitudini fluiscono naturalmente, non sono coltivate con fanatismo a costo della pratica dello yoga, proprio come si addice ad uno yogi. Quel focalizzarsi in modo univoco è riservato unicamente alla sadhana, tutto il resto è secondario. Questa realizzazione sembrò annullare le migliaia di anni trascorse, rendendo immediato lo stile di vita yogico in presenza di un maestro.

In quanto novizi, molti di noi sono innamorati della statura dei Nath yogi e cercano di emularli di più nel fisico, poiché ciò è evidente all'esterno. Alcuni dei discepoli si fanno i dreadlocks lasciando i capelli non lavati e strofinandoli con la cenere. Altri pensano che fumare il chillum e dire "Bum Bholey" sia figo e si sentono arrivati sul percorso yogico verso il nirvana. Molti di loro portano tatuaggi visibili, rudraksha e ornamenti di pietre preziose solo per fare effetto, altri ancora assumono un atteggiamento arrogante. Gurunath guida ogni discepolo, quando necessario, lontano dalle abitudini acquisite e lo fa con facilità instaurando un rapporto personale e unico con ciascun sadhak. Se richiesto, ogni discepolo può raccontare di un episodio personale unico tra lui e Gurunath.

Era inevitabile che l'interesse per le tradizioni dei Nath yogi avrebbe acceso la nostra curiosità per il samshan sadhana. Gli yogi della tradizione Nath meditano abitualmente nei luoghi di cremazione principalmente per vincere le proprie paure e per testare le abilità acquisite attraverso una rigorosa sadhana. Gurunath, nei giorni della sua giovinezza si è dedicato a molte di queste pratiche e spesso ci racconta dei pro e dei contro della sadhana tantrica. Ha rivelato come durante la meditazione in condizioni così spaventose, cani rabbiosi, apparizioni di demoni spaventosi e donne seducenti visitino gli yogi. Durante tutto ciò, lo yogi deve meditare con equanimità. Mette in guardia i discepoli che sono attratti verso tali pratiche a causa delle loro sfumature sessuali. Benché attraente per il fisico, per essere spiritualmente efficace questo percorso richiede immensa purezza nell'azione, parola e atto da parte di chi aderisce a queste pratiche. Impurità nel pensiero o anche momentanee distrazioni nell'eseguire i rituali impegnativi possono portare severe conseguenze.

Gurunath raccomanda ai suoi discepoli il percorso dell'Hamsa Yoga, che include Surya Yoga e Kriya Yoga, una disciplina completa che li condurrà inesorabilmente verso l'evoluzione spirituale. Queste pratiche evitano i pericoli che si nascondono sulla via delle pratiche più severe del Tantra Yoga. E trattandosi della via del fulmine il percorso dell'Hamsa Yoga è anche più veloce di questi ultimi.

Un giorno, durante una discussione sulla sadhana nei luoghi di cremazione, ci raccontò di un episodio divertente accaduto allorquando lui e un suo amico avevano deciso di meditare in un crematorio locale. Seduti in profonda meditazione fino alle tre del mattino uscendo a quell'ora dal crematorio si trovarono faccia a faccia con due uomini. Trovandosi all'improvviso innanzi a due figure vestite unicamente con perizoma, occhi rossi e corpi imbrattati di cenere presso un remoto campo di cremazione, questi uomini urlarono "Bhoot, bhoot" e scapparono, facendo cadere qualunque cosa si trovasse nelle loro mani. Gurunath e il suo amico raccolsero gli oggetti caduti che si rivelarono essere gioielli e contanti e divenne loro evidente che i fuggitivi erano ladri che dopo il saccheggio stavano tornando ai loro alloggi. Gurunath e il suo amico si recarono dunque alla stazione di polizia più vicina per consegnare il bottino in modo che potesse essere restituito ai proprietari. La polizia però, guardando il loro aspetto, invece di credergli, li rinchiuse come sospetti! Il padre di Gurunath dovette pagare la cauzione per farli uscire nelle prime ore del mattino.

Essendo di natura un po' impaziente, la mia attenzione è normalmente volta al procedere con il lavoro prestando scarsa attenzione ai dettagli. Gurunath, abbastanza meticoloso, mi corregge sempre e a volte diventa abbastanza esasperato dalla mia noncuranza in merito ai dettagli.

Una volta, dopo una dinamica meditazione mattutina, ci sedemmo nella capanna di paglia fuori dalla cucina dell'ashram per discutere di questioni organizzative, inclusa la stampa di opuscoli. Avevo commesso qualche errore durante le modifiche e mi erano stati fatti notare alcuni altri "difetti" nel design che, a mio avviso, non erano tali ma solo scelte diverse. Ero imbronciata perché sentivo che le critiche degli altri membri erano abbastanza ingiuste. Gli occhi di Gurunath scintillarono mentre guardava la mia faccia addolorata per il suo rimprovero e mi disse: "Farai meglio a stare attenta o finirai come Handiparagnath". Innanzi al mio improvviso interesse, continuò spiegando che questo yogi era parte del gruppo che si muoveva con Babaji e i siddha, cucinando per loro durante i loro viaggi. Incurante per natura, Paragnath aveva servito del riso che non era cotto a dovere ai siddha. Pertanto come punizione, Babaji gli appese un handi, un utensile di fango usato per cuocere il riso, intorno al collo per ricordargli di essere più attento. Fondò la sua setta più tardi e tutti i suoi discepoli si appendono al collo questo handi. Anche oggi, si trovano yogi della setta Handiparagnath che vagano portando questo peso di terracotta al collo.

Essendo stata tra i primi ad organizzare i satsang per Gurunath in India, sono sempre andata avanti facendo le cose senza consultazione. Non avevo alcuna voglia di perdere tempo in riunioni che sembravano solo ritardare tutti i progetti e spesso non producevano alcun risultato. Raccogliendo personalmente i fondi per stampare gli opuscoli e pubblicizzare gli eventi con l'aiuto di studenti e amici, mi sentivo autosufficiente, non dovevo rispondere a nessuno tranne che a Gurunath. Questa è un'abitudine che è ancora prevalente in me.

Anche se sono stata rimproverata molte volte per la mia fretta nel portare a termine le cose, una volta ho sentito Gurunath dire al telefono ad un discepolo che si lamentava del rimprovero ricevuto per qualche commissione errata: "Dovresti essere come Jyoti" "Il guru può prenderla a calci, darle un bouquet o una pacca sulla spalla. Lei va avanti inesorabilmente". Sorridevo di nascosto a queste parole che rafforzavano la mia determinazione a lavorare con più attenzione, dando a Gurunath meno ragioni per essere irritato dal mio lavoro.

Poche settimane prima del seguente episodio, nel 2015, mi trovavo all'ashram per un ritiro. Tutti noi discepoli eravamo seduti intorno a Gurunath durante la colazione. I discepoli ponevano varie domande e Gurunath, nel suo inimitabile stile, li illuminava come solo un vero maestro può fare. Mi trovavo in una situazione molto confortevole a quel tempo, ero soddisfatta e la mia vita molta tranquilla sembrava procedere secondo i piani. Andava tutto così liscio che cominciai a sentirmi irrequieta per questo status quo e, pertanto, posi questa domanda a Gurunath. Chiesi: "Se un discepolo si sente molto a suo agio con la sua vita e le circostanze si muovono in modo liscio senza intoppi, c'è bisogno di qualche tipo di scossa per accelerarne l'evoluzione spirituale?" Gurunath mi guardò e non rispose alla domanda passando alla domanda successiva.

Più tardi quell'anno, Gurunath via via divenne particolarmente severo nei miei confronti in pubblico, criticandomi sempre e ammonendomi davanti ai miei studenti indiani e australiani e lodando invece tutti gli altri insegnanti per il loro lavoro.

Niente di quello che facevo sembrava renderlo felice ed avevo già esaurito la mia pazienza quando un particolare problema esplose fuori proporzione e mi sentii così ferita e arrabbiata che non risposi alle chiamate di Gurunath, inviandogli un messaggio nel quale scrivevo che ero molto arrabbiata e non volevo parlare con lui e spensi il telefono.

Quella notte ebbi i brividi e mi venne la febbre, per cinque giorni rimasi a letto bruciando ma non consultai un medico. Continuavo a mettermi impacchi freddi sulla fronte mentre mi contorcevo nel letto. Sapevo che questa era più di una febbre, mi sentivo come tirata fuori dal corpo, il corpo era diventato come un guscio mentre io mi aggiravo tra le galassie. La mia febbre era fuori scala, tuttavia insistevo nel non prendere medicine. Il quinto giorno la febbre scese ed emersi con chiarezza come da un'esperienza di premorte. Il sesto giorno, al mattino, chiamai Gurunath e lui mi rispose immediatamente al telefono dicendomi felice: "Oh, Jyoti stavo pregando per te dicendo "spero proprio che non si spezzi, spero di non averle dato uno schiaffo che non può gestire.

" Nel momento in cui sentii la voce di Gurunath mi sentii piena di gratitudine e anche grata per la saggezza acquisita nel capire le vie dei maestri. Compresi inoltre che avevo ottenuto la risposta alla mia domanda precedente sullo status quo: le scosse del maestro accelerano l'evoluzione.

Questa guida costante da parte di un maestro vivente, forma la spina dorsale della vita del discepolo. Rispondendo a una domanda sul distacco mentre ci rilassavamo dopo pranzo, Gurunath ci raccontò di un evento accaduto un giorno in cui Lahiri Mahasaya stava ascoltando Sri Yukteshwar leggere le scritture. Un ragazzo li interruppe con la notizia che la figlia di Lahiri Mahasaya era appena deceduta. Sri Yukteshwar smise di leggere, ma Lahiriji disse: "Questo andare e venire è un processo continuo, per favore continua a leggere." Così Yukteshwar continuò mentre Lahiriji sedeva in un silenzio beato. Lahiri Mahasaya è un esempio di una persona realizzata vissuta entro i confini della famiglia e della società ma non toccata da tutto questo. Ha vissuto la vita ordinaria di un capofamiglia ma la sua aura si è diffusa attraverso le galassie, spiegò Gurunath. Ogni episodio raccontato è diventato un'ispirazione per migliorare il mio modo di essere e, proprio come fa con me, Gurunath guida anche gli altri discepoli personalmente, allo stesso modo.

Mistico Babaji – il grande liberatore

Una volta, stavo guidando verso Delhi con Rukmani, quando seguendo un camion in autostrada vidi scritto in hindi sul retro, "Guru Gorakshanath ke cheley, firtain hain akeley" che letteralmente significa "i discepoli di Guru Gorakshanath vagano da soli". I nath yogi, seguaci di Guru Gorakshanath, non portano un eccesso di bagagli. Parole così semplici incise sulla carrozzeria di un camion sporco e incrostato di fango, scritte da un rozzo camionista e con un tale significato profondo. Ribadiva l'osservazione di Gurunath che lo spirito di Babaji è presente in ogni granello di sabbia del nostro paese, ma sento che lo è ancora di più nel Punjab che nell'est, nell'ovest o nel sud dove avevo trascorso una notevole quantità di tempo nella mia gioventù. Ovunque andavamo in Himalaya, nei piccoli templi e nelle grotte su tutte le colline,

Babaji era sempre presente.

    Durante la nostra prima visita a Jwalaji, nella pensione ove ci recammo ci trovammo esposti in prima persona allo stile di vita ascetico degli yogi che soggiornavano là. Il loro umorismo e stile di vita semplice erano di ispirazione per molti di noi provenienti da ambienti molto privilegiati. Nessun lavoro era troppo umile per loro, dalla pulizia dei bagni ai servizi per gli ospiti, in questo caso noi. Tuttavia, attraverso tutto ciò aleggiava sempre un senso di dignità; anche se servivano, mi resi conto che non erano servili.

    Nel santuario centrale del Gorakh Tibba, c'è un recipiente dove si può vedere l'acqua che bolle. Se immergi la mano in esso l'acqua è fredda, ma se leghi del riso crudo in un panno e lo immergi, si cuoce. Il prete yogi gettò dentro l'acqua un fiammifero acceso e ne uscirono fiamme, aiutate dai fumi gassosi di questo fenomeno vulcanico. Noi ricevemmo un trattamento speciale come ospiti dei Nath yogi e quindi riuscimmo a trascorrere una grande quantità di tempo nel sancta sanctorum di Gorakh Tibba. Nel pomeriggio ci sedevamo qui a sorseggiare tè dolce servito dai giovanissimi Nath del tempio. Tutti avevano buchi alle orecchie al cui interno portavano enormi anelli di ossa – l'identità dei Nath yogi. Alcuni di loro si sedevano con noi, affascinati dalla presenza e personalità di Gurunath. Chiedemmo a Gurunath di raccontarci la storia del luogo raffigurato nei dipinti sulle pareti del tempio.

    Secondo la leggenda, Babaji era in penitenza severa in questo luogo quando passarono innanzi a lui Shiva e Parvati. Parvati, che sapeva quanto Shiva amasse gli yogi che meditano, volle mettere alla prova questo ragazzo giovane che si stava esercitando seriamente ed efficacemente alla più rigorosa delle discipline yogiche. Shiva, sapendo bene che Babaji era una parte di lui, continuava inutilmente a cercare di dissuaderla. La Divina Madre era ostinata nella sua scelta, quindi Shiva pose scherzosamente una sua condizione alla prova. Se lo yogi l'avesse riconosciuta, avrebbe dovuto cucinare, pulire e servirlo per un anno. Facilmente lei acconsentì al patto e quindi, vestita maliziosamente da ninfetta nubile, partì per sedurre questo giovane yogi. Nel momento in cui entrò nella grotta, Babaji alzò lo sguardo e disse: "Vieni Madre, sei la benvenuta nella mia dimora". Si alzò e si prostrò davanti ad una Parvati sorpresa, riconoscendola per quello che era e così avvenne che la Madre dell'Universo, per mantenere la promessa, dovette servire questo asceta per tutta la durata di un anno del suo calendario.

Mentre puliva e cucinava per questo asceta, accadde che un giorno non c'era riso per il pranzo e così la Madre pose il problema a Babaji. Questi promise di andare a chiedere l'elemosina ma le ordinò di mettere a bollire l'acqua, poiché aveva fame e non voleva perdere tempo quando tornava e dicendo questo andò. Passarono eoni, lui non si faceva vedere da un qualche migliaio di anni umani (che a quanto pare si traduce in pochi giorni nel calendario divino) e dunque la Madre si recò da Shiva poiché temeva che tutta l'acqua potesse bollire ed evaporare prima del ritorno di Babaji. Shiva le diede della cenere e le chiese di farla cadere dentro l'acqua bollente per evitare che evaporasse. Si crede che da allora siano passati milioni di anni e che Babaji non sia ancora tornato quindi l'acqua bolle ancora senza evaporare nel piccolo serbatoio del tempio. Gurunath dice che il giorno in cui Babaji tornerà sarà la fine di un ciclo di Yuga. Secondo lui, il motivo per cui Babaji rimane via è lasciare che la Madre compassionevole faccia il suo lavoro di risveglio dei suoi figli per portarli sulla via della luce.

Queste storie mi riempiono di stupore. Ad un certo livello mi sento entusiasta come una bambina innanzi ad una storia così fantastica, ad un altro livello la mia mente vacilla nell'elaborare la matematica di questi milioni di anni umani rispetto al calendario divino.

"Babaji appare più e più volte, nel corso dei secoli, per mantenere in vita la ricerca umana e il movimento verso la redenzione finale", rispose Gurunath alla domanda di un discepolo sul vero Babaji. Ci trovavamo di nuovo alla pensione, dove i giovani yogi avevano organizzato un piccolo falò. Una statua di Matsyendranath incombeva nel tempio all'aperto lì davanti. L'atmosfera era serena e, a parte il suono del fuoco scoppiettante, tutto intorno era silenzio. Gurunath ci stava raccontando di più su Babaji. "Il suo raggio si è manifestato in molti santi e saggi nel corso degli anni". Poi ha continuato con la famosa storia di Babaji come Gorakshanath, discepolo di Matsyndranath. È una storia che viene spesso ripetuta dai Nath yogi di oggi, di cui si possono trovare molte varianti e narrazioni differenti, a seconda della località.

Gorakshanath era discepolo di Matsyendranath ma misticamente ne era anche il Guru. Matsyendranath aveva pregato Shiva, il suo Guru, di dargli un discepolo che sarebbe stato superiore a lui. Per onorare questa promessa Shiva si era manifestato come Gorakshanath. Le narrazioni tradizionali raccontano che Matsyendranath diede della cenere santa a una donna sterile per consentirle di avere un figlio. La sventurata donna invece di mangiare la cenere l'aveva gettata nel mucchio di letame. Dopo dodici anni, Matsyendranath tornò al villaggio e capendo cosa aveva fatto la donna pronunciò il nome del ragazzo ed un dodicenne risorse dal mucchio di letame. Matsyendranath poi prese il ragazzo, Gorakh, con lui come discepolo.

Più tardi Matsyendranath, a causa di un debito karmico, rimase impigliato nella rete del godimento dei piaceri materiali e fisici ad Alkapuri, nelle vesti di re del Nepal. Si dice che Gorakshanath fosse rimasto costernato nel realizzare che il suo Guru di un tempo avesse dimenticato la propria natura divina e che si fosse fatto strada verso il regno collinare per ricordare a Macchinder la sua vera statura. Già prima del suo arrivo, il ritmo dei tamburi nella corte del re annunciò la sua venuta. "Jago Macchinder, Gorakh aaya – svegliati Macchinder, Gorakh è arrivato", martellavano continuamente i tamburi, mentre Matsyendranath si trovava felice in compagnia delle sue regine e dei suoi due figli tra le ricchezze del suo regno.

Finalmente Gorakh arrivò alla corte del re e riuscì a strappare il suo guru di un tempo dalla distrazione del mondo materiale convincendolo ad accompagnarlo nella giungla. Ma quando Matsyendranath apparve alle porte del regno, era carico d'oro e di gioielli preziosi dai quali non poteva sopportare di separarsi. Gorakshanath, per dimostrare l'inutilità e la mancanza di valore di questi articoli, urinò su una roccia a lato della strada. Per lo stupore di tutti i presenti, il masso si trasformò in oro. Correttamente castigato, Matsyendranath lasciò i suoi averi ma voleva portare con sé i suoi figli. Gorakh acconsentì a questa richiesta, perché questi avevano uno scopo più alto da adempiere.

Matsyendranath si fermò lungo il percorso, sopraffatto da un desiderio di meditare e montò il suo accampamento; implorò Gorakshanath di andare avanti, portando con sé i suoi due figli. Mentre Gorakh si spostava, i bambini lo tormentavano per fermarsi perché avevano fame o perché volevano fare i propri bisogni. Alla fine, stufo, Gorakshanath diede rigorose istruzioni che non sarebbe stato servito cibo né effettuate fermate per i movimenti intestinali.

Secondo Gurunath e il Nath Sampradaya, questi due figli di Matsyendranath introdussero i due principi del giainismo: lo Shwetambar e il Digambar. Durante gli stessi viaggi, è detto che Gorakshanath, perso nella estasi del samadhi, lavò i vestiti insieme a quelli che vi stavano dentro, sbattendoli e riducendoli in poltiglia sul masso accanto al fiume ed appendendone i resti fuori ad asciugare. Certo, li riportò in vita più tardi, a simboleggiare la tradizione del guru che dà nuova vita al discepolo.

Ogni storia di Babaji sembrava farmi avvicinare di più a questo essere misterioso che a volte era così tangibile che potevi quasi toccarlo ed altre volte, come l'accenno di un sussurro, ti sfuggiva.

Con Gurunath e Babaji a Rudraprayag

Durante il viaggio in Himalaya nel 2001 a Rudraprayag con Gurunath, la pensione dove soggiornavamo guardava giù sulla confluenza e un grande falò era stato organizzato a fianco del fiume per i visitatori. L'Alaknanda e il Mandakini si fondono a Rudraprayag e il suono dell'acqua è forte e ruggente sul lato dell'Alaknanda, mentre il Mandakini scorre dolcemente. Durante il nostro consueto dopocena accanto al falò, Gurunath raccontò di come si dicesse che il Mandakini rappresentasse il nostro vicino galattico – la galassia Andromeda. I seguaci di Babaji della Nath Sampradaya credono che tutto nella galassia sia replicato nel corpo. Il corpo fisico dell'uomo porta lo schema del vasto universo. "Voi non siete altro che polvere cosmica, siete fatti dell'universo e l'universo è dentro di voi. Il samadhi è una realizzazione di questa eterna Verità" spiegò Gurunath mentre ci sedevamo e guardavamo le braci brillare nel falò lungo il fiume.

Le stelle erano luminose nel cielo limpido e l'aria frizzante. Fissavo lo spazio tra le vette lontane, da dove la luce blu che rappresenta Babaji si era avvicinata verso Gurunath in quella che sembrava essere stata un'altra epoca. Il fuoco scoppiettava, vidi delle scintille riflesse negli occhi di Gurunath e improvvisamente fui sopraffatta da un senso sovrannaturale, come se il tempo si fosse fermato e io potessi essere ovunque nella galassia. Non ero più una bambina del ventunesimo secolo bensì immortale, congelata nel tempo.

Gurunath era in uno quasi di trance e quando noi gli chiedemmo di narrarci il suo incontro con il divino Babaji, c'era uno sguardo lontano nei suoi occhi mentre riviveva l'esperienza, "Mi ero accampato a Rudraprayag durante alcuni giorni e stavo praticando intensamente la mia sadhana".

"Quella notte era una notte di luna piena" continuò nello stesso tono nostalgico "mentre sedevo vicino al fiume Mandakini mi sentivo come se i due fiumi scorressero attraverso me e lungo la mia spina dorsale incontrandosi nel mio terzo occhio".

"ero in uno stato meditativo durante tutti quei giorni come in preparazione per quel grande avvenimento", continuò Gurunath e l'aria stessa intorno a noi sembrò essersi fermata come se trattenesse il respiro in attesa. "Ero ignaro di ciò che mi circondava ed entrai in uno stato meditativo stabile. L'esterno e l'interno divennero uno, gli alberi, le montagne, la neve erano tutti dentro di me; una sensazione come di essere stato rovesciato."

Potevo sentire il mio respiro allungarsi mentre Gurunath continuava: "In quell'ora mistica della notte vidi venire verso di me dall'alto delle montagne maestose una luce rotante, luminosa ma tenue.

Questa luce lilla, indaco e blu si muoveva verso di me. L'intera area era immersa in questa luce, le montagne, gli alberi, i fiumi; la luce inondò il mio corpo con il suo splendore ed io, follemente ubriaco, galleggiavo senza sforzo in questa estasi. Mi espansi fuori dal corpo per partecipare di questa essenza, diventando finalmente tutt'uno con essa, in uno stato senza ego, in cui la luce ed io eravamo uno. Tutta la natura e la creazione rimasero in silenzio come se si inchinassero alla presenza di Babaji perché questo era Lui nel suo stato di luce privo di forma".

C'era un silenzio totale mentre aspettavamo che Gurunath continuasse; anche le fiamme del fuoco rimasero ferme. "Il centro di questa luce diventava più bianca e più brillante e poi ci fu un lampo accecante". Sussultai quando Gurunath accompagnò le sue parole con un battito delle mani. "Lo splendore di questo lampo riverberò nel mio profondo e svenni. Non so per quanto tempo rimasi in questo stato ma quando mi ripresi vidi la figura di Babaji che faceva il bagno nel centro della confluenza. Lo guardai mentre si bagnava, ogni poro del mio corpo saturo del suo amore. Mentre lo guardavo, si avvicinò al punto in cui ero seduto e mi condusse a una capanna sul fianco della collina". A questo punto Gurunath indicò verso la parte alta della collina ad una certa distanza.

"Poi, molto semplicemente, si sedette al mio fianco e sorridendo raccolse il seme di un albero che giaceva là e mi disse: "Rompi il seme". Lo feci. "Guarda nel centro", disse, e, nel farlo, vidi uno spazio vuoto, uno spazio cavo al centro. Poi lui raccolse una cipolla che giaceva lì e disse: "Sbucciala" e così feci. Sbucciare la cipolla era come eliminare strati illusori dalla mia mente. Raggiunto l'ultimo strato lui chiese, 'Cosa è rimasto?' 'Niente', dissi. Sorrise e disse: 'Figlio mio, la verità delle verità è che quando gli strati di maya o l'illusione vengano eliminati, si rimane con la Pura Coscienza che è Nulla nel mondo materiale. Ma da questo Nulla, che è Pura Coscienza, sorge tutta la Creazione'. Detto questo rise ed io svenni". Eravamo tutti così assorbiti da questo racconto che il fuoco si era quasi consumato e Gurunath ordinò a uno dei discepoli di aggiungere dell'altra legna. Dopo che il fuoco fu riacceso, continuò: "È stato dopo questa esperienza che ho potuto dare le trasmissioni di Shivapat a tutti i sinceri ricercatori della verità. Spesso polemicamente le persone mi chiedono come sia possibile creare qualcosa dal nulla, poiché la scienza crede che si possa creare qualcosa solo da qualcos'altro."

"Allora rispondo sempre", disse Gurunath "Ecco perché Lui è Dio e noi siamo mortali".

Secondo la mitologia Rudraprayag è il luogo ove il signore Shiva rivelò ed insegnò a Narada i raga musicali completi che sono registrati nei Bhakti Sutra, un antico testo vedico. Il tempio che commemora questo evento è ormai fatiscente ed è stato rimpiazzato da un nuovo tempio costruito di recente con gradini che scendono alla confluenza.

Gurunath si rivolge spesso a Babaji come Mahabinishkaran, un essere pronto per evolversi e fondersi nella Coscienza Infinita ma che accettò, a seguito di suppliche, di rimanere nel fisico a guidare ed ispirare l'umanità. Perciò, ha sacrificato questo grande passo nell'evoluzione per rimanere qui e aspettare che tutti noi evorviamo. In quel momento anche lui finalmente rinuncerà alla sua forma fisica.

"Quindi sbrigatevi con la vostra pratica", Gurunath ci sprona amorevolmente. "Farete aspettare Babaji per sempre? Benché nella dimensione in cui si trova il tempo e lo spazio si sono dissolti, un battito di ciglia del suo occhio equivale a cent'anni su questa terra!"

Riesco a capire appena questa ripartizione del tempo e dello spazio quando medito. Prima, venti minuti sembravano un'ora, ma adesso le ore sembrano minuti a volte! Quindi, suppongo che in una cornice più ampia cento anni possano sembrare come il tempo di un battito di ciglia.

L'esperienza Neelkanteshwar-Badrinath

Durante una delle visite di Gurunath a Chandigarh, si tenne un potente havan a Panchvati a cui parteciparono tutti i membri. Tutti noi formammo una catena attorno all'havan-kund e ci sedemmo in fila uno accanto all'altro. Come accennato in precedenza, Gurunath fa formare ai devoti una catena attorno all'havan-kund affinché la potente Kundalini Shakti, facilitata e liberata da lui durante l'invocazione, possa fluire attraverso loro. Dato che c'erano molti nuovi membri, la formazione non era perfetta. Tuttavia era un'educazione, poiché tutti ripetevano solennemente i mantra cantati da Gurunath e seguivano le sue istruzioni. Riuscimmo tutti ad esprimere i nostri desideri individuali e ad offrire la miscela di riso e ghee al fuoco.

Molto più tardi, dopo una cena leggera, continuammo la serata riuniti intorno al fuoco. Era l'ultimo giorno di Gurunath in questo luogo e così nessuno voleva perdere un minuto lontano da lui. A partire dai bambini di sette anni fino ai settantenni, tutti speravano che la notte magica non finisse mai. Uno dei discepoli voleva sapere dell'incontro di Gurunath con Babaji presso la Jhilmili gufa, a Badrinath. Anche se molti di noi lo avevano sentito raccontare molte volte, ero tutta eccitata e pronta ancora una volta. Velocemente Aman si alzò per ravvivare il fuoco con altra legna, mentre un altro discepolo si avvicinava a Gurunath, per non perdere una parola. Aspettammo con il fiato sospeso che iniziasse.

"Era l'anno 1967", iniziò Gurunath. "Stavo camminando verso Badrinath da Rudraprayag. L'intero viaggio era pieno di nostalgia a causa dei ricordi delle vite passate. Era come se stessi entrando in una sfera celeste, una dimensione diversa, mentre risalivo il sentiero che diventava sempre più ripido. Ma il mio desiderio di raggiungere questa grotta era molto forte, essendo connesso ad essa da una vita passata". Gurunath si fermò poiché alcuni ritardatari si erano uniti al gruppo e tutti si spostarono per lasciare loro lo spazio per sistemarsi. L'aria frizzante della notte era fredda e ci rannicchiammo più vicini al fuoco, mentre Gurunath continuava: "Sì, il mio desiderio di raggiungere la grotta era forte, spingendomi a continuare a camminare. Quando raggiunsi la cima riuscivo a vedere l'intera catena Himalayana e la vista mi ricordò il poema di Kalidasa, dove paragona le cime bianche delle montagne alle risate di Shiva".

Lo ascoltavo ma allo stesso tempo i miei occhi erano affascinati dal fuoco che mutava il colore della pelle di Gurunath in oro brunito. Ed era la mia immaginazione o si vedevano delle particelle blu luminose che volavano intorno a lui in vari schemi?

"Ero esausto dopo la salita e mi sdraiai a riposare per un po'. Il sole era sparito dietro alcune nuvole, lasciando tutta l'area in ombra." La voce di Gurunath si era fatta dolce e tesi l'orecchio per ascoltare le sue parole: "Poi, ad occhi chiusi, vidi riapparire la luce come se il sole fosse uscito di nuovo. Ma non era così, l'intera area iniziò ad essere inondata da una grande luce scintillante. L'aura di questa luce era immensa; sembrava riempire l'intero universo." Gurunath sorrise gentilmente e disse: "Pensavo che non fosse rispettoso da parte mia restare sdraiato sulla schiena, quindi rotolai sulla mia pancia e feci il sashtanga pranam". "Chi sei?" chiesi meravigliato, e la risposta sembrò risuonare da tutto intorno "Chiunque tu pensi che io sia, quello io sono per te". A questo punto la mia mente si espanse senza confini, e nel vedere la mia associazione con lui in una vita passata le mie labbra formarono le parole "Shiv Goraksha Babaji" e le sue parole, 'Tathastu, Tathastu, Tathastu' risuonarono in ogni fibra del mio essere e nelle montagne circostanti".

Sentii un brivido e mi venne la pelle d'oca mentre Gurunath, ormai perso nella memoria, continuava: "Poi sentii una corrente fredda che scorreva giù dalla mia testa alle dita dei piedi ed un corrente calda che saliva. Questo fenomeno si ripetette – un nadi shodan – una purificazione dei nervi psichici, che intuitivamente capii era un modo per prepararmi a ricevere un afflusso di superiore energia spirituale. Meditavo già fra le dieci e le dodici ore al giorno ed ancora più purificazione stava avvenendo in preparazione per il samadhi superiore. Dopo questo, uscii dal mio corpo fisico per espandermi nel corpo emotivo. Rompendo tutte le barriere del tempo e dello spazio, ero semplicemente assorbito da questa felicità e luce mentre mi espandevo ulteriormente nel mio corpo mentale".

Quando Gurunath si fermò, vidi la sua aura espandersi anche in quel momento mentre riviveva l'esperienza. L'intera area di Panchvati sembrava illuminata da una luce ultraterrena. Senza guardare ero consapevole che tutti fissavano con reverenza Gurunath, trasportati dalla visione di quell'evento. "Poi il corpo mentale si espanse nella Coscienza dell'Anima ed io mi trovai nel mio Anandamaya kosha. La mia anima di cristallo si dissolse e si espanse in una sconfinata consapevolezza".

Gurunath guardò le nostre facce incantate e disse: "Io sto cercando di spiegare con parole umane la mia esperienza del divino, il che è un compito impossibile. Cosa posso dire, mi sentivo come se si stessero verificando una serie di dolci implosioni, implosioni che espandevano il mio essere."

"Tutto in una volta gli alberi, gli uccelli, le nuvole, il cielo, i pianeti, le stelle e le galassie erano me e respiravano il mio prana. È stato solo in questo stato espanso che ho potuto capire ed assorbire i messaggi dati da questo Essere Senza Nome che il mondo conosce come Babaji. Era come se tutto il mio essere fosse scosso da fotoni di particelle di luce che trasportavano questi messaggi incapsulati, che sono stati incorporati nella mia memoria. Messaggi per servire l'umanità, messaggi sul mio passato, sul mio futuro, messaggi ricevuti senza che la mente fosse coinvolta nella mia super coscienza, da ricordare in seguito. Sapete, non può essere capito o descritto, solo sperimentato" spiegò Gurunath con semplicità.

"Che aspetto aveva Babaji?" sussurrò un discepolo, ancora innamorato dell'entità fisica. Sorridendo, Gurunath lo accontentò.

"È molto difficile descrivere la sua forma", disse Gurunath, "Sono rimasto sbalordito dalla sua maestà spirituale. I suoi capelli, che gli toccavano i talloni erano fiamme, come fuoco radioso. Il suo corpo sembrava bagnato dall'immersione nel fiume Alaknanda, eppure era asciutto e c'era una sottile fragranza che emanava dal suo corpo imperituro e immortale. Vestito di pelle di antilope, i suoi piedi non toccavano per terra. Ho guardato nei suoi occhi compassionevoli e mi sono perso". E così eravamo tutti noi, così persi nella storia che non ci rendemmo conto che Gurunath si era alzato e se n'era andato prima di poterci congedare da lui. Dopo un po' anche i discepoli se ne andarono, in gruppi di uno e due persone, portando questa esperienza a casa come parte di loro. Alcuni di noi che avrebbero passato la notte in tenda a Panchvati continuarono a stare seduti intorno al fuoco, ascoltando in silenzio i suoni della foresta circostante. Poi mi alzai anche io e smorzai il fuoco con un po' d'acqua che era nelle vicinanze. Il fuoco sfrigolava e fumava mentre si spegneva e tutti noi ci ritirammo per qualche ora di riposo.

CAPITOLO 9

SADHANA PERSONALE E TRASFORMAZIONE INTERIORE

Organizzai una routine quotidiana tra sadhana regolare e dedizione al guru. Capivo l'importanza della pratica personale. Nel primo periodo, appena ricevuta l'iniziazione, mi ritrovai a parlare con tutti, con chiunque mi ascoltasse del glorioso sentiero che avevo scoperto. Ho realizzato solo più tardi che parlare era stato facile, ma sostenere l'impegno della pratica era più difficile. "Il tuo corpo è un tempio", istruì Gurunath. "I rituali esterni rappresentano ciò che è già presente internamente. Il rito di suonare il campanello o soffiare nella conchiglia, l'offerta di fiori e incenso sono replicati dal sadhak cantando l'Om, offrendo il loto dei nostri chakra e bruciando nella pratica della sadhana spirituale data dal guru per rilasciarne la fragranza per tutta l'umanità".

Il guru-shishya mudra, una posizione speciale delle mani che è un segno distintivo dell'insegnamento di Gurunath, trasforma il corpo in un tempio. Le dita formano un pinnacolo sulla sommità della testa, consentendo alla luce divina di fluirvi attraverso e inondare il praticante. Con la pratica costante, il discepolo realizza il corpo come un santuario sacro, abitato dall'anima divina e dallo spirito incontaminato, all'interno dell'involucro dell'anima che ci anima. "Fare il bagno nell'Amrit sarovar simboleggia la condizione dell'essere saturo di amrit, il nettare che scorre dentro di te. Il Gange scorre dentro di te", dice Gurunath. In questo modo attualizza tutta la pratica dandone una rappresetazione figurativa per i discepoli.

"Questo è Kundalini Yoga, energia in movimento. Un processo di conversione del respiro in forza vitale e la realizzazione del corpo fisico come corpo di luce", disse Gurunath, spiegando succintamente la pratica scientifica del Kriya Yoga.

In passato era una pratica destinata solo alle anime che erano già sulla buona strada per esercitarsi dalle dieci alle dodici ore tutti i giorni, disse Gurunath a un gruppo incredulo che con tutta probabilità praticava le stesse ore collettivamente. Un grande incontro fu convocato a cui parteciparono gli Indra, i brahmarishi, i Navnath ed altri fedelissimi, per discutere se una pratica così degna avrebbe dovuto essere rivelata alla razza umana che avrebbe potuto non onorare la potenza di questa tecnica. A Lahiri Mahasaya è dato il credito di aver interceduto per noi mortali, influenzando la decisione di permettere che questa tecnica evolutiva venisse insegnata agli umani per una più rapida progressione della loro anima. Successivamente Babaji affidò a lui il compito di portare questa pratica sulla terra, molto simile alla vicenda di Prometeo che strappò il fuoco agli dei e lo diede ai mortali. Come una bambina mi piaceva molto ascoltare queste storie leggendarie che Gurunath raccontava quasi come se fossero accadute ieri.

Inizialmente è stato molto difficile per me rimanere seduta anche solo per venti minuti di meditazione. Continuavo ad agitarmi ed a guardare l'orologio ogni pochi minuti. Non mi rendevo conto del modo in cui la mia irrequietezza, anche se non emettevo alcun suono, fosse un disturbo per i discepoli più esperti. Durante la meditazione il veterano sadhak diventa sensibile alle frequenze energetiche circostanti. Con la pratica costante ho imparato a diventare più immobile. Il corpo fisico si allena ad essere costante con le asan e la mente con il pranayama. "Entrambi si completano a vicenda e sono essenziali per il sadhak che sta imparando a meditare", insegnò Gurunath.

Un giorno mi sentivo stanca ma avevo un forte desiderio di praticare un po' di Kriya, come ci riferiamo a questa meditazione in breve, ma fisicamente mi sentivo incapace di stare seduta. Durante la notte, mi trovai ugualmente seduta in meditazione e fui sorpresa di vedere il mio corpo fisico sdraiato a riposo davanti a me. Era inquietante; il corpo stava avendo il riposo che desiderava mentre lo spirito completava la pratica.

Lenta maturazione dello spirito

Ebbi, senza preavviso, l'opportunità di andare a Pune nel dicembre 2002 e appresi che Gurunath e Ayi si trovavano all'ashram. Lo raggiunsi dopo il tramonto, camminando senza timore perché il conducente del risciò si era rifiutato di avventurarsi sul sentiero non illuminato. Fui entusiasta nel rendemi conto che non c'era nessuno altro all'ashram oltre a Gurunath, Ayi ed un discepolo dall'Australia. Era la mia occasione di beneficare al massimo dei poteri del guru senza doverlo condividere con nessun altro, pensai. Ero eccitata e decisi di non perdere tempo a dormire ma di meditare tutta la notte.

Prima di cena Gurunath chiese a me ed all'altro discepolo di meditare per un po'. Pensavo che questa fosse la mia opportunità e che mi sarei seduta senza alzarmi per cena, impressionando Gurunath con il mio fervore e la mia fermezza. Quando mi sedetti nel Paran Kutir non riuscivo proprio a concentrarmi, la mia mente correva in tutte le direzioni ed i pensieri continuavano inesorabilmente senza pietà, persone a cui non pensavo ormai da anni mi apparivano in file infinite. È stato orribile ed ero disgustata di me stessa. Anche quando sentii Gurunath emergere dal suo rifugio rimasi ostinatamente seduta lì, arrabbiata. Dopo un po' Gurunath mi chiamò per andare a mangiare. Ero quasi in lacrime ma cercai di nasconderlo al meglio che potevo.

Durante la cena, Gurunath parlò di varie cose, chiedendo all'altro discepolo dell'Australia. All'improvviso mi guardò e disse: " Sai Jyoti, anche lo sforzo di sederti per meditare fa parte della meditazione. Non importa che la tua mente stia vagando, sei come una bambina che impara una nuova abilità, ce la farai." Rimasi profondamente commossa quando capii che niente gli era nascosto e le sue parole gentili mi fecero capire la misura della sua compassione per me. Quella notte dormii come una bambina.

Con il tempo, il mio legame con il maestro si stava cristallizzando. Percepivo il guru come parte di me, la sua essenza presente in me in ogni momento. Sono migliorata come persona. Era come se tutti i miei spigoli fossero stati limati e levigati. Problemi che in precedenza mi avrebbero portato sull'orlo dell'esplosione emotiva ora mi lasciavano calma. Certo, c'erano volte in cui scivolavo di brutto ma stava diventando più facile recuperare l'equilibrio e centrarmi. All'inizio è stato doloroso, mentre imparavo a disimparare le molte opinioni radicate e a rilassare una mentalità rigida. Potevo vedere i miei comportamenti, molti dei quali piuttosto brutti. Intravedevo delle forti emozioni negative, avidità e gelosia, lussuria e invidia, ed anche puro odio. Gradualmente, mentre si sviluppava in me la percezione come testimone, sono diventata più naturale, più innocente e fanciullesca, mentre la mia artificiosità è stata lentamente strappata via. Questo è un processo ancora in corso. Strato dopo strato, vengo purificata. Sto vivendo la vita di una madre capofamiglia, di figlia e in certa misura anche di moglie con relativi doveri nonostante il divorzio, e parallelamente la vita di una sadhak in evoluzione impegnata in una sadhana fissa. Credo che entrambi questi aspetti della mia vita la migliorino e si completino l'un l'altro senza dicotomie. Per la prima volta posso davvero dire che sono felice in tutte le circostanze della vita. Oggi divorziata, dopo oggi, con le bambine che sono andate via e si sono sposate, sono sempre più libera di perseguire la vita di un sadhak.

Approfondendo le connessioni con il guru

Il giorno del compleanno di Gurunath, il 10 maggio, è abitudine di tutti i discepoli fargli gli auguri telefonicamente o di persona, ovunque lui sia. In effetti, c'è una certa competizione tra i discepoli per chi riesce a fargli gli auguri per primo, per quanto infantile questo possa sembrare. In una di queste occasioni, nel 2002, si trovava in Himalaya per le riprese del suo documentario e lo chiamai per fargli gli auguri in anticipo, ma mi incaricò di farlo il giorno effettivo, collegandomi a lui. Non avevo idea di cosa dovessi fare, perché non ci aveva insegnato simboli o mantra per farlo, questo accadeva prima della connessione attraverso il ponte d'oro. Comunque, la mattina concordata mi sedetti, e mentalmente portai la sua foto davanti a me inviandogli gli auguri. Ero seduta così quando all'improvviso la stanza si riempì dell'aroma di chivda arrosto, croccantini di riso battuto, aromatizzato alle foglie di curry e spezie. La mia bocca era piena del suo sapore salato e la mia pancia si sentiva sazia. È stato sicuramente un riconoscimento ed una benedizione. Più tardi venni a sapere da Ayi che quello era uno degli snack preferiti di Gurunath.

Questo fenomeno di gustare ciò che Gurunath aveva mangiato successe ancora una volta mentre ero al telefono parlando con lui. L'aroma e il gusto appetitosi del riso biryani speziato improvvisamente mi sopraffecero e Gurunath mi chiese: "Jyoti, l'hai avuto?" Ayi aveva cucinato riso biryani e Gurunath e alcuni dei suoi discepoli stavano pranzando quando avevo chiamato. Ero a Chandigarh ed il pranzo si stava svolgendo a Pune, a quasi ottocentosessanta miglia di distanza!

Questa crescente connessione con il guru divenne evidente quando una volta, all'ashram, Gurunath ci stava insegnando un mudra che accompagnava un particolare mantra. Ancora una volta, rimasi stupita nel rendermi conto che l'avevo già praticato anche se non mi era stato mai insegnato. Fui colta di sorpresa quando Gurunath mi guardò per commentare semplicemente: "Sai perché sei connessa a me" Anche se mi fece sentire speciale, sapevo che il maestro dona ugualmente a tutti, non c'è parzialità nell'attenzione del maestro. Il maestro non priva mai nessuno della sua compassione o della sua saggezza per darla ad altri. Gli alunni hanno bisogno di migliorare il loro comportamento e diventare ricettivi alle sue trasmissioni che fluiscono liberamente.

Il vero guru guida il discepolo sincero in ogni passo della sua pratica, la chiamata del discepolo non rimane mai inascoltata. Una sera del 2009, dopo essermi bene stabilita nella pratica, mi trovavo al club con alcuni amici. Ero abbastanza sicura della mia stabilità mentale ed emotiva ormai e pensavo che nessun incidente potesse scuotermi. Nel corso della serata incontrai una vecchia amica da cui mi ero allontanata da molti anni e nel momento in cui mi incontrò fece una dichiarazione che in un istante mi scosse nel profondo riportandomi agli stessi schemi di comportamento del passato e la mia mente andò in subbuglio. Tornando a casa quella sera ero disgustata di me stessa, era come se tutta la mia pratica di tanti anni fosse avvenuta invano. In lacrime per la mia debolezza e ricaduta mi stavo anche rimproverando.

Quella notte, mentre dormivo, nella mia visione onirica vidi Sri Yukteswar Giri trasformarsi in Gurunath e poi ritrasformarsi in Yukteswar. Molti discepoli hanno visto Gurunath come Yukteswar Giri e identificano Gurunath come una reincarnazione di Sri Yukteswar, per me però si trattò della prima volta. Durante tutta la visione del sogno questa transizione da un maestro all'altro continuava a ripetersi ed entrambi mi insegnavano una lezione su come distogliere la mia attenzione dall'inquietante incidente accaduto la sera prima. Fu come un prelievo fisico di energia, nel corso della notte mi mostrarono molte immagini inquietanti del mio passato, istruendomi amorevolmente su come ritirarmi da ciascuna scena. Il sogno andò avanti per molto tempo con parecchi episodi del passato che venivano riprodotti ciclicamente e mi è stato insegnato come ritirare consapevolmente il mio attaccamento da ciascuno. Ogni volta che non riuscivo a distaccarmi mi riportavano dolcemente il ricordo finché non ci riuscivo. Mi svegliai sentendomi molto leggera come se avessi lasciato cadere un grosso carico di bagagli, capendo come fossi stata io a dare potere a questi legami e come potevo liberarmene consapevolmente. Quella notte mi impartirono un corso di laurea magistrale in pratyahar avanzata! Ancora una volta fui invasa da un sentimento travolgente di gratitudine per i maestri che si preoccupano così tanto per i loro discepoli giungendo in un istante al loro grido. Per la prima volta ho anche veramente capito la connessione tra Gurunath e Yukteswar Giri.

Man mano che la mia intuizione è migliorata, sono arrivata a capire di più la rilevanza di un maestro vivente. La consapevolezza umana, come ho capito, si sta estendendo sempre di più, con nuove invenzioni e scoperte che accadono ogni giorno. Dal momento che la pratica del Kriya Yoga è una scienza dell'evoluzione, presumo che debba essere mantenuta aggiornata ed in armonia con lo sviluppo del sistema cerebrale della razza umana. La mia impressione è che mentre il cervello umano evolve rapidamente, il vecchio metodo di pratica diventa meno efficace. I maestri viventi vengono ripetutamente inviati da Babaji per rendere la pratica più dinamica e adatta ai tempi moderni. Quindi i discepoli che si connettono con maestri viventi piuttosto che le organizzazioni esistenti sono quelli che sono stati con quei maestri nelle loro vite precedenti. La vera integrità, per me, è verso il maestro che è vivo e presente, anche se sono d'accordo che con ogni probabilità siamo stati anche con i precedenti maestri , la prova di ciò è che stiamo praticando lo stesso Kriya sotto la tutela di questo maestro. Spesso i discepoli dicono di essere discepoli di Babaji o Yogananda pur non avendoli mai incontrati in questa vita. Sento che è facile considerarsi discepoli di un maestro non più in vita ma che è molto difficile essere discepoli di un maestro vivente vicino a noi; il cesellare, lucidare, bruciare tapa e la saggezza necessaria per capire la differenza tra un maestro vero e uno falso, devono essere attraversati per forgiarsi in un vero discepolo di un vero maestro vivente.

I discepoli devono capire che le istruzioni del maestro/guru scavalcano quelli di un insegnante in qualsiasi momento, per quanto senior o esaltato sia. Gli studenti devono avere questa connessione diretta con il maestro vivente, che è una rarità. Questo è possibile anche se i discepoli non sono in grado di incontrare fisicamente il maestro a causa di vari vincoli, fisici o finanziari. Gli insegnanti locali junior, senior e molto senior sono lì per aiutarti ma la parola del maestro, anche se del tutto in contraddizione a quello che dice l'insegnante, è sempre l'istruzione giusta. Io e molti altri discepoli siamo testimoni del fatto che il maestro ti trasmette questo messaggio molto personale anche in mezzo ad un pubblico di centinaia di persone. Il discepolo ha solo bisogno di essere attento, un intelletto spento e smussato non sono attrezzi favorevi per tagliare i legami dell'illusione. "L'unico peccato della mente" Gurunath ripete spesso " è di non prestare sufficiente attenzione".

Trasformazioni fisiche e mentali

Insieme all'aumento delle visioni e degli episodi soprannaturali menzionati in questo libro, ho subíto anche altre esperienze fisiche. Ci sono stati giorni in cui il mio il corpo era così pesante che difficilmente riuscivo a trascinarmi in giro; questi sono stati spesso seguiti da settimane in cui mi sono sentita così leggera che sembrava potessi volare. Un giorno sentii bussare forte e quasi saltai fuori dalla mia pelle quando capii che il suono proveniva da dentro di me. Avevo appena sentito il battito del mio cuore, da dentro, per poi sentire, quasi subito, un altro suono che identificai come il suono del sangue che scorreva nelle mie vene.

Fu tutto molto sconcertante e tuttavia eccitante. Bandha – contrazioni o serrature yogiche che ottimizzano e controllano il flusso di energia – e mudra si verificavano involontariamente, come se il mio corpo avesse la sua propria agenda. Mentre guardavo la televisione improvvisamente potevo essere sopraffatta dal desiderio di fare certe asana e durante la meditazione altri bandha si verificavano automaticamente, muovendo e incanalando la forza vitale dentro le diverse parti del mio corpo.

Con grande stupore dei miei operai alla fattoria, andavo fuori sul prato e facevo una serie di capriole in avanti, gridando come una bambina. Sentivo il suono dei grilli, il suono delle campane, fischi e gong. Il respiro diventò dinamico, il risultato un tremendo senso di potere – fisico oltre che mentale – e alla base di tutto questo l'assoluta mancanza di paura. La mia voce assunse un timbro diverso, i miei occhi cambiavano colore. Mi sentivo pronta ad affrontare qualsiasi sfida che la vita potesse pormi e, come il lettore ormai sa, la vita mi ha dato molte opportunità per testarmi con il passare del tempo. Ogni stato di chiarezza psicologica o mentale è stata preceduta da un'esperienza fisica di una certa magnitudine. Benché il risultato poteva non essere immediatamente visibile, con il passare del tempo, riuscivo a notare i cambiamenti dentro di me.

Una volta, seduta in meditazione, sentii un suono come di vibrazione elettronica, come se un milione di insetti ronzassero dentro la mia testa. Poi, una nuvola nera si sollevò dalla cima della mia testa tirando fuori un'ombra dall'interno e insieme al ronzio, anche la nuvola oscura si alzò e si allontanò. Mi sentii più leggera all'istante. Capii in seguito che il mio pensiero era diventato molto più semplice e diretto e che quello a cui avevo assistito in realtà era l'essere stata sollevata da un bagaglio mentale che stava ostacolando ulteriori progressi nella mia sadhana. Questo fu il momento in cui mi liberai di molte delle inibizioni della mia infanzia. I sentimenti repressi per non essere stata abbracciata da bambina, mia madre che non mi permetteva di ricevere il premio, il mio senso di colpa per l'appropriazione indebita di quei soldi a scuola e altri simili eventi traumatici sembravano esser tutti scomparsi dopo questa esperienza. La mente iniziò a diventare cristallina e la vita a scorrere senza sotterfugi.

Riesco quasi ad individuare il preciso momento in cui per la prima volta vividamente sperimentai il processo di pratyahar – un'inversione di energia. Era notte fonda e stavo praticando il Jyoti mudra insegnato da Gurunath quando sentii, o meglio vidi, i nervi del mio corpo attraversati da una corrente elettromagnetica bluastra che vi scorreva visibilmente dentro. Una strana sensazione di corrente che si fermava e poi scorreva indietro verso la colonna vertebrale. Era come se un gel fresco scorresse nei miei nervi. Satura di quella che mi sembrò una sensazione di beatitudine, galleggiavo gioiosamente.

Pratyahar è una fase dello yoga durante la quale l'energia che viene utilizzata per soddisfare i desideri dei cinque sensi, vista, olfatto, udito, tatto e gusto viene invertita. Dal muoversi verso l'esterno, verso gli oggetti esterni del desiderio, questa energia viene reindirizzata, facilitando il sadhak a muoversi verso le fasi finali dello yoga: dharana, dhyana e samadhi.

Queste esperienze spirituali a volte giungono in momenti strani. La manifestazione della pratica non rispetta il luogo; il risultato di una pratica costante può svelarsi in qualsiasi momento. Ricordo la prima volta che sentii tutta la forza dell'Om, ero in un taxi diretta a Dalhousie, una cittadina collinare, per incontrare un amico. L'autista si era fermato per una tazza di tè e fare colazione; avevo rifiutato qualsiasi cosa e stavo aspettando in macchina fuori dalla pittoresca dhaba sull'autostrada. Sentii una specie di contrazione delle mie viscere, soprattutto del mio cervello ed un suono indescrivibile. Fu bellissimo, mi sentivo come se venissi tirata verso l'esterno e verso l'interno allo stesso tempo. L'esperienza che più si avvicina e che posso spiegare è la sensazione del travaglio durante la nascita e giunse esattamente così, ad intervalli, non continuamente. Una stretta e un profondo boom sonico che l'accompagnava. Il suono e la pressione continuarono e non mi ero ancora resa conto di cosa fosse. Quello che è stato un momento "aha" il mio intelletto lo ha registrato come il suono dell'Om che Gurunath chiama il ronzio del parto della creazione. Nel momento in cui la "mente" ha compreso il fenomeno questo è cessato in modo ugualmente misterioso. Basta solo il ricordo di quell'esperienza ad inviare vibrazioni attraverso il mio corpo.

Praticando regolarmente il Jyoti mudra avevo iniziato a formare il cerchio e potevo vedere la stella a volte nebulosa, a volte pulsante. Un giorno al mattino mentre mi sedevo sul water mi strofinai gli occhi e caspita, apparve la stella, chiara e brillante, sospesa sulla mia fronte davanti al mio occhio interiore. Non potei che scoppiare a ridere del momento tanto inopportuno per una tale apparizione. Il Jyoti Mudra è una tecnica yogica e la chiave del Kriya Yoga; facilita a vedere noi stessi come spirito di luce divina. Condividevo con entusiasmo tutte le mie esperienze con Gurunath, chiedendogli interpretazioni. Sorrideva e diceva: " Stai ricevendo premi. Questi sono i frutti del tuo lavoro". E questo indipendentemente dal fatto che l'esperienza fosse piacevole o dolorosa!

Visioni di altri maestri e loro lezioni

In una particolare fase durante la mia pratica iniziai ad avere visioni di Ramakrishna Paramahamsa e Lahiri Mahasaya più frequentemente. Ogni volta che mi sedevo a meditare, uno o l'altro apparivano sorridendo serenamente. Non riuscivo a capire cosa volevano, così un giorno mi prostrai mentalmente davanti a loro e con le mani giunte chiesi che mi raccontassero, attraverso il mio guru vivente, cosa volevano da me. Dopo di che le visioni svanirono e si fermarono del tutto. L'unico modo in cui posso spiegare questa manifestazione è che fossero una proiezione mentale di qualche connessione con loro di mie vite passate, che sembrarono essere state rimosse definitivamente, una volta accertata la fede salda nel mio guru.

In questo periodo, una mia amica a Chandigarh mi chiese di incontrare questa bhakta di Satya Sai Baba. Lei era una donna dei Paesi Bassi con cui Baba parlava telepaticamente in olandese. Il giorno stabilito, andai a prendere un caffè a casa della mia amica dove erano presenti altre due donne. La donna olandese mi disse che quando la mia amica l'aveva chiamata per invitarla alla riunione, Baba le aveva parlato dicendole che stava per incontrare una donna di saggezza. Come era sua abitudine, aveva scritto tutto questo nel suo diario. Con un sussulto, capii che intendeva fossi io quella donna di saggezza... oops! Baba le aveva anche detto di comunicarmi che ero benvenuta a Whitefield e di non pensare a lui come un ciarlatano. Seppur confusa, risposi che non avevo mai pensato a Sai Baba, anche se l'avevo sognato un paio di volte molti anni prima. Per quanto riguardava l'andare a Whitefield, chiarii che avevo già un guru ed ero stata iniziata ad una pratica che ero molto felice di seguire. In effetti, entrambe ci lasciammo sentendoci insoddisfatte dell'incontro. Mi chiedevo quale avrebbe potuto essere il messaggio, perché sicuramente non volevo lasciare il mio guru per un altro. Più tardi a casa mentre guardavo la TV con mia figlia, l'intera stanza si riempì dell'odore della vibhuti, l'essenza di Sai Baba, che entrambe sentimmo. Ebbi la forte sensazione che il messaggio fosse stato una prova per testare la forza del mio legame con Gurunath – ovvero se avessi cambiato carrozza laddove invitata a farlo. Pertanto, ipotizzai che la benedizione fosse arrivata sotto forma di vibhuti perché avevo superato la prova di fermezza e lealtà al mio guru. Ogni evento sembrava insegnarmi una lezione. Sapevo intellettualmente che esistono molti percorsi che portano alla stessa meta della realizzazione di sé. Tuttavia, ci volle una visita a Pondicherry per capirlo fino in fondo. Ero giù nel sud per il matrimonio di un cugino e mi trovavo a Pondicherry per un paio di giorni. Colsi l'occasione per visitare Auroville e meditare al Matri Mandir, il tempio dedicato alla Madre, discepola di Sri Aurobindo, lo spirito in movimento dietro questa comunità internazionale unica. Permettevano ai turisti di meditare lì la sera per un'ora.

Il tempio è stato costruito per replicare un vortice di energia che si muove verso l'alto e il punto focale era una grande sfera di cristallo che canalizza l'energia solare nel tempio. L'energia creata dal cristallo era bellissima, mi sentii subito calma e serena. Mentre me ne stavo seduta a meditare, sentii l'energia madre nella forma di nuvole blu e rosa che giravano vorticosamente intorno a me, la presenza curativa era rilassante. Involontariamente, la mia mente andò a Gurunath, le nuvole si dissiparono ed un fuoco divampò avvolgendomi. Mi sentii subito purificata. Capii allora come i discepoli devono scegliere la strada da seguire. Un sentiero più dolce si addice ad alcuni mentre ad altri la piena fiammata della yoga sadhana, anche se alla fine la sadhana yogica temperata con devozione e la devozione accesa con la sadhana yogica devono fondersi, portando entrambe alla giusta azione.

Ma si scusa

Una volta uno studente andò in visita all'ashram di Anandomoyee Ma a Calcutta e mi portò una sua foto molto bella. Ma era splendida e il suo amore fuorisciva dalla foto incorniciata. La presi dallo studente e la misi insieme all'immagine di Gurunath sul mio altare. Andai avanti con le mie faccende giornaliere e me ne dimenticai se non per il fatto che sentivo l'amore radioso che sprigionava. Quella notte Ma mi venne in sogno e molto amorevolmente mi disse semplicemente: "Per favore allontanami dall'altare, non c'è spazio nel tuo altare per chiunque altro tranne che il tuo Guru. Così quella mattina tolsi l'immagine e la restituii allo studente ringraziandolo.

La sensazione di sollievo che provai fu piuttosto liberatoria, come se mi fossi liberata da ogni costrizione. È interessante che – senza desiderio attivo – ho avuto esperienze con molte divinità e visioni di molti maestri, eppure mai ho sentito il bisogno di identificarmi con loro; il loro messaggio per me è sempre stato di conferma che mio guru fosse Gurunath, come se una verità fosse ripetuta e impressa nella mia coscienza indelebilmente.

Buddha aiuta nella consegna del bagaglio finale

Sono sempre grata per i messaggi che mi arrivano, anche se non so se siano prodotti dalla mia mente o dal contatto reale con i grandi maestri. Ho più di un segreto sospetto che sia Gurunath a rendere possibili questi messaggi che mi arrivano, per allenarmi. Altrimenti chi sono io, mi chiedo, per avere un contatto così intimo con tutti questi maestri ed esseri divini e per ricevere i loro messaggi?

La liberazione finale dal mio attaccamento a qualsiasi forma esterna di adorazione è arrivata in occasione della visita alla Grande Stupa di Compassione a Bendigo in Australia. Era nella lista dei luoghi di pellegrinaggio da un paio d'anni, da quando avevo visitato Ballarat, ma per un motivo o l'altro Susan, la nostra insegnante locale, ed io non ce l'avevamo mai fatta. Finalmente l'anno scorso, nel 2018, abbiamo fatto il viaggio. Susan aveva parlato con il Rinpoche responsabile sia della mia visita che del nostro desiderio di tenere delle lezioni o un ritiro presso il loro centro. L'area dove si trovava la stupa era un ampio tratto di terra donata da una famiglia. Stavano allestendo una zona interreligiosa all'esterno della stupa per rappresentare tutte le religioni e volevano discuterne con me. Erano confusi dal numero di divinità indù e non erano sicuri su quale divinità dovessero avere in rappresentanza di tutti gli indù. Questo era uno degli spazi che erano stati lasciati vuoti, per un Ganesh o un Krishna, stavano ancora decidendo. Vidi un Sikh Ek Omkar e una statua di San Francesco d'Assisi, che pare sia stata la prima statua ad essere stata commissionata e collocata. Avevano anche importato degli alberi di bodhi dall'India e mi chiedevo come avrebbero potuto resistere al gelido inverno di Bendigo. Mi preoccupava che potessero non sopravvivere ma allo stesso tempo mi divertiva pensare alle cose che le persone fanno per tentare di replicare i luoghi di illuminazione di altri paesi. In ogni caso stavano mettendo molta attenzione e cura nell'occuparsi delle giovane piante.

Durante la discussione con la Signora responsabile suggerii un shivaling come rappresentante della fede religiosa indù perché quello, per me, è un simbolo del brahmand, l'universo che ha come Gurunath dice: "Il centro dappertutto e la circonferenza da nessuna parte". Mi sembrava una rappresentazione molto appropriata dell'induismo e della sua filosofia. Mentre ne discutevo, iniziai a pianificare nella mia mente di raccogliere fondi dagli studenti australiani, per lo più uno o due e pensai di poter contribuire anche io. "Avremo bisogno di una pompa per il flusso continuo di acqua sul linga" pensavo, la mia mente già presa dai dettagli per reperirlo in Australia e dalle altre logistiche.

Poi decidemmo di entrare nella Stupa e prendere il darshan del Buddha di giada molto prezioso, unico nel suo genere perché la giada grezza era stata trovata in Canada e dopo la realizzazione della statua questa aveva girato il mondo raccogliendo benedizioni prima di arrivare finalmente qui alla stupa. Quando entrai nella grande sala, la statua di Buddha occupava quasi tutto lo spazio ma altrettanto forte era un'altra statua, quella di Padmasambhav posta al suo fianco e che che mi chiamava con un forte impulso. Dopo essermi inchinata innanzi ad entrambi, mi sedetti davanti al Buddha e nel giro di un secondo uscì da quest'ultimo un forte messaggio. "Niente da fare", disse il Buddha, riferendosi molto chiaramente al mio piano per lo shivaling all'esterno. "Questo non è il tuo lavoro, il tuo lavoro è al di là", chiarì il Buddha. La precisione del messaggio mi lasciò sbalordita, era chiaro ed esatto, senza spazio per alcun dubbio. Non dovevo perdere tempo in questa faccenda interreligiosa. In un lampo il Buddha mi aveva illuminato sul fatto che ogni religione è una schiavitù. Le ultime vestigia di attaccamento scomparvero all'istante.

Uscendo pensai nel mio modo umoristico, caspita il Buddha ci ha appena fatto risparmiare dei soldi!

La fermezza nella pratica

Ero irragionevolmente innamorata della parola sthitapragnya, una parola che avevo imparato dalle Bhagavad Gita, che significa "imperturbabile" da circostanze esterne sia buone che cattive". Da lì a poco avrei testato il significato di questa parola su di me, durante il corso di sette mesi tra dicembre 2002 e giugno 2003. Pensai che le circostanze fossero molto ingiuste in quanto si stavano verificando in una fase della mia vita nella quale ero migliore di quanto non fossi mai stata come persona, coinvolta seriamente in un percorso spirituale scelto.

Come accennato in precedenza, prima subimmo l'indagine sull'imposta sul reddito poi mia madre si ammalò per morire dopo due mesi di ricovero, di cui gli ultimi quindici giorni passati in coma. Aveva sofferto di lievi dolori al petto ed era stata ricoverata per un intervento chirurgico dal quale non si era più ripresa. Era stata estremamente spirituale, trascorreva lunghe ore di pratica devozionale al tempio Murugan locale, il suo dolore ed il trauma dei suoi ultimi momenti sembravano immeritati. Poi arrivò la demolizione ingiustificata di Panchvati a causa delle questioni politiche a cui seguirono perdite di affari e tutto si fermò. In questi sette mesi, la mia vita sembrò improvvisamente aver preso una svolta per il peggio.

In questo periodo, alcuni dei miei amici e persino alcuni alunni mi chiedevano perché si stavano verificando tali disgrazie nella mia vita nonostante tutta la mia sadhana spirituale. Alcuni misero persino in dubbio il ruolo di Gurunath. "A cosa serve un guru", mi chiedevano brutalmente, "che non può impedire che eventi così dolorosi si verifichino nelle vite dei suoi sinceri discepoli?"

Ricordai loro la volta in cui Gurunath, durante uno dei nostri ritiri, ci aveva assicurato che per i praticanti sinceri ci sarebbe stato anche nel momento della loro morte. Non li avrebbe lasciati morire nelle tenebre; sarebbe stato lì per condurli alla luce, aveva promesso. Questo fu vero nel caso di mia madre che era una discepola sincera, una signora devota e tradizionale immersa nelle sue puja, specialmente nello sri yantra e il saundarya lahiri di Adi Shankaracharya, ma che dopo l'iniziazione al Kriya Yoga aveva ridotto ogni altra forma di adorazione esterna, fluendo nella pratica con facilità. Gurunath le fece visita in ospedale durante quelli che in seguito si rivelarono esser stati i suoi ultimi giorni. Per tutto il tempo in cui rimase in coma, Gurunath mi ha guidato con le preghiere che andavano fatte per lei, assicurandomi che presto sarebbe stata liberata dal dolore, sia che fosse per un completo recupero che per la liberazione dal corpo. Come predetto da lui, nell'ultimo giorno delle preghiere la sua anima uscì dal corpo, liberata dalle sue catene. Piansi per mia madre come figlia, ma imparai anche a lasciarla andare felicemente.

Poche settimane dopo la sua morte, i nostri affari andarono in rovina. Quando chiamai per raccontare a Gurunath della demolizione di Panchvati, tutto ciò che disse fu: "Jyoti, tu e tuo marito avete scaricato un grande carico di debito karmico, alzati, riprenditi e vai avanti." Questo è esattamente quello che ho fatto.

Per quanto sia stato difficile venire a patti con le nuove circostanze della vita, le sue parole sono servite a riempirmi di una forza interna. Mi ricordò anche quello che mi aveva detto quando mi fece Hamsacharya senior. "Un Hamsacharya serve la razza umana insegnando disinteressatamente agli alunni sinceri i modi e i mezzi per realizzarsi", aveva detto. "Hai bisogno di fermezza per non abbassarti o voltarti indietro. Anche se tutto sembra contro di te, devi sapere che tutto sta funzionando per il tuo ultimo bene. Rifiuta mentalmente di essere disturbata dall'apparente ingiustizia, perché stai raccogliendo i frutti dei tuoi karma passati. Non importa se il tuo corpo è nudo e tremante, non devi insegna la tua anima nuda e tremante". Gurunath ci insegna sempre che non dovremmo lamentarci quando perdiamo il nostro "qualcosa", è il nostro "Niente" che non dobbiamo perdere.

Questa è stata una delle lezioni più importanti che ho imparato da Gurunath. Grazie a questo messaggio rivelatore e guida, ho notato con felicità che durante questi eventi sono rimasta ferma nella mia sadhana, il mio dolore era minimo e non ero disturbata. Mi ha aiutato nei successivi quindici anni fino alla scrittura di questa versione rivista del libro, continuando a rimanere imperturbabile davanti a tutto ciò che succede sulla mia strada. Sapendo di poter rimanere costante nei momenti di dolore, mi chiedevo se avessi potuto mantenere questa equanimità in tempi di grande gioia e successo.

Lasciando il bagaglio superfluo

Come in tutte le tradizionali case indiane, anche la mia aveva un angolo dedicato agli idoli di vari dei e dee. Un giorno, meditando davanti all'altare nelle ore prima dell'alba, sono stata colta da un bisogno interiore di sbarazzarmi di tutto l'eccesivo armamentario di culto. Dopo l'alba, ho raccolto insieme tutti gli idoli: Shiva, Durga, Ganesh e vari altri ciondoli portafortuna raccolti negli anni da vari luoghi, pandit e baba. Ho guidato fino al Gagghar, un piccolo ruscello che scorre vicino la città e li ho immersi amorevolmente. Sono tornata sentendomi molto alleggerita e priva di complicazioni. Ora medito solo sull'immagine di Gurunath. Ho iniziato il nuovo anno con più concentrazione e chiarezza.

Ho una fotografia grande di Gurunath; mentre medito, attraverso il mio occhio interiore vedo un vasto spazio che si apre dietro questa immagine trasportadomi verso galassie e oltre. Mentre gli universi si formano e si dissolvono, il silenzio assoluto del vuoto è forte nelle mie orecchie. Mi sento contenta di sedermi davanti

alla foto del mio guru e di vivere queste visioni attraverso lui. Sembrano svelare un panorama di possibilità che la pratica sincera mi porterà.

Tara torna a casa

Avevo completamente dimenticato che Gurunath a Jwalaji mi aveva istruita sul fatto che a un certo punto della mia sadhana avrei dovuto meditare al tempio Taradevi a Jwalaji. Occupata a casa, all'ashram, in viaggio verso l'Australia per insegnare, la mia attenzione era interamente per Gurunath eppure il suo avviso era sparito dalla mia mente. Nel 2015 per il mio compleanno invitai il solito gruppo di amici e studenti a gustare un po' di torta, caffè e vino. Era una casa aperta e le persone entravano dalle 16:00 fino alle 22:00. Nessun invito era stato spedito, quindi uno studente portò con sé una persona che non vedevo da un po'. Questi mi diede un regalo affermando che l'aveva comprato in Bhutan qualche anno prima e non sapendo a chi darlo, aveva pensato che mi sarebbe piaciuto. Dopo che se tutti se ne furono andati, aprii il pacchetto e immaginate la mia sorpresa quando ne uscì una statua di Tara! Mi vennero subito in mente le parole di Gurunath di quasi quattordici anni prima ed allo stesso tempo dovetti reprimere un sorriso poiché pensai che Tara, essendosi resa conto che questa ragazza non se la ricordava, avesse pensato: "meglio che mi presenti io a casa sua". Quindi eccola lì, proprio sul mio comodino scelto da lei come suo spazio.

Non essendo entusiasta delle puja esteriori, quando mi indicò di accendere una lampada davanti a lei lo feci senza troppi indugi. Poche notti dopo, stavo dormendo, quando sentii un suono acuto penetrare nel mio orecchio sinistro. Mi svegliai rendendomi conto che era un'iniziazione al beej mantra di Tara tramite un suono seme. Anche se lei era posizionata sul mio lato destro, nel corso della notte mi ero attorcigliata e avevo l'orecchio sinistro rivolto a lei. Questo era inusuale per me dato che di solito mi sdraio sulla schiena di notte e non mi muovo molto. Successivamente non ebbi la sensazione che succedesse molto altro, tranne che le cose cominciarono a muoversi più facilmente per il lavoro di Gurunath con l'aiuto proveniente da fonti inaspettate, come se ora avessi qualche aiuto in più, uno spianamento ulteriore di una strada già spianata, ma ora anche le piccole preoccupazioni venivano risolte.

Alla fine del 2016 lei era ben radicata a casa mia, anche se non facevo alcuna preghiera ad alta voce ogni tanto durante il giorno accendevo una lampada e talvolta le offrivo fiori e incenso, spesso ungendola con un profumo che le piaceva molto. All'incirca in questo periodo, due dei miei studenti molto affezionati e costanti discepoli di Gurunath, Aman e Babit, mi assillarono per tenere un havan sul mio tetto, ma non ero dell'umore. Ma quel dicembre qualcosa mi successe e dissi loro che lo avremmo organizzato prima della fine dell'anno. Ci incontrammo a tarda sera, dopo le dieci, e facemmo un havan con undici noci di cocco ciascuno. Durante l'havan, ebbi una squisita sensazione di purezza che emanava da noi tre. Era come se fossimo senza macchia, un pensiero umoristico sapendo quante sciocchezza dicevamo sempre; nonostante ciò questa sensazione di purezza persisteva e cresceva. Quando finimmo l'havan il fumo delle oblazioni era alto quasi come una persona, una forma bianca vorticosa che saliva senza disintegrarsi, a differenza di quello che fa il fumo di solito, fluttuando in una colonna nel cielo. Quando finimmo mi sentii come se avessimo compiuto un'offerta collettiva dovuta da tanto tempo.

La mattina dopo, seduta comodamente sul mio letto, avevo appena acceso la lampada davanti a Gurunath e poi davanti a Tara che non era sull'altare con lui ma sopra il tavolo vicino al mio letto. Ad un tratto una profonda fantasticheria mi colse. Venni avvolta da una sensazione di pace e dolce innocenza, accompagnata da un senso di immacolata purezza. Mi rilassai e sprofondai in questo stato. I miei occhi erano semi aperti

e diventai consapevole di un forte flusso di energia che proveniva da Tara e guardai stupita mentre una figura bianca farinosa si levò da lei, torreggiando molto in alto. Un grande amore e una grande compassione emanavano da questa figura. Era tutta bianca, un panno bianco morbidamente avvolto intorno a lei, capelli sciolti bianchi, invecchiata ma giovane. La figura era simile al fumo bianco che si era alzato dal fuoco durante il nostro havan notturno. Mi ritrovai a sussurrare la parola dhumvati senza sapere quello che stavo dicendo.

Il gayatri segreto

Per contare la durata del respiro richiesto da alcune delle pratiche, cantavo il Rudra gayatri, preferendolo al più tradizionale gayatri di Rishi Vishwamitra. Gurunath ha animato e ci ha trasmesso il Rudra gayatri scevro dai pesi relativi a cosa fare e al cosa non fare che gravano sugli altri gayatri a causa dell'uso tradizionale patriarcale che - secondo Gurunath - con ogni probabilità non sono mai stati imposti da Rishi Vishwamitra. Una mattina, mentre stavo intensamente completando la mia pratica, notai che al posto del Rudra Gayatri stavo cantando un altro mantra nella forma di gayatri per Satgurunath Siddhanath. Questo mantra scorreva con facilità da qualche profondo ricettacolo della mia psiche e sentii conforto e un senso di appartenenza, a differenza di quando cantavo gli altri mantra. Come menzionato prima, sono stata introdotta ai mantra fin dall'infanzia e sono cresciuta cantando il Vishnu Sahasranama, il Mahishasuramardini Stotra, i vari canti dati da Adi Shankaracharya, canti e mantra dei Veda che ancora oggi ricordo bene e, come si dice, li posso cantare "a memoria" Remove comma after Veda senza uno sforzo cosciente: sono felice però di dire che la memoria sta lentamente svanendo.

Sebbene stimolanti e pieni di saggezza, non ho mai sentito un obbligo di cantarli e ho smesso completamente di farlo da adolescente. Sono stata più attratta dalle pratiche semplici fornite da Gurunath, molto più profonde e trasformative. Una volta Gurunath, alla domanda di un discepolo che gli chiedeva quale mantra fosse superiore, rispose che Lahiri Mahasaya aveva cantato il gayatri finché non aveva incontrato Babaji e ricevuto il Kriya Yoga.

C'è molto misticismo intorno ai gayatri. Secondo me il gayatri è un mantra per facilitare il progresso lungo il percorso, la cui sorgente è all'interno più o meno come la geeta. Nella mia comprensione questi mantra sono personali, privati e vengono rivelati in quanto frutto di uno sforzo personale e donati dalla benevolenza del maestro. Rilasciati in un momento opportuno per il progresso del discepolo, questi sono allineati in modo specifico all'individuo cui sono rivelati. Un po' come quando in un gioco sul computer ti viene dato un premio per passare al livello successivo. Personalmente mi sono sentita sollevata di non dover più cantare un gayatri "preso in prestito" accompagnato dal suo bagaglio di doveri, potendo ora usarne uno che apparentemente fioriva dal mio interno per grazia del satguru. Ho avuto il permesso da Gurunath di usare questo mantra personale che ritengo abbia più potere, proprio perché personale. Tutti gli altri mantra sono scomparsi gradualmente per essere sostituiti da questo. Poiché è personale, non può essere condiviso con altri.

Egoisticamente, una volta chiesi a Gurunath se sarei stata connessa a lui dal momento della nascita nella mia prossima vita. Ha guardato direttamente verso di me e mi ha detto: "Jyoti, vuoi essere così infantile da non lasciare che il tuo guru si evolva e passi al piano successivo? Sarete tutti guru e satguru a pieno titolo nelle vite future. Non essere attaccata al corpo fisico del guru. Io sono stato e sarò sempre lì per te". In un lampo ho capito che questa connessione è eterna e che la sua energia spirituale mi guiderà e comunicherà sempre con me in questa vita, indipendentemente dal fatto che il corpo fisico sia presente o meno. Nella prossima mi è stato assicurato che sarò guidata ancora una volta verso il maestro vivente.

Qui e ora

Sono passati ventun anni da quando ho incontrato Gurunath per la prima volta. Non c'è più niente da dire. Provo un senso di grande soddisfazione inalterata dalle circostanze che mi circondano. Benché esternamente stia vivendo la vita normalmente c'è una gioia che sgorga dall'interno senza una ragione apparente ed un generale senso di contentezza con tutta la vita così com'è. Una profonda resa alle circostanze che mi prende come per cullarmi tra le sue braccia. Il detto di Gurunath "Non dipendere dalle cose esteriori per la tua felicità" sta diventando una realtà. Non sono nemmeno più preoccupata di dimenticarmi le lezioni spirituali apprese in questa vita nella prossima, perché ho sperimentato personalmente come un maestro illuminato trovi infallibilmente il discepolo addormentato.

Una notte tarda seduta in meditazione, ho sentito un'immobilità scendere su di me come se fossi dentro lo spazio profondo o in profondità sotto l'oceano, in una quiete oceanica, ed attraverso la bolla della mia mente immobile sono divenuta consapevole di questa vasta immobilità, quasi alla mia portata.

Per un lungo momento ci siamo guardate attraverso la pellicola trasparente della mia mente. Non so cosa fosse, ma vi era una sensazione di squisita tenerezza ed amore in quella quiete, una attenzione nel nostro scambio infuso di un'intelligenza oltre il pensiero. Poi si è ritirata, come se ci volesse ancora del tempo per quella fusione, ma non è proprio scomparsa rimanendo sull'orlo della mia coscienza mentre continuo con le faccende che vanno fatte quotidianamente. Ho sentito una familiarità con quell'energia simile a quella con il mio maestro. Ho realizzato che sono la stessa cosa.

Nel 1997, pochi mesi prima di incontrare Gurunath avevo scritto una poesia con scarsa comprensione della reale importanza di essa.

"Intrepida e libera mi muovo,
Ero qui quando la terra girava come una palla di fuoco,

Attraverso le ere glaciali ho guardato;
I pesci mi baciavano mentre sedevo; uno scoglio sul fondo del mare.
Ho strisciato con gli anfibi.
Gli uccelli mattinieri che prendevano il volo; Ho volato con loro.
Ho sentito il brivido del cacciatore; il puro panico del cacciato è stato mio.
Attraverso i secoli, io sono stato l'oppressore e l'oppresso.
Oggi una goccia di rugiada aspetta di cadere nell'oceano".

Immagino che l'oceano si sia appena spostato un po' più vicino alla goccia, a causa della grazia di un maestro vivente.

CAPITOLO 10

KRIYA YOGA L'ANTIDOTO

Senza il maestro, lo studente e la pratica sono come una lampada piena d'olio con uno stoppino pronto ad essere acceso. Senza dubbio attraverso anni o vite di intensa disciplina e sforzo personale, lo studente potrebbe essere in grado di accendere lo stoppino, ma l'arrivo del satguru fa illuminare la lampada senza sforzo. Beato è il discepolo che è infallibilmente guidato al vero maestro, vita dopo vita. Incessantemente negli ultimi ventuno anni di associazione a Gurunath mi sono resa conto che lui è il catalizzatore di quello che chiama l'alchimia di totale trasformazione nei suoi discepoli. Il corpo fisico del maestro è un ricettacolo per questo maestro essenziale interiore che detiene la chiave segreta.

Il maestro possiede il rasayan, il nutrimento spirituale essenziale che rende possibile l'evoluzione dell'anima del discepolo e ciò che è sorprendente è che i maestri non possono dispensare o trattenere dai discepoli questo nutrimento a capriccio. I discepoli senza alcuna aspettativa di averne diritto accedono ad esso attraverso la loro dedizione ed integrità alla pratica ed al guru. Questo succede secondo me, solo in un ambiente di purezza di intenzione e scopo del discepolo, che ne determina il grado di accesso. In realtà rende molto umili capire l'enormità del servizio che il maestro fa trattenendo questa immensa energia all'interno del suo limitato corpo umano, pronta per l'accesso da parte del discepolo quando è pronto. Nel corpo fisico i maestri riflettono le fragilità umane per connettersi con i discepoli ad un livello umano, allo stesso tempo immersi nella beatitudine della divina coscienza e trasmettendola ai discepoli pronti per riceverla; un cambiamento costante che sono sicura non sia molto facile ed il fatto che lo facciano per noi - per farci evolvere – è davvero impressionante. La comprensione di queste sfumature nel legame maestro discepolo è un processo di apprendimento importante e arriva nell'avanzare del sadhak sul percorso spirituale.

Durante la mia terza visita a Kashi alla fine del luglio 2015, era la stagione dei monsoni ed il Gange era in piena. Avevo programmato la mia visita durante Gurupurnima soprattutto per poter visitare la casa originaria di Lahiri Baba. Il Gange era maestosamente in piena, un utero gravido che trasporta le preghiere dei devoti che si bagnano nelle sue acque. Il sedermi sulla riva ha evocato ricordi di molte vite passate trascorse a divertirsi con lui proprio su questi ghat. Una familiarità con i suoi flussi e riflussi che non poteva provenire dalle sole visite in questa vita. Standomene seduta così incantata nella mia stanza con vista sul fiume, guardando il sole sorgere sul lato opposto, con un sussulto ho realizzato che il flusso del Gange andava verso nord, mentre in realtà avrebbe dovuto dirigersi a sud verso la baia del Bengala. La realizzazione è giunta su me come un fulmine, nel momento in cui ho capito il messaggio segretamente dato a milioni di persone che si sono immerse in lui anno dopo anno per migliaia di anni. Lui, che emana dalle ciocche di Shiva nell'Himalaya mi stava mostrando la via del ritorno alla fonte – sbrigatevi a tornare a casa, stava dicendo. Poiché stavo praticavo il respiro urdhavaret del Kundalini Kriya Yoga, ho sentito un incontrollabile ondata nella colonna vertebrale davanti alla realizzazione di un segreto di Pulcinella, visibile attraverso i secoli ma realizzato da pochi. Questo per me riassume anche la pratica del Kriya Yoga.

❦

Nirodh non Virodh

Un antidoto ai capricci della mente distratta, la pratica del Kriya Yoga introduce non un comando opposto ma un comando prevalente che calma gli arcaici schemi di pensiero persistenti. Consentendo alla mente di fluire senza conflitti in sintonia con i ritmi circadiani dell'universo diventa una consapevolezza in espansione continua. Per esperienza personale considero il respiro Kriya una cura per tutti i mali, immergendosi nella causa principale della malattia che sia fisica, mentale, emotiva o persino intellettuale, facilita il rilascio della sua presa sulla psiche umana.

"Per alleviare la malattia della mente che vaga", dice Gurunath nel suo poema Mind Transformation, "dobbiamo trovare un rimedio adatto. Un respiro ritmico libero da tensioni, il Kriya Yoga sua chiave sovrana". Gli stessi versi sulla mente indisciplinata: "Domata e sintonizzata con il flusso della natura, la mente si scioglie nel bagliore opale che irradia dall'anima interiore, ove il mistico fuoco della saggezza è re." Sebbene attratta dal sentiero del Kriya Yoga senza alcuna consapevolezza cosciente né della pratica né dei maestri precedenti Gurunath e nel totale oblio per quanto riguardava Babaji, nel momento in cui ho fatto il primo passo su di esso, risvegliata dal gesto del maestro, il sentiero familiare ha rivelato il suo Sé. Risistemandomi nel solco già tracciato nelle vite precedenti e guidata dal maestro in questa per approfondire il solco ulteriormente, è stato impossibile esserne distratta. Il Kriya yoga è lo strumento modellato dal maestro per cesellare la trasformazione del discepolo. La mente, poi, segue il respiro che viene allenato dal Kundalini pranayam e invece di condurre il praticante in un girovagare disordinato inizia a fluire magnificamente insieme a lui, gioiosa e naturale. Ancora una volta, il paradosso evidente è che la mente spontanea in realtà è la mente allenata.

L'essere abbastanza pratica e non stravagante quando si tratta della pratica mi ha aiutato ad arrivare a certe realizzazioni che sono per me fondamentali. Pensando a lungo e intensamente alle varie visioni, esperienze e rivelazioni che mi sono arrivate apparentemente senza sforzo da quando ho intrapreso questa strada, ne deduco che questa è la prova che la mente casuale è sintonizzata. Secondo Gurunath, la stessa mente che può confondere e portarci in una bolgia di miseria, poi inizia a portare chiarezza. Attraverso messaggi sottili e palesi la mente assiste nell'induttivo salto verso un vivere più armonioso. È come se una volta intrapreso questo percorso, l'universo si faccia avanti per aiutare il mumuksha, il ricercatore della gnosi, dandogli delle indicazioni attraverso visioni illuminanti.

Ora, se queste rivelazioni si presentano sotto forma di visioni di dei come raffigurati per secoli o in modi più spontanei, dipende dai limiti della mente di quel particolare ricercatore. Ho avuto delle visioni di Shiva nella forma umana perché nel corso dei secoli siamo stati tutti condizionati dalla sua rappresentazione in quella figura, con la luna sulla fronte e una ghirlanda di serpente. Shiva su Marte non avrà una figura umana, ne sono sicura! Le forme esterne di questi esseri cosmici sono dettate da come noi vogliamo vederli, i lineamenti, il numero di braccia, teste, armi e mezzi di trasporto sono le nostre espressioni poetiche corrispondenti all'immagine che vogliamo attribuire loro. Il dvait della forma e l'advait della mancanza di forma, è uno stato che viene rivelato secondo il progresso e le inclinazioni del discepolo.

Comunque sia, ciò che conta è il risultato finale della rivelazione vissuta. Stabilire se l'esperienza ci porta a vivere in armonia o conflitto, in gioia o in dolore, contenti o scontenti, nell'amore o nell'odio, in chiarezza o confusione, equilibrati o in bilico, ci porterà più vicino alla comprensione dell'autenticità dell'esperienza; se anche dopo delle visioni meravigliose si è infelici, allora si è destinati a metterle in discussione e scartare l'esperienza. Considero lo sperimentatore il miglior giudice. La veracità della visione può essere misurata dalla sua influenza ad amare l'umanità senza giudizio o denominazione.

Infine, quando il discepolo è ben avviato sulla via, tutte le visioni svaniscono perché la mente - ora riposata nell'immobilità - non ha bisogno di oggetti di scena per sintonizzarla o addestrarla. Gurunath lo riassume nelle seguenti parole. "Allora, più immobile dell'immobilità stessa, il respiro trattenuto, vedo l'oro del nettare del mio Sole nascente" Poi fermandosi, dice "Mi dissolvo in quel mistero non raccontato". Come sempre ogni volta che Gurunath recita questa sua poesia, il prana proveniente dalla sua voce trasporta il discepolo sensibile allo stato che descrive e anche lui momentaneamente si dissolve in quel 'mistero non raccontato', un assaggio dello stato che un giorno verrà.

Il fascino essenziale

Ci sono alcuni fondamenti principali del Kriya Yoga che mi attraggono personalmente e che, come insegnante, mi aiutano a guidare gli studenti in una pratica che è cosi universale.

Primo la semplicità dell'iniziazione, che mi tolse il respiro durante la prima introduzione a questa pratica da parte di Gurunath. Provenendo da una cultura braminica in cui si fa molto clamore sul dare segretamente i gayatri - e badate bene, solo ai ragazzi – durante la cerimonia troppo lunga dell'upanayanam, ho trovato rinfrescante la semplice iniziazione del maestro seppur ad un percorso così potente. Il Kriya yoga non discrimina: è dato liberamente a tutti coloro che vogliono investire il loro tempo nel perseguire questo sentiero yogico. Questa semplicità in effetti scorre in tutti gli altri aspetti che seguono.

Secondo, vedo il Kriya Yoga come una disciplina interiore in cui il praticante yogi contenuto nel tempio del corpo fisico, realizza sé stesso come scintilla immacolata della divinità. Le forme esterne di adorazione sono superflue, il Kriya Yoga non richiede rituali esterni per essere efficace. Praticare la tecnica è la cosa più importante e mantiene il discepolo veramente in sintonia con il maestro.

Terzo, il Kriya Yoga sta in piedi da solo non avendo bisogno di altre pratiche di supporto per portare il discepolo verso i più alti stati di illuminazione.

Quarto, l'energia del Kriya Yoga è l'amore, la sua pratica assiste nel diventare amore e irradiare amore. Gurunath ci guida dentro questo stato collegandoci con la nostra sorgente interiore dell'amore. Il ricercatore avanzato sa che la qualità di questo amore non è condizionata, regionale o limitata e che trascende la fragilità umana.

Quinto, mediante la dedizione alla sadhana, i discepoli aumentano la loro gravità e si muovono con grazia attraverso la vita. Mentre il discepolo diventa più costante, la vita in ogni circostanza diventa più agevole per loro. Ishwar pranidhan, la resa al guru, diventa naturale per loro. Comunque questa resa non è la resa abietta e insensata dei disperati, piuttosto un arrendersi in piena realizzazione.

Sesto, attraverso la fermezza nella pratica e la totale connessione con il maestro, il discepolo diventa autosufficiente e si connette con il nucleo della sua conoscenza interiore, come lo chiama Gurunath. Il maestro fisico esterno introduce il discepolo al proprio maestro essenziale interiore. Questa è una fase avanzata e so che alla fine arriva per tutti i discepoli. Come discepoli abbiamo solo bisogno di mantenere la connessione con il satguru, perché questo processo può andare avanti per un po' mentre strati su strati di ignoranza vengono pelati via, da qui il "pelare la cipolla".

Mi piace piuttosto ripetere ciò in cui credo fermamente "Non ho alcun interesse in ciò che Krishna, Buddha, Gesù o Nanak hanno detto. So solo che il mio maestro mi ha lanciato come una freccia e non si torna indietro". Perciò il maestro vivente diventa la pietra angolare su cui poggia il fondamento dell'evoluzione del discepolo.

9 ANTICHE TECNICHE YOGICHE

9 antiche tecniche yogiche

Nota: quando una tecnica ti viene data da un satguru, fiorisce nella sua potenza. Queste meditazioni, benedette da Gurunath, porteranno trasformazione mentre le pratichi. Osserva i cambiamenti in te stesso nella pratica regolare di questi esercizi. Gurunath ha specificamente diffuso queste tecniche per questo libro nel 2004.

Disintossicazione solare:

Anche mentre leggi questa pagina, puoi praticare questa meditazione. Questo è un metodo molto efficace per liberare il corpo dalle tossine: fisiche, emotive e mentali. Mentre inspiri, visualizza la luce oro del sole che scorre dentro di te, riempiendo il tuo corpo vuoto di luce radiosa. Tieni questa luce dentro di te per alcuni istanti e mentre espiri, espelli tutte le malattie, i dolori, emotivi e il trauma e lo stress mentale, fuori dal corpo. Ripeti l'operazione tutte le volte che vuoi finché non ti senti purificato e ringiovanito.

Pulizia dell'arcobaleno:

Siediti con la schiena dritta ma flessibile. Poni l'attenzione quindici centimetri sopra la tua testa. Visualizza un flusso di luce radiante che scorre verso la sommità della tua testa. Mentre questa luce entra nella tua testa diventa di colore viola. La luce scorre verso la fronte, cambiando in indaco. Si sposta ulteriormente verso la base della gola e diventa blu elettrico. Quando raggiunge il plesso solare diventa verde. Più in basso fino all'ombelico il colore è giallo. La luce scorre fino al coccige ed è arancione. Alla base del tuo corpo è rossa. Fermati ad ogni passo finché non ti senti completamente saturo.

Osmosi-Surya/Chandra: (scudo protettivo/curativo)

Mettiti di fronte al sole, le mani lungo i lati, i palmi rivolti verso il sole. Con gli occhi chiusi, senti il tuo corpo che assorbe la luce del sole come una spugna. Una volta che il tuo corpo è saturo, la luce fuoriesce e ricopre tutto il tuo corpo in un palloncino di luce. Porta con te questa luce mentre ti occupi dei tuoi impegni giornalieri. Ripeti l'esercizio di Surya osmosi la notte di luna piena, sostituendo la luce dorata del sole con la luce d'argento della luna. Questo ti riempie di pace ed energia curativa.

Guarigione attraverso la risonanza

Siediti in una postura rilassata con la schiena dritta ma flessibile. Fai un respiro profondo e canta "Om" ad alta voce, lasciando che la risonanza della parola vibri e riempia il tuo corpo. Quindi, continua con il ronzio di "Hmmmmm" finché tutte le onde dei pensieri si calmino. Noterai una netta differenza nella tua salute mentale e nel tuo ciclo sonno-veglia.

Rilassamento yogico (A):

Sdraiati supino su una coperta o un materassino. Fai alcuni respiri profondi e rilassa tutto il corpo dall'alto della testa fino alla punta dei piedi. Con ogni espirazione, rilascia consapevolmente tutta la tensione fisica dai talloni, i polpacci, le cosce, i glutei, la schiena, le spalle e la parte posteriore della testa. Ora, senti il tuo corpo sprofondare di qualche centimetro nel terreno, trascinato dalla forza gravitazionale della terra. Visualizza le radici che crescono dalla parte inferiore del tuo corpo e che vanno in profondità nella terra, ancorandoti. Drenano tutto la tensione dal tuo corpo, poi si staccano e svaniscano. Il tuo corpo viene rilasciato e ritorna.

Rilassamento yogico (B):

Sdraiati supino su una coperta o un materassino. Fai alcuni respiri profondi e rilassa tutto il corpo dalla sommità della testa alla punta dei piedi. Ad ogni espirazione, sciogli consapevolmente ogni tensione fisica dai talloni, i polpacci, le cosce, il sedere, la schiena, le spalle e la parte posteriore della testa. Adesso immagina di iniziare a salire e di fluttuare a pochi centimetri sopra la terra. Senza coscienza corporea, sei libero da ogni tensione e pesantezza. Rimani per qualche istante con questa sensazione di libertà. Torna lentamente e senti di nuovo il terreno sotto di te.

Meditazione lunare:

Siediti comodamente di fronte alla luna piena, indossando abiti larghi, preferibilmente di colore bianco. Fai alcuni respiri profondi per rilassare il corpo e guarda dolcemente la luna. Visualizza la luce color perla della luna che scorre e riempie l'area pelvica.

L'energia è fresca e calma come le acque di un lago immobile. Il balsamo rinfrescante si diffonde in tutto il corpo dalle dita dei piedi fino in cima alla tua testa, riempiendoti di serenità. Quando ti senti completamente saturo, strofina delicatamente l'essenza del chiaro di luna su tutto il corpo.

Potere al sé

Siediti comodamente su un materassino. Assicurati che lo stomaco sia vuoto (almeno tre ore da un pasto). Tieni la schiena dritta ma non rigida. Ora, fai un respiro lento e sottile attraverso il naso in basso verso l'ombelico, riempiendo ed estendendo lo stomaco. Espira il respiro in modo esplosivo attraverso la bocca, e allo stesso tempo tira bruscamente lo stomaco verso la colonna vertebrale. Ripeti da sei a dieci volte. Sentirai un bagliore caldo diffondersi dallo stomaco; rilassati in questa sensazione per qualche minuto. Se senti qualsiasi disagio durante l'esercizio, riduci l'intensità o fermati e consulta un insegnante di Yoga.

Esprimiti

Siediti comodamente su una sedia o per terra. Accertati di essere di umore calmo e sereno. Fai un respiro profondo e poi grida dal tuo nucleo più interno, in modo esplosivo e continuo, 'Haaaaaaaaaaaaa' finché tutto il tuo respiro non viene espulso, portando via tutte le parole inespresse. Poi, mentre il respiro fluisce dentro, visualizza l'area della gola che si riempie di una fredda luce blu elettrica. Ripeti l'esercizio tre volte.

LE ALI PER LA LIBERTA
ILLUSTRAZIONE

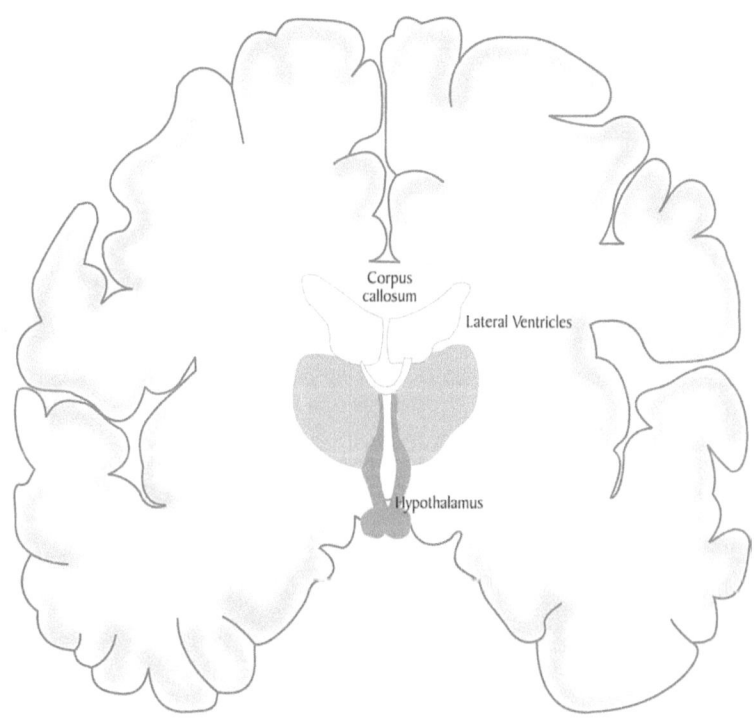

Questo diagramma tratto dal libro di Gurunath Ali per la Libertà, illustra la sua eredità rivelando il segreto del Cigno Luminoso. Questo è il suo contributo al tesoro di conoscenza yogica, dove ha chiaramente rivelato la ragione per cui l'anima viene chiamata Jeevahamsa, in quanto i ventricoli laterali nel cervello umano che formano la figura del cigno sono la residenza della coscienza umana. "Quando lo yogi, attraverso la meditazione e il pranayama attiva l'energia Kundalini, questi ventricoli nel cervello si aprono" descrive Gurunath. "Poi, con un'ulteriore pratica, lo yogi si sposta negli stati superiori di consapevolezza per risiedere finalmente nella "caverna di Brahma" che è situata nel mesencefalo chiamato il terzo ventricolo, con le ghiandole del talamo come pareti, l'ipotalamo come pavimento e il plesso del terzo ventricolo coroideo come suo tetto. Lo yogi allora realizza l'anima a forma di cigno.

GLOSSARIO

Aam ras. Un delizioso denso succo di mango
Aarti. Rito devozionale con lampade nei templi
Adesh. Comando del guru al discepolo
Adinath. Titolo di Shiva
Advait. Non-dualità
Agraraham. Un villaggio di bramini costruito attorno a un tempio
Akhada. Habitat dell'ordine degli Nath yogi
Amalta. L'albero di cassia, con fiori gialli brillante
Amma. Madre nella lingua Tamizh
Amrit sarovar. Piscina di nettare; conferisce l'immortalità.
Anandamaya Kosha. Il corpo intuitivo, ultimo dei cinque – gli altri sono fisici, eterici, emotivi e intellettuali
Annas. Vecchia valuta indiana
Appa. Padre nella lingua Tamizh
Ardhanareshwar. Shiva come metà uomo e metà donna
Asan. Tappetino per yoga
Asanas. Posture prescritte nello yoga
Ashram. Santuario Santo, eremo
Avalokiteswara. Il Bodhisattva che incarna la compassione di tutti i Buddha
Ayurveda. Un sistema di medicina che ha avuto origine nell'antica India
Ayurvedico. Appartenente all'ayurveda
Babaji Gorakshanath. Mahavatar Babaji che Gurunath ha identificato come Shiv Gorakshanath

Bael. Un frutto a guscio duro (Aegle Marmelos), favorito come offerta per Shiva
Baglamukhi. Una dea tantrica che significa "colei che è potente"
Bajra. Miglio perlato
Bhagavad Gita. Letteralmente la "Canzone di Dio" contiene il discorso di Krishna ad Arjuna sul
campo di battaglia di Kurukshetra, nell'epico Mahabharata
Bhairon. Un dio tantrico che elimina gli effetti della magia nera e altre influenze e poteri negativi
Bhakta. Un devoto
Bhakti Sutra. Una raccolta di interpretazioni devozionali
Bhang. Una sostanza derivata dall'erba di cannabis
Bhavati, Bhiksham Dehi. L'urlo dei mendicanti yogi alla porta, che significa letteralmente "Madre, dai l'elemosina"
Bhikshus. Asceti che chiedono l'elemosina
Bhil. Una tribù dell'India centrale
Bhoot. Fantasma
Biryani. Una prelibatezza di riso piccante
Bodhi. Illuminato
Brahma. Il creatore, dalla trilogia del creatore, il conservatore (Vishnu) e il distruttore/redentore (Shiva)
Brahman. Il più alto principio universale; la realtà ultima
Bramino. Una classe di persone che si ritiene sia emersa dalla testa di Vishnu; custodi della conoscenza per tradizione orale. Successivamente corrotto nel sistema delle caste
Brahmarishi. Illustri saggi dei tempi antichi
Braminico. Appartenente ai riti dei bramini
Budda Purnima. La luna piena nel mese di Vaisakh in Aprile-Maggio. Buddha è nato, si è illuminato ed ha raggiunto il nirvana in questo giorno
Buddham sharanam gacchami. Prendo rifugio ai piedi di Buddha
Bum Bholey. Un canto che elogia la gloria di Shiva
Carnatico. Appartenente all'India meridionale
Chai. Tè

Caitanya Mahaprabhu. Un santo vaishnav bengalese, devoto di Krishna
Chakra. Centri o vortici di energia situati lungo la spina dorsale sovrapposti ai vari plessi biologici
Chilum. Pipa usata per fumare
Chimta. Uno strumento a percussione tradizionale usato per tenere il ritmo durante il canto, utilizzato anche per sollevare oggetti caldi dal fuoco
Chittappa. Fratello del padre; In India c'è una terminologia separata per ogni relazione, non sono messi insieme sotto il nome generale di zia e zio
Chitti. Significa zia, moglie di chittappa, ma l'autrice chiamava sua nonna paterna in questo modo
Dakshina. Un'offerta o un compenso per le lezioni date
Dal. Legumi
Dargah. Tomba di un santo musulmano
Darshan. Vedere o contemplare una "visione del divino" o il guru spirituale
Dasa Mahavidya. I dieci aspetti della divina madre
Dasamdvar. "La decima porta" che collega l'anima individuale al divino
Dattatreya. Considerato guru di tutti i guru venuti ad accendere la lampada della sapienza tra il popolo
Devi. Dea
Dharana. Concentrazione o focus singolare; la sesta fase di otto menzionati nell'Ashtanga Yoga di Patanjali
Dhoti. Pezzo di stoffa indossato sulla parte inferiore del corpo dagli uomini indiani
Dhyana. Un aspetto della meditazione; la settima fase di otto menzionato nell'Ashtanga Yoga o raja Yoga di Patanjali
Digambar. Una delle due principali sette del giainismo in cui i monaci non indossano vestiti; letteralmente vestito di cielo
Dupatta. Copertura simile a una stola indossata dalle donne su la parte superiore del corpo.

Durga. Feroce dea guerriera, considerata il potere supremo nell'universo da alcune sette dell'induismo
Dvait. Dualità
Gaalis. Parolacce molto scortesi
Ganesh. Dio degli indù dalla testa di elefante, che elimina tutti gli ostacoli
Garba. Una danza tradizionale del Gujarat, eseguita attorno a una lampada
Gayatri. Termine popolarmente usato per indicare un canto venerato dal rig veda rivelato a Rishi Vishvamitra; significa letteralmente inno o canzone in un particolare metro vedico che quando cantato porta risultati rapidi
Ghee. Burro chiarificato
Gopi. Fanciulle che si prendono cura delle mucche
Goraksha Gayatri. Un canto segreto per invocare Shiva; mantra mistico rivelato nell'antico testo Shiva Gorakhsha Rahasyam e insegnato da Gurunath ai suoi discepoli
Gufa. Grotta
Guru. Insegnante spirituale ora distinto dal satguru come maestro, ma l'autore li ha usati in modo intercambiabile per Gurunath
Guru Purnima. Celebrato nel giorno della luna piena del mese indù di Ashad (luglio-agosto), per onorare e offrire rispetto al guru
Gurudakshina. La tassa per l'insegnamento spesso richiesta dal Satguru è la prerogativa del guru. Nei tempi antichi il guru poteva chiedere qualsiasi pagamento al discepolo; per esempio, Ekalavya e il suo pollice
Gurudwara. Santuario dei Sikh; significa letteralmente "porta verso il guru"
Gurukul. Un tipo di scuola nell'antica India dove il guru e i suoi studenti risiedevano insieme come pari, indipendentemente dalla loro posizione sociale
Gurumata. Moglie del guru

Gurunath Samadhi Yoga. Una pratica di meditazione speciale insegnato da Gurunath che conduce al Sahaj Samadhi
Guru-shishya parampara. La relazione spirituale che è centrata sulla trasmissione degli insegnamenti da un guru a un discepolo
Hamsa. Letteralmente significa "cigno"; Usato anche come sinonimo di "anima", vedi l'allegato Ali per la Libertà, Hamsa Dvij. Il nato due volte, una volta dal grembo materno e la seconda volta liberato dall'ignoranza dal maestro
Hamsa Yoga. Una speciale tecnica Hatha-Raj Yoga formulata da Yogiraj Siddhanath
Hamsacharya. Un insegnante autorizzato dell'Hamsa Yoga Sangh
Hamsasana. Posizioni yoga di Hamsa Yoga con respirazione specialmente per Hamsa Yoga.
Handi. Un recipiente di forma rotonda utilizzato per cucinare
Hatha Yoga. Una forma di yoga che si occupa principalmente dei tre passi dello yoga: asana, pranayama e pratyahar.
Havan. Tradizionale rituale di purificazione brahminica
Havan-kund. Un recipiente per compiere rituali di purificazione usando il fuoco
Holi. Una festa di colori
Indra. Signore degli dei; Zeus in greco
Ishwar Pranidan. Abbandono al Guru e al Divino
Jaggery. Zucchero scuro di canna ricavato dai datteri di palma o dalla canna da zucchero
Jhunjhar. Un guerriero che continua a combattere anche dopo la decapitazione
Jivatma. Anima individuale
Jivhamsa. Cigno dell'anima
Jowar rotis. Frittelle di sorgo
Jwaladevi. Un aspetto della dea Sati, la moglie di Shiva, Kali. Dea indù
Kamasutra. Un testo sanscrito sull'amore erotico compilato nel 300 d.C.

Kamandal. Un recipiente in rame con beccuccio per l'acqua
Karma. Azione o atto
Karmico. Dettato dal Karma
Karthikeya. Figlio di Shiva e Parvati. Le sue mogli sono Valli e Devasena. Il pavone è il suo veicolo. È anche creduto da alcuni essere una manifestazione di Mahavatar Babaji
Kayakalp. Ringiovanimento del corpo, invertendo il processo di invecchiamento del corpo
Kikar. Acacia nilotica, un genere di albero
Kirtan. Resa devozionale accompagnata da musica
Kolattam. Una danza tradizionale con bastone e corda
Kolhapuri chappals. Pantofole in pelle
Krishna. Un'incarnazione di Vishnu
Krittica. Pleiadi
Kriya Yoga. Pratiche di yoga per risvegliare il Kundalini
Kumkum. Polvere rossa applicata sulla fronte dai fedeli, e utilizzato anche per denotare lo stato civile nelle donne
Kundalini. L'energia cosmica primordiale che si crede giaccia dormiente in ogni individuo, che attraverso la pratica dello yoga, è accessibile e accelera l'evoluzione spirituale
Kurta pyjama. Un abito tradizionale indiano per uomo
Langar. Un pasto della comunità sikh distribuito gratuitamente a tutti al gurudwara
Langur. Una specie di scimmie dalla faccia nera
Leella. Gioco del divino
Looh. Vento estivo caldo e secco
Maha. Molto largo; grande
Maha Kumbhmela. La festa tradizionale del bagno alla confluenza dei tre fiumi ad Allahabad in India, che ricorre ogni dodici anni
Mahaprasad. Un'offerta fatta prima alla divinità e poi consumata dai devoti
Mahashiva. L'eterno Shiva
Mahashivratri. La grande notte di Shiva
Mahavatar. La grande incarnazione

Mahavatar Babaji Kriya Yoga. Forma di meditazione insegnata da Yogiraj Siddhanath che trasmuta l'ossigeno del respiro in energia vitale e la fonde nelle correnti spirituali della spina dorsale
Mahishasuramardini. Un altro nome per Durga; uccisore del demone Mahishasur
Mala. Un filo di perline
Mantra. Un suono o una parola dotata di un potere speciale
Mudra. Sigillo; sistema di sigillare l'energia attraverso le posture delle mani
Mumuksha. Cercatore di moksha
Murugan. Un altro nome per Karthikeya, figlio di Shiva e Parvati
Naad Brahma. Suono trascendentale dell'universo
Nadi shodan. Una delle tecniche di respirazione più importanti nello yoga, con benefici di vasta portata
Nandi. Il toro divino di Shiva
Nath Sampradaya. Un antico lignaggio di maestri spirituali
Navnat. I nove Nath dello splendore immortale che si crede siano attivamente coinvolti nell'evoluzione del nostro universo
Nilgais. Letteralmente "Blue Bull" - una specie di antilope
Nirodh. Fermare. Interpretazione dell'autore-antidoto
Nirvana. Illuminazione, liberazione
Nirvanshatak. Set di sei strofe sul Sé Supremo di Adi Shankaracharya
Nirvichar Avastha. Stato di samadhi senza pensieri
Niyam. Osservanze, il secondo passo dello yoga Ashtanga di Patanjali
Om. Suono onnipervadente delle vibrazioni cosmiche
Om Nama Shivaya. Mantra di Shiva
Omkara. Il suono e la visione del suono di "aum"
Palak Paneer. Un piatto popolare indiano di spinaci e ricotta
Parah. Quartiere, parola bengalese
Parampara. Lignaggio
Parikrama. Corridoio esterno del tempio per la deambulazione
Parvati. Figlia della Montagna, moglie di Shiva
Pashmina. Scialle realizzato con un tipo di lana che si ottiene da una razza speciale di capre endemiche nell'alta quota l'Himalayana

Pind-Brahmand. Teoria yogica del progetto dell'universo nel corpo umano.
Prana. Forza vitale; energia vitale
Pranayama. Gli esercizi di controllo del respiro dello yoga per guadagnare padronanza del prana
Pranico. Relativo al prana
Pranpat. Quando il maestro respira attraverso il respiro del discepolo nel canale spinale, eliminando il karma secondo il progetto karmico del discepolo
Prasad. Una porzione di offerte consacrate infuse di sacra energia restituita per il consumo da parte dei devoti
Prakriti. Natura
Pratyahar. Il quinto degli otto stadi dello yoga
Puja. Culto
Pujo. Puja in bengalese
Purush. Principio universale
Qawwalis. Canti devozionali dei sufi del subcontinente indiano
Raas Leela. La danza cosmica di Krishna
Ragas. Una serie di strutture melodiche nella musica in India
Rangoli. Disegno tradizionale fatto con polvere di riso e colori naturali sulla veranda della casa
Rasayan. Balsamo Alchemico
Rishi. Antichi saggi
Roomala. Un pezzo di stoffa offerto nei santuari sikh
Rudraksh. Semi bruno-rossastri; sacri per gli yogi
Sadashiva. Titolo di Shiva
Sadhak. Colui che pratica una disciplina spirituale
Sadhana. Una disciplina spirituale
Sagura. Colui che è stato iniziato a una pratica spirituale
Salwar Kamez. Abito tradizionale nel nord dell'India
Samadhi. Fase finale dell'Ashtanga Yoga di Patanjali
Samsara. Mondo, ciclo infinito di nascita-morte-rinascita
Samshan sadhana. Pratiche condotte nei luoghi di cremazione
Sanatana Dharma. La religione eterna

Sardarji. Una forma rispettosa di rivolgersi agli uomini sikh che portano la barba
Saris. Abito tradizionale indossato dalle donne di origine indiana
Sarvar. Uno stagno
Sashtanga pranam. Letteralmente inchinarsi "con tutti gli arti"; prostrato
Satguru. Vero Guru, usato più spesso ora per distinguerlo da un insegnante, sebbene l'autrice usi entrambi i termini per descrivere il suo maestro.
Sati. La prima moglie di Shiva
Satsang. Un raduno di persone che la pensano allo stesso modo
Savitri. Moglie di Brahma
Shakti. La controparte energetica femminile
Shaktipat. Trasmissione dell'energia Kundalini da parte di un maestro spirituale nei chakra dei discepoli, assistendoli nel loro evoluzione
Shanti Puja. Preghiere speciali per placare gli dei per la pace
Shisha. Studente, discepolo
Shiva. Signore della distruzione e della trasformazione, il terzo nella trinità indù
Shivalinga. Rappresenta l '"Universo" ed è adorato come un aspetto di Shiva. Secondo Gurunath, "Ha il suo centro ovunque e circonferenza da nessuna parte"
Shivapat. Quando il maestro impartisce la sua coscienza di illuminazione naturale al discepolo
Shivbhakta. Devoto di Shiva
Shiv-Netra. Il terzo occhio del signore Shiva
Shraddh. Preghiera per gli antenati eseguita dai bambini
Shwetambar. Una setta del giainismo in cui i monaci sono vestiti di bianco
Sidda. Essere perfezionato; una persona di grande realizzazione spirituale
Srishti. Creazione
Surya Yoga. Meditazione solare di Gurunath

Swayambhu: Auto-manifestato
Tabla. Strumento musicale indiano, tamburo
Tantra. Una forma di yoga che attinge da tutte le scienze per raggiungere la realizzazione spirituale attraverso l'evoluzione della coscienza
Tantra yoga. Si riferisce alle discipline spirituali che costituiscono la vasta e complessa tradizione tantrica dell'India
Tantrico. Persona che si dedica alla pratica del tantra
Tapa. Austera penitenza
Tathastu. Letteralmente "così sia"
Titi. Data lunare nel calendario indù
Udaseen Sampradaya. Una setta di yogi
Unmani avastha. Stato di illuminazione naturale
Upanayanam. Riti di passaggio per ragazzi bramini
Upanishad. Una raccolta di testi profondi che ha dominato il pensiero indiano da migliaia di anni
Upasana. Una pratica per avvicinarsi a una divinità
Vairagya. Distacco da tutto ciò che è materiale; la rinuncia
Vaishnav. Una persona che adora Vishnu
Vedico. Appartenente ai Veda
Vibhuti. Cenere sacra delle cerimonie del fuoco
Virodh. Opporsi
Vishnu. Una delle tre divinità della trinità indù; il Conservatore
Vivar. Pratica insegnata da Yogiraj Siddhanath che emula il movimento vorticoso della galassia
Yagna. Un rituale sacrificale vedico
Yama. Restrizioni, la prima delle otto fasi menzionate nello yoga Ashtanga di Patanjali
Yog. Yoga in sanscrito
Yog paddhati. Contributi che aiutano a "illuminare" le percezioni yogiche
Yogi. Colui che è esperto nella pratica dello yoga
Yogico. Relativo allo yoga
Yogini. Utilizzato per distinguere le adepte femminile dello yoga

Yuga. Nella filosofia indù il ciclo dell'evoluzione della vita è diviso in quattro yuga: satya, treta, dwapar e kali.

CONTATTI

Per ulteriori informazioni su Yogiraj Siddhanath
www.siddhanath.org
www.youtube.com/hamsayogi

Per ulteriori informazioni sull'autore
www.ayu.yoga
jyotihamsa@gmail.com

www.ingramcontent.com/pod-product-compliance
Lightning Source LLC
Chambersburg PA
CBHW060551080526
44585CB00013B/520